9급 공무원 국어 시험대비

박문각 공무원

특별판

브랜드만족 **1위** 박문각

2025

수석합격 3연속 배출

산출근거 후면표기

박혜선 국어

박혜선 편저

시험 직전 전영역 막판 압축 노트!

혜선 쌤 전매특허 야매꼼수 다수 수록!

족집게 적중노트

동영상 강의 www.pmg.co.kr

PREFACE 이 책에 **들어가기 전에**

넘사벽 적중률로 수석 3연속 배출을 이룬
혜선 쌤이 亦功이들에게 선사하는!
족집게 적중 노트!

과감하게 나오지 않을 부분은 제거하고
시험에 나올 출제자가 좋아하는 포인트만 정리한 최고의 요약서!
혜선 쌤의 야매, 꼼수가 함께 들어간 최고의 시그니처 요약서!

안녕하세요. 한창 공부에 열을 올리고 있을 亦功이들!
여러분들의 합격을 누구보다도 간절하게 기원하는 혜선 쌤입니다.
지금까지 출좋포, 천기누설(논리추론, 세트형 독해+어휘) 시리즈, 콤단문(문법, 독해)까지 성실하게 들어온
역공이들을 위해 이번에는 정말! 콤팩트하게 시험에 나올 부분만 과감하게 줄였습니다.

2025년의 출제 기조 변화로 이제 영역은 크게 독해, 논리 추론, 문법으로 줄게 되었습니다.
단순 암기가 줄어든 대신 종합적 사고력과 추론력을 요구하는 시험이 예정되어 있기에
그에 맞는 '족집게 적중 노트'를 집필하게 되었습니다.

문법은 **문법+독해 결합형에 나올 법한 최소한의 문법 이론과 최빈출 예시**를 망라하여
출좋포 섹션에 정리하였습니다. 뿐만 아니라 수업에서 다루던 **혜선 쌤만의 시그니처 야매 꼼수**도 알차게
실어서 시험장에 들어가기 전에 뇌에 마지막으로 바를 수 있게 하였습니다.

논리 추론은 뇌에 족적을 남기는 노트에 **시험에 나올 수 있는 모든 논리 추론 유형을 정리**하여
모든 유형과 명제에 대비할 수 있게 하였습니다.
마찬가지로 **유형마다의 혜선 쌤만의 시그니처 야매 꼼수**를 정리하였습니다.

독해는 2025 버전에 새롭게 등장한 **강화·약화, 세트형 독해+어휘, 지시 대상 추론, 문학+독해 결합형,**
문법+독해 결합형 이외에도 2025년에도 나올 수 있는 **2024 버전 일부**까지 모두 정리하였습니다.
각 유형마다 나오게 되는 제시문의 구조와 **빨리 푸는 단계별 전략**을 외워서 체화할 수 있게 하였습니다.
이번에도 시험에서 적중이 100% 될 수 있도록 亦功이들은 정말 똑똑하게, 빠지는 것이 없지만
정말 콤팩트하게 정리하고 시험장에 들어갈 것입니다.

"혜선 쌤만의 야매와 꼼수, 노하우가 들어간
족집게 적중 노트로 짧지만 강력하게 국어 이론 단권화를 하세요."

2025년 2월 편저자

박혜선 惠旋

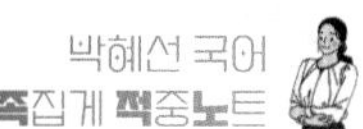

문법

1 대표 亦功 최빈출

해당 챕터에 나올 확률이 가장 높은 최빈출 문법 예시들로 만든 문제입니다.

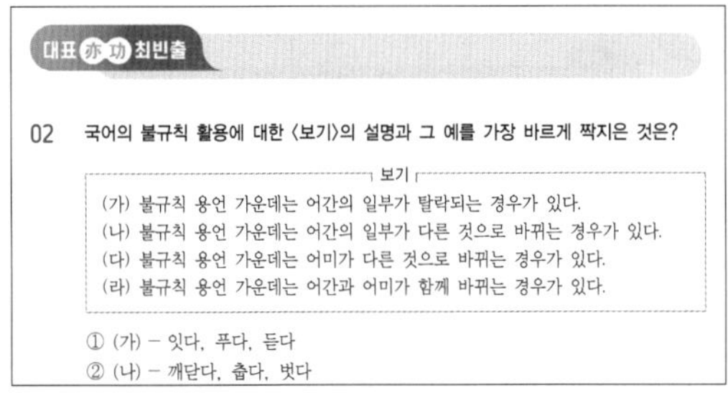

2 대표 亦功 최빈출 해설

독학까지 가능할 수 있도록 대표 亦功 최빈출 아래에 해설을 해놓음으로써 바로 회독이 가능할 수 있게 만들었습니다

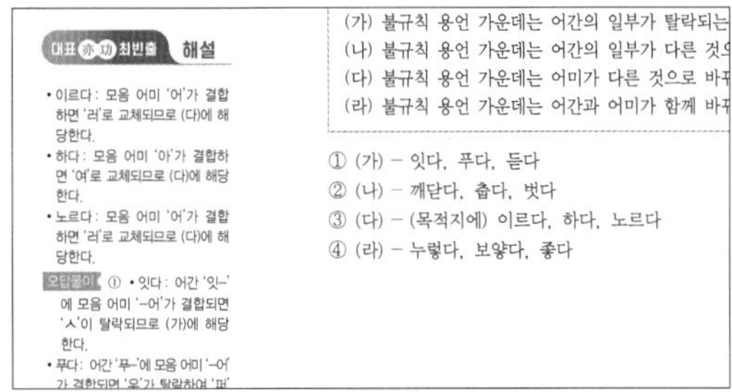

3 관련 교재 (이론 / 문풀)

지금까지 들었던 이론서, 문풀서의 페이지를 기록하여 회독 시 참고하게 만들었습니다. 특히 약점 단원의 경우에는 이론서, 문풀서의 페이지로 가서 더 자세하게 학습할 수 있게 하였습니다.

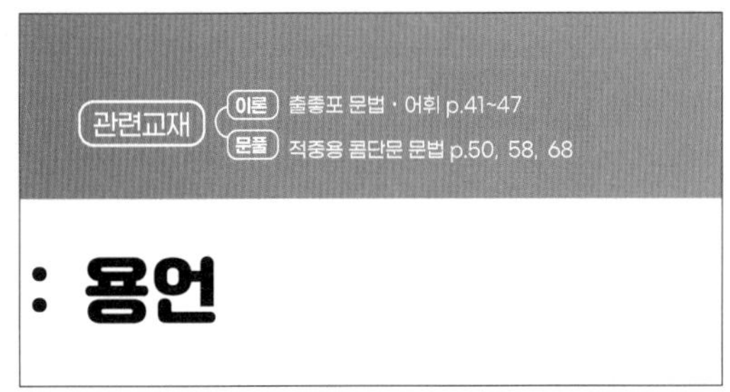

4 뇌주름 새기는 亦功 시각화

문법+독해 결합형에 나올 수 있는 개념들을 마인드맵으로 시각화하여 뇌주름을 효과적으로 새기고, 핵심 개념을 인출할 수 있게 하였습니다.

5 출좋포

출제자들이 좋아하는 문법 포인트만 최소한으로 넣었습니다. 문법+독해 결합형으로 나올 법한 소재들의 최빈출 예시들을 학습할 수 있게 하여 실제 시험에서 빠르게 문제를 풀 수 있게 하였습니다.

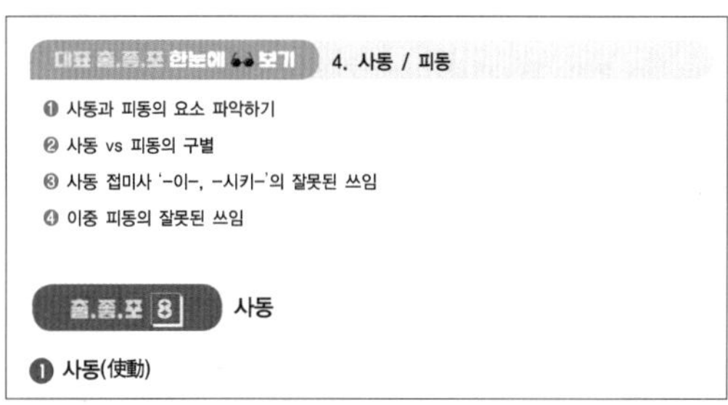

6 혜선 쌤의 야매 꼼수

혜선 쌤의 회심의 치트키! 역공이들이 가장 사랑하는 야매 꼼수들을 기록하여 복습 시에도 야매 꼼수가 생각나 자신의 것으로 만들 수 있도록 하는 역공이들의 최애 섹션입니다.

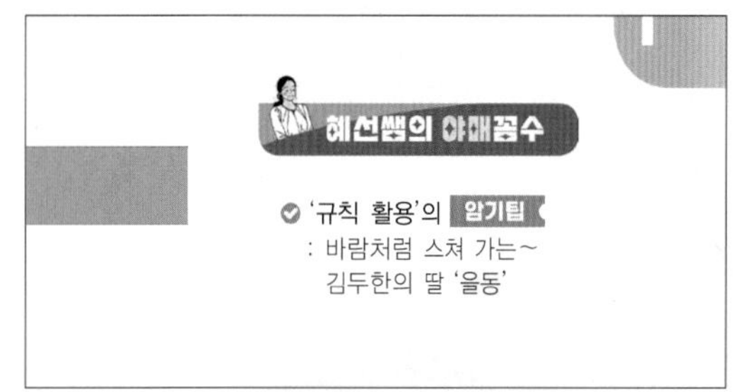

논리 추론

1 출좋포 논리 추론

논리 추론 문제 풀이에 필요한 논리 추론 개념만을 집약하여 콤팩트하지만 다양한 문제 유형에 적용이 가능한 이론을 가장 쉽게 배울 수 있는 섹션입니다.

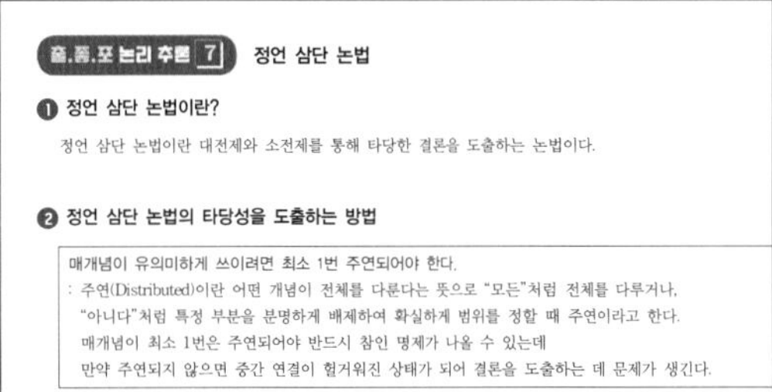

출.좋.포 논리 추론 7 정언 삼단 논법

❶ 정언 삼단 논법이란?

정언 삼단 논법이란 대전제와 소전제를 통해 타당한 결론을 도출하는 논법이다.

❷ 정언 삼단 논법의 타당성을 도출하는 방법

매개념이 유의미하게 쓰이려면 최소 1번 주연되어야 한다.
: 주연(Distributed)이란 어떤 개념이 전체를 다룬다는 뜻으로 "모든"처럼 전체를 다루거나,
"아니다"처럼 특정 부분을 분명하게 배제하여 확실하게 범위를 정할 때 주연이라고 한다.
매개념이 최소 1번은 주연되어야 반드시 참인 명제가 나올 수 있는데
만약 주연되지 않으면 중간 연결이 헐거워진 상태가 되어 결론을 도출하는 데 문제가 생긴다.

2 혜선 쌤의 야매꼼수

논리 추론에도 분명 야매꼼수가 있다! 혜선 쌤의 전매 특허인 야매 꼼수를 논리 추론에 접목하여 누구보다도 빠르게 논리 추론 문제를 풀 수 있게 하는 치트키 섹션입니다.

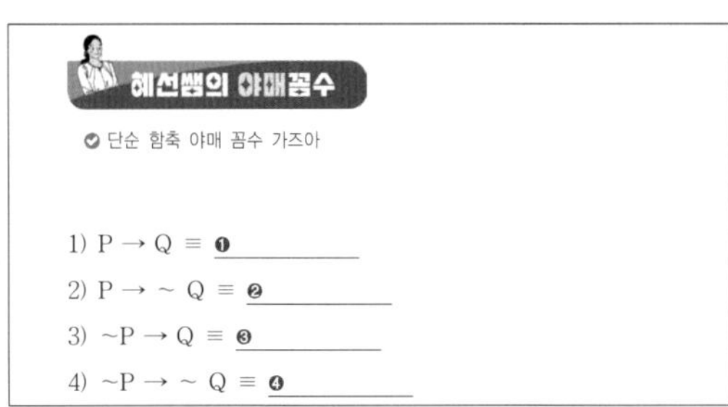

혜선쌤의 야매꼼수

단순 함축 야매 꼼수 가즈아

1) P → Q ≡ ❶ ______
2) P → ~ Q ≡ ❷ ______
3) ~P → Q ≡ ❸ ______
4) ~P → ~ Q ≡ ❹ ______

3 뇌에 족적을 남기는 노트 논리 추론 유형

시험에 출제될 수 있는 모든 논리 추론 유형과 명제의 유형을 콤팩트하지만 빠짐없이 배우는 효자 섹션입니다.

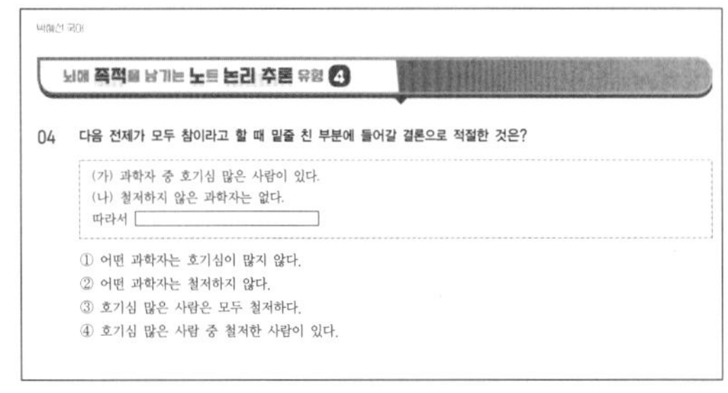

박혜선 국어

뇌에 족적을 남기는 노트 논리 추론 유형 4

04 다음 전제가 모두 참이라고 할 때 밑줄 친 부분에 들어갈 결론으로 적절한 것은?

(가) 과학자 중 호기심 많은 사람이 있다.
(나) 철저하지 않은 과학자는 없다.
따라서 ______

① 어떤 과학자는 호기심이 많지 않다.
② 어떤 과학자는 철저하지 않다.
③ 호기심 많은 사람은 모두 철저하다.
④ 호기심 많은 사람 중 철저한 사람이 있다.

▼

• 혜선 쌤의 논리 추론 시각화

〈보기〉에 나타난 명제를 논리 기호로 바꾸는 것은 물론, 어떤 메커니즘으로 선지를 판단할 수 있는지 기호로 표현하여 독학까지 가능하게 만든 섹션입니다.

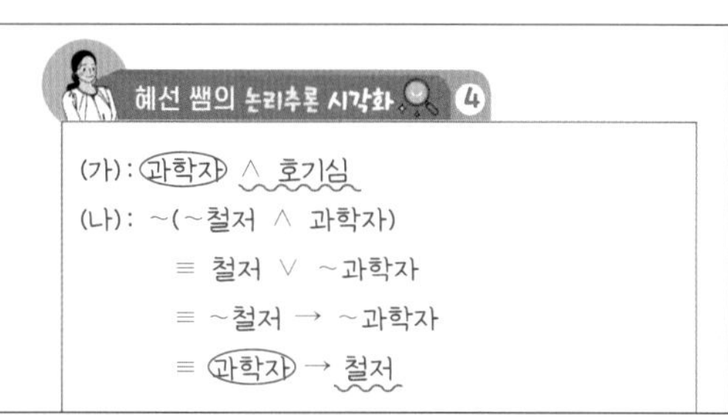

혜선 쌤의 논리추론 시각화 4

(가) : 과학자 ∧ 호기심
(나) : ~(~철저 ∧ 과학자)
≡ 철저 ∨ ~과학자
≡ ~철저 → ~과학자
≡ 과학자 → 철저

▼

• 혜선 쌤의 속닥속닥

각 문제 유형마다 빨리 풀 수 있는 야매 꼼수를 속닥속닥 혜선 쌤이 알려주는 섹션입니다.

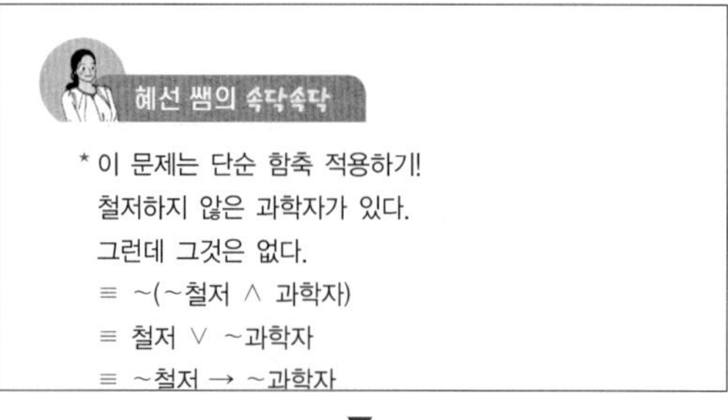

혜선 쌤의 속닥속닥

* 이 문제는 단순 함축 적용하기!
철저하지 않은 과학자가 있다.
그런데 그것은 없다.
≡ ~(~철저 ∧ 과학자)
≡ 철저 ∨ ~과학자
≡ ~철저 → ~과학자

▼

• 논리 추론 유형 정답 및 해설

독학으로도 학습 가능하도록 가장 쉬운 언어와 가장 쉬운 기호로 자세하게 해설을 기입하여 회독이 바로 가능하도록 하였습니다.

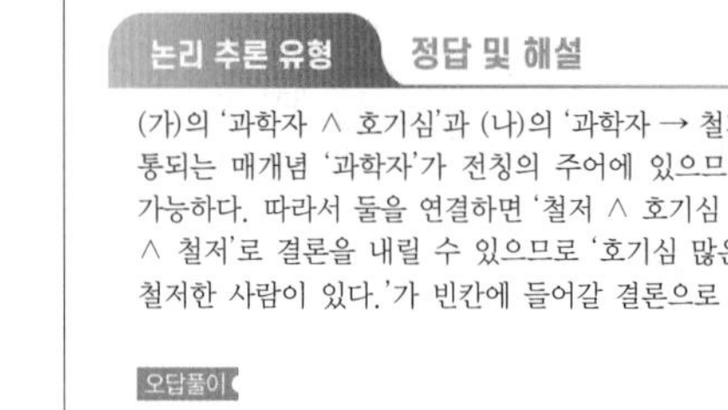

논리 추론 유형 정답 및 해설

(가)의 '과학자 ∧ 호기심'과 (나)의 '과학자 → 철저'에서 공통되는 매개념 '과학자'가 전칭의 주어에 있으므로 연결이 가능하다. 따라서 둘을 연결하면 '철저 ∧ 호기심 ≡ 호기심 ∧ 철저'로 결론을 내릴 수 있으므로 '호기심 많은 사람 중 철저한 사람이 있다.'가 빈칸에 들어갈 결론으로 적절하다.

오답풀이

① (가)와 (나)로 '철저 ∧ 호기심 ≡ 호기심 ∧ 철저'라는 결론을

독해

① 족적노 독해 赤功 노트

독해 유형에 따라 어떤 제시문 구조로 되어 있는지, 빠르게 혹은 천천히 읽어야 하는 기준은 어떠한지, 어느 곳에 밑줄을 치고 강약을 조절해서 읽어야 할지를 디테일하게 알려드리는 독해 노트입니다.

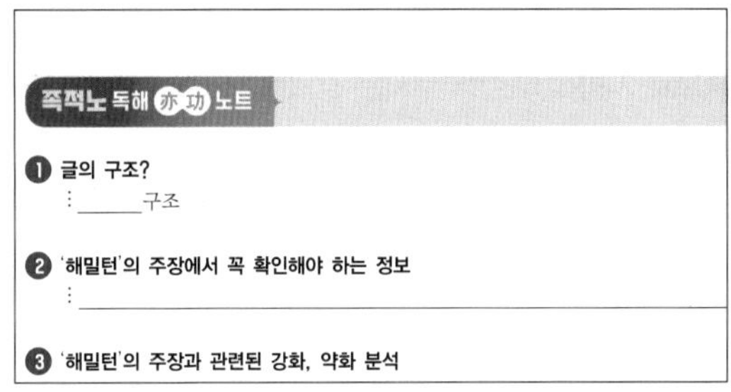

② 빨리 푸는 赤功 전략

각 문제 유형별로 1단계, 2단계, 3단계로 나누어 해당 문제를 최대한 빠르고 정확하게 풀 수 있는 가장 확실한 방법을 알려 드리는 섹션입니다.

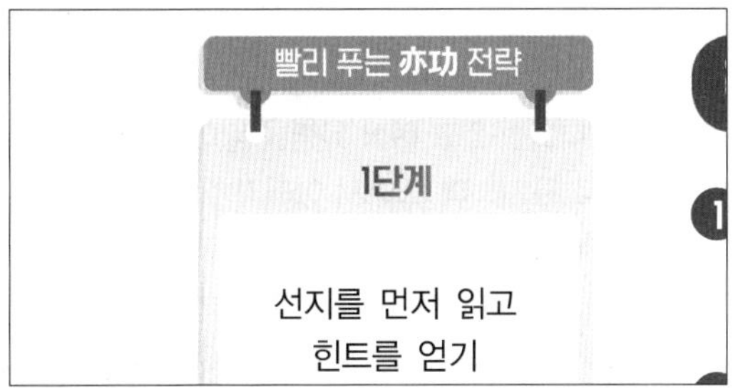

③ 출좋포 독해

공문서 문장 고쳐쓰기, 서술 방식 등 반드시 암기해야 하는 독해 이론을 최소한으로 정리해 둔 섹션입니다.
시험이 얼마 남지 않은 만큼 가장 중요한 내용들로만 수록했습니다.

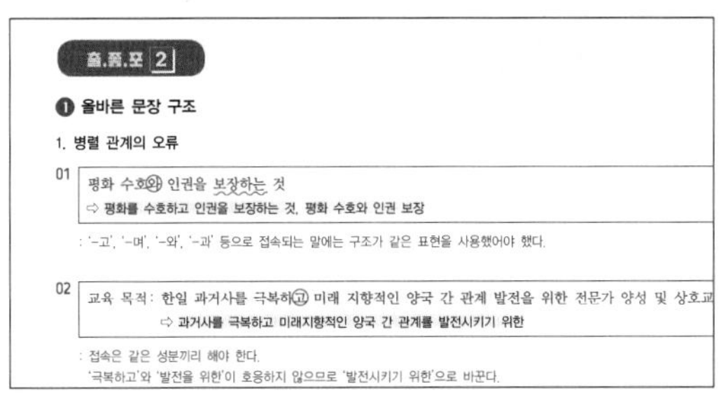

④ 뇌에 족적을 남기는 노트 독해 유형

2025년에 출제될 수 있는 모든 독해 유형을 마지막으로 정리할 수 있는 섹션입니다.

- **기존 출제 유지 2024 버전**
  2024년 버전이지만 2025년에 출제 가능한 유형들도 대비할 수 있게 하는 섹션입니다.
- **신유형 2025 버전**
  2025년에 새로 나오는 유형들을 집중적으로 파헤칠 수 있는 섹션입니다.

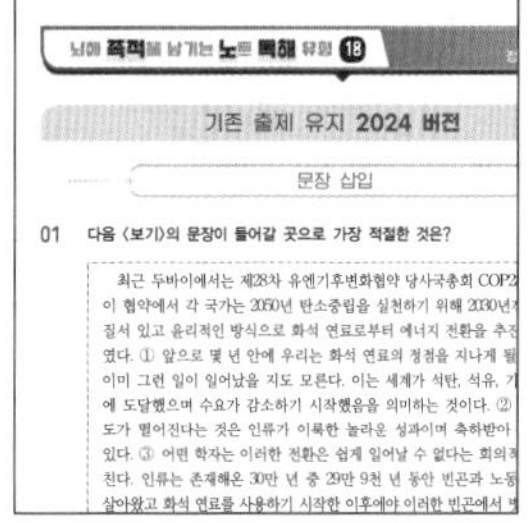

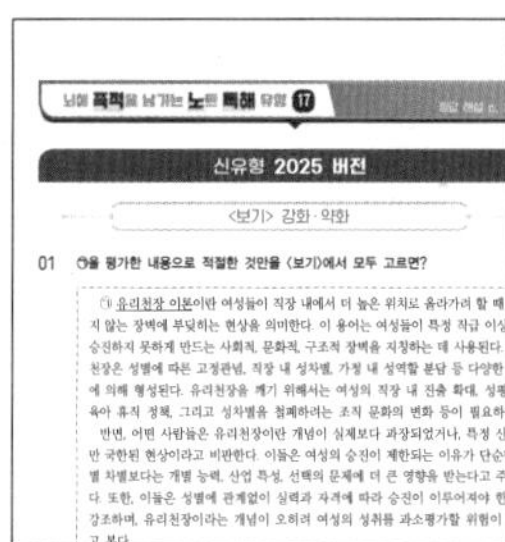

⑤ 독해 정답 및 해설

뇌에 족적을 남기는 노트 독해 유형 문제들의 정답과 해설을 자세하게 기입해 놓은 섹션입니다.

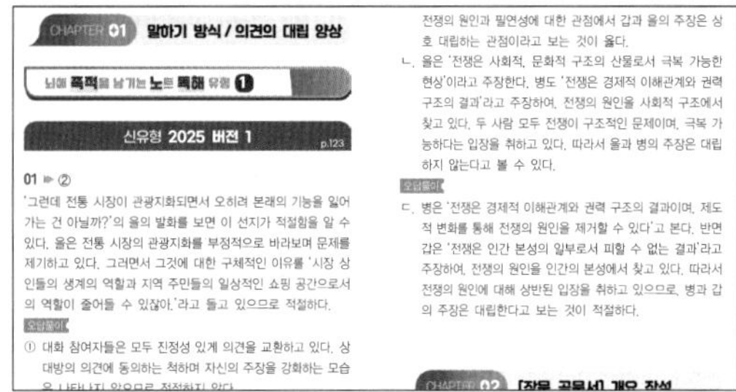

혜선 쌤 커리 연대기

1 만점 출종포

혜선 쌤만의 야매꼼수가 머릿속에 콕콕 박혀서 복습할 때마다 교수님 목소리가 머리에 맴돌아요!

안녕하세요. 박혜선 교수님 강의를 듣고 있는 학생입니다. 작년에 유튜브로 지방직 해설해 주시는 강의를 보고 너무 쉽고 자세하게 가르쳐주셔서 박혜선 교수님 강의를 들어야겠다 생각했어요. 저는 학교 다닐 때부터 국어를 단 한 번도 재밌다고 생각해 본 적이 없는데 교수님 강의를 듣고 나서 생각이 바뀌었습니다. 진짜 자세하게 설명해 주시고 중간중간 썰 푸시는 것도 너무 웃기고 야매꼼수 알려 주시는 것도 머리에 쏙쏙 박혀서 복습할 때마다 교수님 목소리가 머리에 맴돌아요!! 교수님 수업을 처음부터 들었다면 100점을 받았을 텐데 늦게 알게 돼서 아쉬운 마음뿐…. 강의로 알려주신 내용 다 잊지 않고 열심히 공부해서 내년에 국어 100점 맞도록 하겠습니다. 너무 감사드립니당♥♥♥
+ 아 그리고 논리 추론 명제 파트 헷갈리고 어려웠는데 꼼꼼한 설명과 문제풀이 감사드립니다!! 덕분에 명제 문제 푸는 게 재밌어요^^

김*림

2 천기누설 논리 추론

논리 추론과 문제풀이 커리로 넘어오면서 더 많은 야매꼼수가 쏟아지는 것 같습니다.

논리 추론을 풀면서 교재가 참 좋다고 느꼈습니다. 문제도 풀다 보니 재미있다고 느꼈고 여러 유형을 넣어 놓으셔서 철저하게 대비가 되는 거 같습니다. 해설도 문제 옆에 이해하기 쉽게 논리 기호로 표시되어 있어서 이해가 잘 갑니다! 박혜선 선생님의 강의를 들으면서 4시간이 금방 지나는 것 같다고 느꼈습니다. 시간 분배를 잘해주시기도 하고 높은 텐션으로 수업을 진행하시다 보니 정신없이 듣다 보면 시간이 금방 갑니다. 그리고 야매꼼수가 도움이 많이 됩니다. 논리 추론과 문제풀이 커리로 넘어오면서 더 많은 야매꼼수가 쏟아지는 것 같습니다. 시간을 잘 줄이지 못해서 걱정이 많은데 야매꼼수로 시간을 많이 줄일 수 있어서 적용해 보는 연습을 열심히 하면 큰 도움이 될 것 같습니다. 또 학생들 의견을 잘 반영해 주셔서 정말 좋습니다! 선생님의 논리 추론 수업을 들으면서 논리 추론 문제에 대한 자신감이 많이 올랐습니다. 여러 문제를 풀면서 대비를 하면 시험 때 더 잘 풀 수 있을 것 같습니다. 논리 추론 문제에 어려움을 겪는 분들께 추천드립니다!

남*진

3 천기누설 세트형 독해

혜선 쌤이 좋아서 강의를 꾸준히 들을 수 있어서 이 강의도 어렵지 않게 완강했어요.

늘 느끼는 거지만 교재에 실린 문제를 타이머로 시간 재서 풀게 해주시는 게 넘넘 좋습니다!! 동형모고 풀 때도 세트형 문제가 부담스럽지 않아졌고 점수도 잘 나와서 쌤 풀커리를 타고 있는데 아주아주 만족합니다! 요새 다른 과목 하느라 정신없는데 국어는 혜선 쌤 강의가 좋아서 국어 강의를 들을 때는 약간 힐링이 되고 저한테 나름 전략 과목이 된 것 같아요. 동형모의고사 1회차도 95점 맞았고 다른 사이트 모의고사도 풀어보는데 안정적으로 점수가 나와서 다른 과목도 열심히 할 수 있는 원동력을 얻고 있어요. 원래도 믿었지만 시험 치기 전까지 쌤을 전적으로 신뢰하고 따라갈 예정입니다…. 저는 재시생인데 국어 점수가 85점 정도였던 걸로 기억하고 90점 넘게 맞는 게 소원이었는데 혜선 쌤과 하다 보면 실제 시험 점수도 90점 돌파 가능할 것 같아서 용기가 나요!! 벌써부터 과한 자신감은 금물이지만 국어, 영어가 전과목 중에서도 제일 하는 만큼 점수가 나올까? 의구심이 드는 과목이었는데 공부하는 만큼 나오는 걸 알게 해주셔서 감사합니다.

조*인

4 콤단문 문법

국어는 뭐니뭐니 해도 박혜선!

혜선 쌤의 콤단문 커리는 늘 언제나 정답입니다. 먼저 어떠한 문제가 어떻게 나오는지 바로 알 수 있습니다. 출제 기조가 전환이 된 부분들도 쌤이 그 형식에 맞추어서 문제를 만드셨기 때문에 전혀 시험 대비에 지장이 생기지 않습니다. 두 번째로 방대한 양의 기출을 1/3, 1/4 정도로 압축을 하셨기에 시간 면에서 훨씬 효율성이 좋아집니다. 이만큼 얇고 시간을 절약할 수 있는 교재는 없다고 생각합니다. 세 번째로 어렵고 난이도를 정해주시면서 직렬별로 맞추어 문제를 뽑아 볼 수 있습니다. 문제 하나하나마다 쌤이 어느 직렬에서 좋아하며 이 문제는 어느 직렬에서부터 나오고 현재 어디까지 나왔다 등등 상세한 서브 정보까지 하나하나 다 말씀을 해주십니다. 이러한 이유들로 혜선 쌤의 콤단문 강의와 교재가 너무 공시생에게 잘 맞으며, 하루하루 시험을 끝내는 날까지 시간과의 싸움인데 늘 시간을 체크할 수 있고, 문제와 패턴까지 알려주시기에 아주 강추합니다!

고*우

5 콤단문 독해

당신도 독해 마스터가 될 수 있다!

결론부터 말씀드리자면, 혜선 쌤만 믿고 열심히 국어 공부하면 절대 후회할 일 없이 고득점을 맞을 수 있겠다는 생각이 저절로 들 정도로 대만족입니다!! 먼저, 11–12월에 진행하는 콤단문 독해 책을 처음 펼쳐봤을 때, 문제의 구성 자체가 굉장히 알차다고 느꼈습니다. 기존에 2024 대비 시험은 그동안 출제기조에 맞춰 기존 기출만 풀어도 충분했겠지만, 이제는 기존 문제만 풀 수 없으니 천지개벽하는 2025 시험에 맞춰 신유형에 발 빠르게 대처하는지를 중요하게 생각했는데 혜선 쌤이 열심히 밤을 새서 만드신 문제들은 인사혁신처에서 내준 1,2차 예시문제 기조에 맞춰 새로 추가된 공문서 작성부터 강화약화, 논리 추론, 까다로운 순서 배열과 문법 독해 결합형까지 없는 게 없어서 보다 폭넓은 대비가 가능했습니다. 덕분에 시험장에서 뭘 마주쳐도 당황하지 않을 자신감을 장착했습니다ㅎㅎㅎㅎ 콤단문 독해는 단순히 문제 푸는 기계처럼 푸는 데 그치지 않고, 혜선 쌤만의 효율적인 풀이법을 제시한다는 점에서 큰 차별점이 있다고 생각합니다. 모두가 입 모아 얘기하겠지만 혜선 쌤의 가장 큰 장점은 뭐니뭐니 해도 [야매꼼수 스킬]이라고 생각합니다!!!! 문제를 푸는 시간을 진짜진짜 확실히 단축하고, 그렇다고 놓치는 내용 없이 중요한 핵심을 빠르게 파악하면서 해치울 수 있는 점이 정말 마음에 듭니다.

황*경

최단기 합격의 절대 공식 赤功 국어

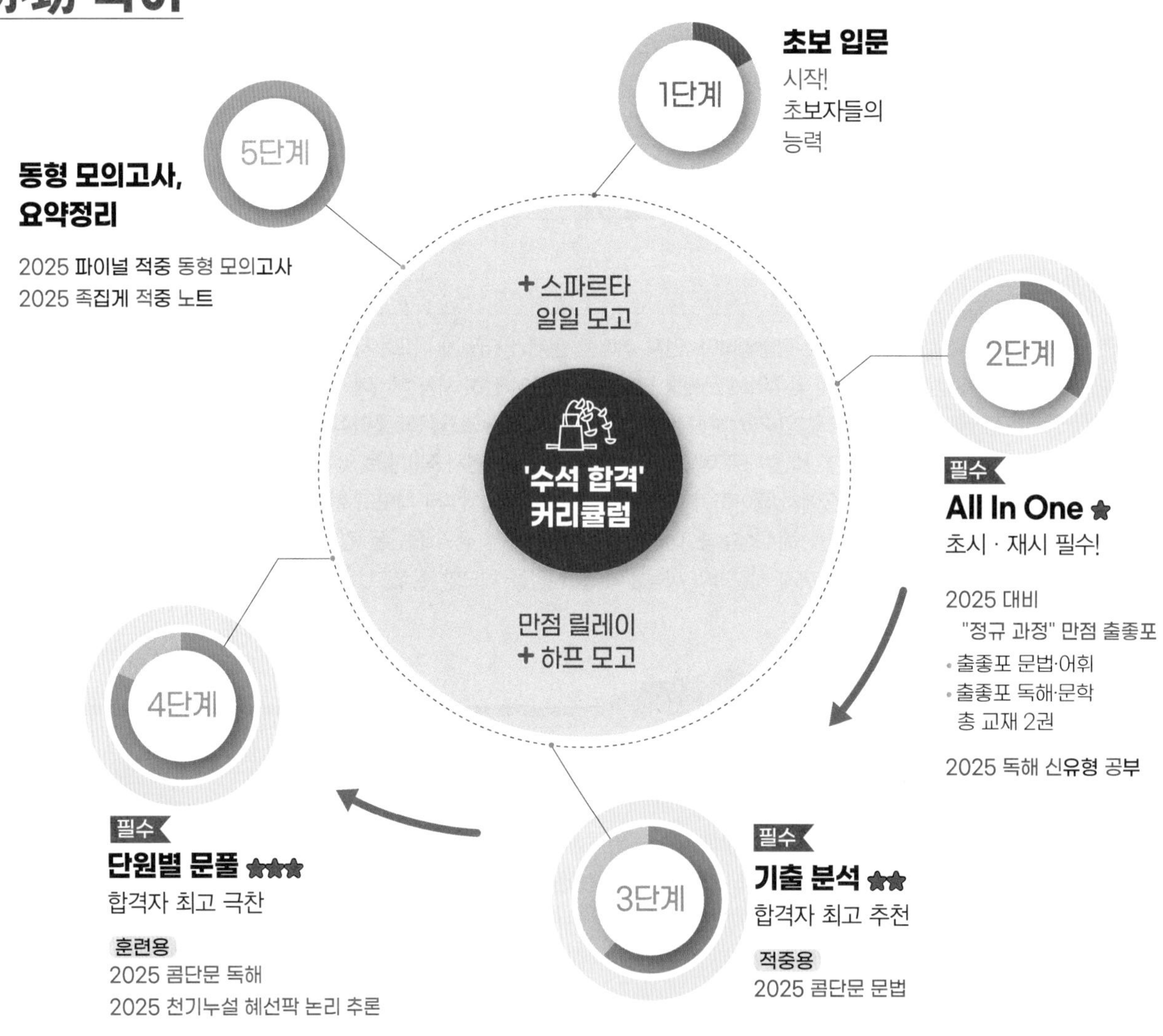

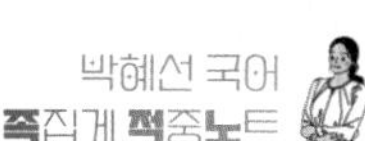

선택 사항이지만, 약점이 되는 부분은 듣는 것을 강추! (수업이 너무 좋아서 듣게 될 거임.)

CONTENTS 이 책의 차례

문법

Part 01 형태론

Chapter 01 단어의 형성 14
Chapter 02 품사의 구별 – 체언: 명사, 대명사, 수사 18
Chapter 03 품사의 구별: 용언 20
Chapter 04 관계언: 격 조사, 접속 조사, 보조사 30
Chapter 05 수식언: 관형사, 부사 / 독립언 32
Chapter 06 명사형 어미 '(으)ㅁ/기' vs 명사 파생 접미사 '(으)ㅁ/기' 구별 36

Part 02 통사론

Chapter 01 문장 성분의 이해 40
Chapter 02 서술어의 자릿수 44
Chapter 03 문장의 짜임새 46
Chapter 04 높임법의 종류 52
Chapter 05 잘못된 높임 표현 고치기 54
Chapter 06 사동/피동 56

Part 03 음운론

Chapter 01 음운의 변동 62

Part 04 어문 규정

Chapter 01 표준 발음법 68
Chapter 02 표준어 규정 74
Chapter 03 한글 맞춤법 76

독해

Part 05 논리 추론

Chapter 01 반드시 참인 명제 86
Chapter 02 빈칸에 들어갈 결론 102
Chapter 03 숨겨진 전제 추론 112

Part 06 독해

Chapter 01 말하기 방식 / 의견의 대립 양상 122
Chapter 02 [작문_공문서] 개요 작성 126
Chapter 03 [작문_공문서] 문장 고쳐 쓰기 128
Chapter 04 [작문] 내용 고쳐 쓰기 140
Chapter 05 중심 내용 추론 142
Chapter 06 내용 추론 긍정 발문 144
Chapter 07 내용 추론 부정 발문 146
Chapter 08 밑줄 추론 148
Chapter 09 설명 방식 150
Chapter 10 단수 빈칸 추론 154
Chapter 11 복수 빈칸 추론 156
Chapter 12 일반 강화, 약화 158
Chapter 13 〈보기〉 강화, 약화 162
Chapter 14 순서 배열 164
Chapter 15 어휘 – 문맥적 의미 추론 166
Chapter 16 어휘 – 바꿔 쓸 수 있는 유사한 표현 168
Chapter 17 지시 대상 추론 170
Chapter 18 문학 – 현대 운문, 현대 산문 172
Chapter 19 문학 – 고전 운문, 고전 산문 176
Chapter 20 문법 – 형태론 180
Chapter 21 문법 – 통사론 182
Chapter 22 문법 – 음운론 184

독해 정답 및 해설 188

문법

Part 01 형태론

Chapter 01 단어의 형성
Chapter 02 품사의 구별 – 체언: 명사, 대명사, 수사
Chapter 03 품사의 구별: 용언
Chapter 04 관계언: 격 조사, 접속 조사, 보조사
Chapter 05 수식언: 관형사, 부사 / 독립언
Chapter 06 명사형 어미 '(으)ㅁ/기' vs 명사 파생 접미사 '(으)ㅁ/기' 구별

관련교재 이론 출종포 문법 · 어휘 p.25~28
문풀 적중용 곰단문 문법 p.26~27

스타강사 박혜선

Chapter 01

단어의 형성

대표 亦功 최빈출

01 〈보기〉의 ㉠~㉣에 대한 설명으로 적절한 것은?

> 보기
> • 그는 ㉠ 슬픔에 젖었다.
> • 그는 그를 힘차게 ㉡ 밀쳤다.
> • ㉢ 한겨울에 그녀가 찾아 왔다.
> • 그는 은근하게 ㉣ 알부자이다.

① ㉠은 어근과 접미사의 결합으로 이루어진 파생어로 품사가 형용사에서 명사로 바뀌었다.
② ㉡은 문장 구조를 바꾸는 접미사가 사용되었다.
③ ㉢은 어근과 어근의 결합인 '관형사+명사' 형태의 통사적 합성어이다.
④ ㉣은 어근과 어근의 결합인 '명사+명사' 형태의 통사적 합성어이다.

대표 亦功 최빈출 해설

형용사 어근 '슬프-'에 명사 파생 접사 '-ㅁ'이 결합하여 명사가 되었으므로 품사가 형용사에서 명사로 바뀌었다는 것은 옳다.

오답풀이 ② '밀+치+었+다'에서 접미사 '치'는 앞의 어근을 강조하는 접미사일 뿐 문장 구조를 바꾸지는 못한다. 접미사 '치'는 강조의 의미일 뿐이므로 없애도 된다.
③ '한창인'의 뜻을 더하는 접두사 '한-'과 어근 '겨울'의 결합이므로 '관형사+명사' 형태의 통사적 합성어가 아니다. 파생어이다.
④ '알'은 '진짜, 알짜'의 뜻을 더하는 접두사이므로 '알부자'는 '명사+명사' 형태의 통사적 합성어가 아니다. '알부자'는 '접두사+어근' 형태의 파생어이다.

▶ ①

뇌주름 새기는 亦功 시각화 단어의 형성

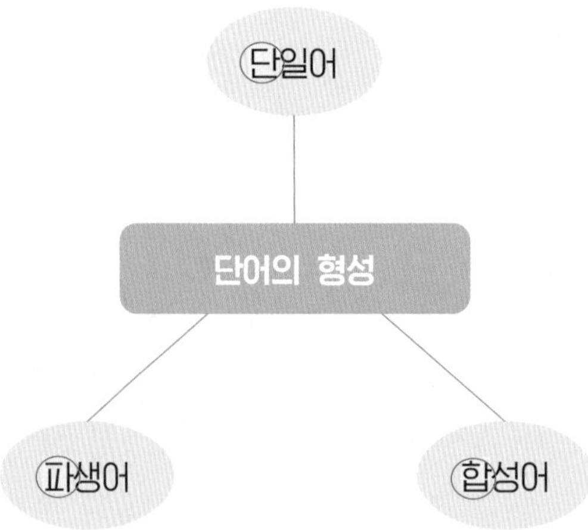

대표 출.좋.포 한눈에 보기 1. 단어의 형성

❶ 단일어, 파생어, 합성어 파악하기

❷ 접사의 기능 파악하기

❸ 합성어의 종류 파악하기

출.좋.포 1 단일어, 합성어, 파생어

❶ 단어의 종류

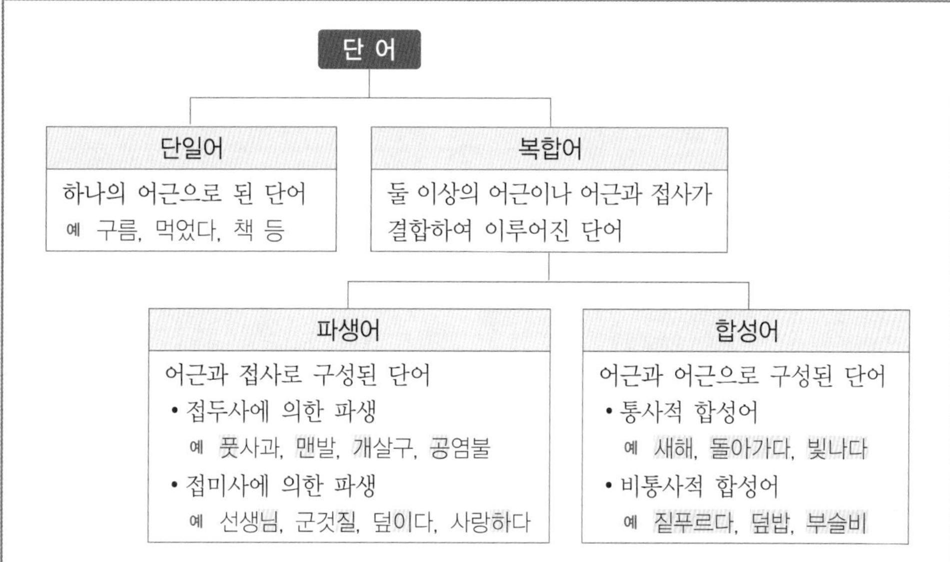

혜선쌤의 야매꿀수

- 접사의 기능
  : 품사 바꾸는지 확인하기
- 품사를 바꾸지 않는 접두사
  : 강-, 개-, 군-, 막-, 돌-, 들-, 뒤-, 되-, 덧-, 드/들-, 알-, 날-, 짓-, 치- 풋-, 한-, 헛-, 휘/휩-
- 품사를 바꾸지 않는 접미사
  : -님, -들, -꾼, -질, -쟁이, -둥이, -기, -치
- 품사를 바꾸는 접미사
  : -하-, -지-, -롭-, -스럽-, -답-, -(으)ㅁ, -기
- 문장 구조를 바꾸는 접미사
  : -이-, -히-, -리-, -기-, -우-, -구-, -추-, -이키-, -으키-, -애-, -시키-, -되-

대표 亦功 최빈출

02 〈보기 1〉을 참고하여 〈보기 2〉를 ㉠과 ㉡으로 잘 분류한 것은?

보기 1

어근과 어근의 형식적 결합 방식에 따라 합성어를 나누어 볼 수 있다. 형식적 결합 방식이란 어근과 어근의 배열 방식이 국어의 정상적인 단어 배열 방식 즉 통사적 구성과 같고 다름을 고려한 것이다. 여기에는 합성어의 각 구성 성분들이 가지는 배열 방식이 국어의 정상적인 단어 배열법과 같은 ㉠'통사적 합성어'와 정상적인 배열 방식에 어긋나는 ㉡'비통사적 합성어'가 있다.

보기 2

a. 논밭	b. 헐떡고개	c. 첫사랑
d. 그만두다	e. 늦더위	f. 짙푸르다

	㉠	㉡
①	a, e	b, c, d, f
②	a, b, e	c, d, f
③	a, c, d	b, e, f
④	b, e, f	a, c, d

대표 亦功 최빈출 해설

㉠ 통사적 합성어
a. 논밭 : '논과 밭'의 '명사+명사' 구성을 보이는 것은 정상적이다.
c. 첫사랑 : '관형사+명사' 구성을 보이는 것은 정상적이다.
d. 그만두다 : 부사 '그만'+동사 어근 '두다' 부사는 원래 동사, 형용사를 수식한다.
㉡ 비통사적 합성어
b. 헐떡고개 : 부사 '헐떡'이 명사 '고개'를 꾸미는 것은 비정상적이다.
e. 늦더위 : 관형사형 어미 '은'이 생략된 것은 비정상적이다.
f. 짙푸르다 : 연결 어미 '고'가 생략된 것은 비정상적이다.

▶ ③

뇌주름 새기는 亦功 시각화 합성어의 종류

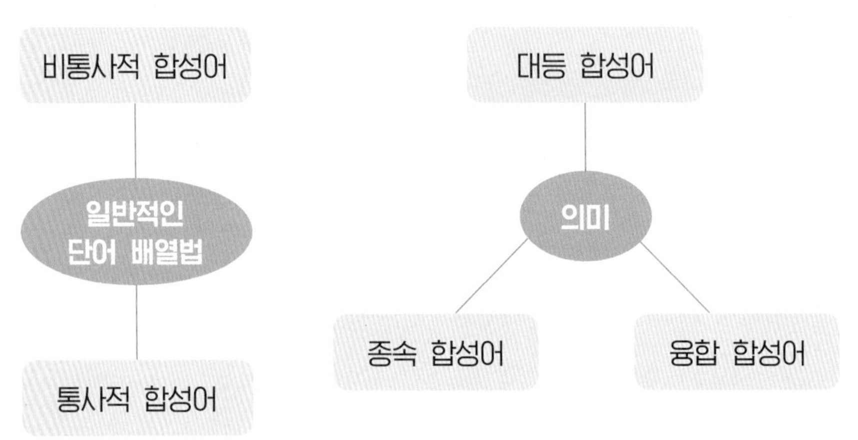

❷ 합성어의 종류

비통사적 합성어	개념	우리말의 일반적인 단어 배열법과 일치하지 않는 합성어	
	예시	❶ ______ ______생략	접칼, 덮밥, 늦잠, 곶감, 감발, 누비옷, 묵밭, 꺾쇠
		❷ ______ ______생략	높푸르다, 오르내리다, 여닫다, 보살피다, 뛰놀다, 굳세다, 날뛰다, 돌보다, 굶주리다
		❸ ______ +명사	살짝곰보, 보슬비, 척척박사, 딱딱새, 산들바람, 헐떡고개, 볼록거울, 흔들바위
		어순이 다른 한자어	독서(讀書), 급수(汲水), 등산(登山), 귀향(歸鄕) (일몰(日沒), 필승(必勝), 고서(古書)는 통사적 합성어)
통사적 합성어	개념	우리말의 일반적인 단어 배열법과 일치하는 합성어 통사적 구성과 일치하는 합성어	
	예시	명사+명사	앞뒤, 돌다리, 할미꽃, 춘추, 논밭, 이슬비
		부사+부사	곧잘, 더욱더, 이리저리, 엎치락뒤치락, 죄다
		관형사+체언	새해, 온갖, 첫사랑, 한바탕, 새마을, 온종일, 뭇매
		부사+용언	잘나다, 그만두다, 못나다, 다시없다, 몹쓸(못+'쓰다'의 관형사형)
		❹ ______ 생략	빛(이)나다, 힘(이)들다, 본(을)받다, 꿈(과)같다, 앞(에)서다, 값(이)싸다, 맛(이)있다, 재미(가)없다, 선(을)보다, 애(를)쓰다, 손(에)쉽다
		연결 어미	돌아가다, 알아보다, 게을러빠지다, 뛰어가다, 들어가다, 약아빠지다, 찾아보다, 깎아지르다, 스며들다
		관형사형 어미	군밤, 작은언니, 어린이, 지은이, 작은집, 이른바, 쓸데없다(쓰+ㄹ+데+없+다), 보잘것없다(보+자+고+하+ㄹ+것+없+다)

혜선쌤의 야매꿀수

✔ 비통사적 합성어를 확실하게 외우자!
: 관연이 ㅂㅅ

출좋포 정답

❶ 관형사형 어미 ❷ 연결 어미
❸ 부사 ❹ 조사

관련교재 이론 출종포 문법 · 어휘 p.33~38
문풀 적중용 콤단문 문법 p.44

Chapter 02 품사의 구별 - 체언 : 대명사, 명사, 수사

대표 亦功 최빈출

01 다음 대화의 ㉠~㉤에 대한 설명으로 적절하지 않은 것은?

> 이진 : 태민아, ㉠ 이것 읽어 봤니?
> 태민 : 아니, ㉡ 그것은 아직 읽어 보지 못했어.
> 이진 : 그렇구나. 이 책은 작가의 문체가 독특해서 읽어 볼 만해.
> 태민 : 응, 꼭 읽어 볼게. 한 권 더 추천해 줄래?
> 이진 : 그럼 ㉢ 저것은 어때? 한국 대중문화를 다양한 시각에서 다룬 재미있는 책이야.
> 태민 : 그래, ㉣ 그것도 함께 읽어 볼게.
> 이진 : (두 책을 들고 계산대로 간다.) 읽어 보겠다고 하니, 생일 선물로 ㉤ 이것 두 권 사 줄게.
> 태민 : 고마워. 잘 읽을게.

① ㉠은 청자보다 화자에게, ㉡은 화자보다 청자에게 가까이 있는 대상을 가리킨다.
② ㉢은 화자보다 청자에게 멀리 있는 대상을 가리킨다.
③ ㉢과 ㉣은 같은 대상을 가리킨다.
④ ㉤은 ㉡과 ㉢ 모두를 가리킨다.

대표 亦功 최빈출 해설

㉢의 지시 대명사 '저것'은 화자와 청자 모두에게 멀리 있는 대상을 가리킬 때 쓰이므로 ②는 옳지 않다.

오답풀이 ① ㉠의 '이것'은 청자보다 화자에게 가까울 때 쓰는 지시 대명사이고 ㉡의 '그것'은 화자보다 청자에게 가까울 때 쓰는 지시 관형사이므로 옳다. (참고로 '이것'은 청자 '태민'이 보다 화자 '이진'이에게 더 가까울 때, '그것'은 화자 '태민'이보다 청자 '이진'이에게 더 가까울 때 쓰인 것이다.)
③ 이진과 태민은 '한국 대중문화를 다양한 시각에서 다룬 재미있는 책'에 대해 대화하고 있으므로 '㉢ 저것'과 '㉣ 그것'은 같은 대상임을 알 수 있다.
④ '㉤ 이것' 뒤를 보면 '두 권'을 사 준다고 한다. 이를 통해 이들이 관심을 가진 '작가의 문체가 독특'한 책인 '㉡ 그것'과 '한국 대중문화를 다양한 시각에서 다룬 재미있는 책'인 '㉢ 저것'이 '㉤ 이것'을 가리킴을 알 수 있다.

▶ ②

뇌주름 새기는 亦功 시각화 품사 개관

기능	의미	설명
체언	대명사	이름 대신 가리킴
	명사	이름 가리킴
	수사	수량, 순서
관계언	조사	관계 지정
수식언	관형사	체언 수식
	부사	용언 수식
용언	동사	움직임, 동작
	형용사	성질, 상태
독립언	감탄사	부름, 응답, 느낌

형태

※ 용언과 서술격 조사만 가변어
나머지는 불변어

출.좋.포 2 품사와 체언

- 미지칭, 부정칭 구별법
  : 'everybody(anybody)'를 넣어 보기

- 수사, 수 관형사 구별 Tip
  ① 조사를 붙여 보기
  ② 뒤에 조사가 오면 수사
  뒤에 명사가 오면 수 관형사

Chapter 03 품사의 구별: 용언

대표 亦功 최빈출

01 밑줄 친 단어의 품사가 나머지 셋과 다른 것은?

① 할머니는 언제 이렇게 늙으셨을까.
② 노력했지만 아직 부족함이 많다.
③ 날이 밝으면 나를 찾아와라.
④ 박사는 이제 그를 조수로 삼았네.

뇌주름 새기는 亦功 시각화 용언의 품사 구별

대표 亦功 최빈출 해설

나머지는 '동사'이지만 '많다'는 형용사이다. '많다'는 언제나 형용사이다.

오답풀이 ① '늙다'는 시간의 흐름이 전제되므로 언제나 동사이다.
③ 여기에서 '밝다'는 '날이 밝아오다'의 의미이므로 동사이다.
④ '박사는 이제 그를 조수로 삼는다'를 보면 현재 시제 선어말 어미 '-는-/-ㄴ-'이 붙을 수 있다. 따라서 동사이다. 별개로 목적어 '그를'이 있는 것을 통해서도 동사임을 알 수 있다.

 ②

PART 1

출.좋.포 3 용언(동사 VS 형용사)

❶ 어미로 파악하는 동사와 형용사의 구별

기준
현재 시제 선어말 어미 : '❶ ______'(받침 뒤) / '❷ ______'(모음, ㄹ 뒤)
관형사형 어말 어미 : '❸ ______'(받침 뒤) / '❹ ______'(모음, ㄹ 뒤) 예외) 있다, 없다
명령형 '❺ ______', '-세요' / 청유형 어미 '❻ ______', '-ㅂ시다'
목적, 의도의 어미 '-러, -려'
진행의 '-고 있다'

출좋포 정답

❶ -는- ❷ -ㄴ-
❸ -는 ❹ -는
❺ -어라/아라 ❻ -자

❷ 의미로 파악하는 동사와 형용사의 구별

(1) 무조건 나오는 동사
늙다, 낡다, 맞다, 틀리다, 모자라다, 조심하다, 중시하다, 잘생기다(못생기다), 잘나다(못나다), -어지다, -어하다, 가물다

(2) 무조건 나오는 형용사
없다, 많다, 젊다, 알맞다, 걸맞다, 부족하다, 칠칠하다

(3) '-지 아니하다, -지 못하다'의 경우에는 '아니하다, 못하다'의 품사는 앞의 본용언을 따라간다. '-기 하다'도 마찬가지.

(4) 동사와 형용사 통용

✔ "동사"로 볼 수 있는 경우
① '-는다, -ㄴ다' 결합
② 시간의 흐름
③ 목적어

크다	동사	자라다, 성장하다
	형용사	'자라다, 성장하다' 이외의 의미
길다 (동음이의어)	동사	머리카락, 수염 따위가 자라다.
	형용사	'자라다' 이외의 의미
밝다	동사	밤이 지나고 환해지며 새날이 오다.
	형용사	'새날이 오다' 이외의 의미
있다	동사	① 사람이나 동물이 어느 곳에서 떠나거나 벗어나지 아니하고 머물다. 예 그는 내일 집에 있는다고 했다. ② 사람이 어떤 직장에 계속 다니다. 예 딴 데 한눈팔지 말고 그 직장에 그냥 있어라. ③ 사람이나 동물이 어떤 상태를 계속 유지하다. 예 떠들지 말고 얌전하게 있자. ④ 얼마의 시간이 경과하다. 예 앞으로 사흘만 있으면 추석이다.
	형용사	• 동사의 '있다' 이외의 의미 • 주로 '존재하다', '가지다(소유하다)', '재산이 풍족하다', '머무르는 상태이다', '어떠한 역할로 존재하다'의 의미를 갖는다. 예 나는 신이 있다고 믿는다, 기회가 있다, 모임이 있다, 그는 있는 집 자손이다, 그는 서울에 있다, 그는 철도청에 있다, 합격자 명단에는 내 이름도 있었다.
늦다	동사	정해진 때보다 지나다. 예 그는 약속 시간에 항상 늦는다, 그는 버스 시간에 늦어 못 갔다.
	형용사	① 기준이 되는 때보다 뒤져 있다. 예 시계가 오 분 늦게 간다. ② 시간이 알맞을 때를 지나 있다. 또는 시기가 한창인 때를 지나 있다. 예 우리 일행은 예정보다 늦게 도착했다. ③ 곡조, 동작 따위의 속도가 느리다. 예 발걸음이 늦다.

'~에 늦다'는 동사

고르다 (동음이의어)	동사	① 쓸 것이나 좋은 것을 가려내다. 예 며느릿감을 골랐다, 품질 좋은 과일로 고르고 골랐다. ② 울퉁불퉁한 것을 평평하게 하거나 들쭉날쭉한 것을 가지런하게 하다. 예 땅을 고르다. ③ 붓이나 악기의 줄, 숨 따위를 다듬거나 손질하다. 예 그는 가쁘게 몰아쉬던 숨을 고르고 있다.
	형용사	① 여럿이 다 높낮이, 크기, 양 따위의 차이가 없이 한결같다. 예 이익을 고르게 분배하다, 치아가 고르다. ② 상태가 정상적으로 순조롭다. 예 음정이 고르다.
너무하다	동사	비위에 거슬리는 말이나 행동을 도에 지나치게 하다. 예 해도 해도 너무한다 싶을 정도로 야박했다. 이렇게 밥을 많이 먹다니 정말 너무하는 노릇이었다. 너무하건 말건 안 되는 것은 안 되는 것이네. ≪송기숙, 녹두 장군≫
	형용사	일정한 정도나 한계를 넘어 지나치다. 예 우리는 정말 폭염이 너무하다 싶었다. 이번 여름 이렇게 날이 덥다니 너무하군. 빙수 한 그릇에 만 원은 너무하지 않으냐고 사정사정했다. 동네에서 다 아는 처지에 정말 너무하신 처삽니다.
굳다	동사	① 무른 물질이 단단하게 되다('녹다'의 반대말). 예 기름이 굳다, 시멘트가 굳다. ② 근육이나 뼈마디가 뻣뻣하게 되다. 예 혀가 굳어 말이 잘 나오지 않는다. ③ 표정이나 태도 따위가 부드럽지 못하고 딱딱하여지다. 예 꾸지람을 듣자 그의 얼굴은 곧 굳었다. ④ 몸에 배어 버릇이 되다. 예 한번 말버릇이 굳어 버리면 여간해서 고치기 어렵다.
	형용사	① 누르는 자국이 나지 아니할 만큼 단단하다. 예 굳은 땅과 진 땅 ② 흔들리거나 바뀌지 아니할 만큼 힘이나 뜻이 강하다. 예 철석같이 굳은 결심 ③ 재물을 아끼고 지키는 성질이 있다. 예 그는 사람됨이 굳고 인색해서 남에게 함부로 돈을 빌려주는 법이 없다.

혜선쌤의 야매꿀수

- '고르다'가 동사인 경우
  : 목적어가 있음

혜선쌤의 야매꿀수

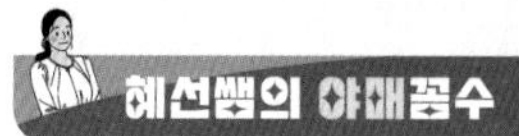

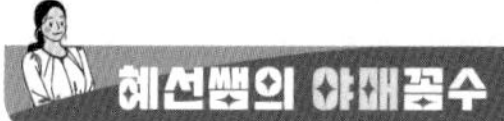

- '굳다'가 동사인 경우
  : 말랑말랑 → 딱딱
  (시간의 흐름)

대표 亦功 최빈출

02 국어의 불규칙 활용에 대한 〈보기〉의 설명과 그 예를 가장 바르게 짝지은 것은?

보기

(가) 불규칙 용언 가운데는 어간의 일부가 탈락되는 경우가 있다.
(나) 불규칙 용언 가운데는 어간의 일부가 다른 것으로 바뀌는 경우가 있다.
(다) 불규칙 용언 가운데는 어미가 다른 것으로 바뀌는 경우가 있다.
(라) 불규칙 용언 가운데는 어간과 어미가 함께 바뀌는 경우가 있다.

① (가) – 잇다, 푸다, 듣다
② (나) – 깨닫다, 춥다, 벗다
③ (다) – (목적지에) 이르다, 하다, 노르다
④ (라) – 누렇다, 보얗다, 좋다

대표 亦功 최빈출 해설

• 이르다 : 모음 어미 '어'가 결합하면 '러'로 교체되므로 (다)에 해당한다.
• 하다 : 모음 어미 '아'가 결합하면 '여'로 교체되므로 (다)에 해당한다.
• 노르다 : 모음 어미 '어'가 결합하면 '러'로 교체되므로 (다)에 해당한다.

오답풀이 ① • 잇다 : 어간 '잇-'에 모음 어미 '-어'가 결합되면 'ㅅ'이 탈락되므로 (가)에 해당한다.
• 푸다 : 어간 '푸-'에 모음 어미 '-어'가 결합되면 '우'가 탈락하여 '퍼'가 되므로 (가)에 해당한다.
• 듣다 : 어간 '듣-'에 모음 어미 '-어'가 결합되면 어간 'ㄷ'이 'ㄹ'로 교체되어 '들어'가 되므로 (나)에 해당한다.

② • 깨닫다 : 어간 '깨닫-'에 모음 어미 '-아'가 결합되면 어간 '깨닫-'의 'ㄷ'이 'ㄹ'로 바뀌어 '깨달아'가 되므로 (나)에 해당한다.
• 춥다 : 어간 '춥-'에 모음 어미 '-어'가 결합되면 어간 '춥-'의 'ㅂ'이 '우'로 바뀌어 '추워'가 되므로 (나)에 해당한다.
• 벗다 : 어간 '벗-'에 모음 어미 '-어'가 결합되면 어간 'ㅅ'이 '벗어'가 되는데 이는 규칙 활용이므로 어디에도 속하지 않는다.

④ • 누렇다 : 어간 '누렇-'에 모음 어미 '-어'가 결합되면 어간의 일부인 'ㅎ'이 없어지고 어미도 바뀌어 '누레'가 되므로 (라)에 해당한다.
• 보얗다 : 어간 '보얗-'에 모음 어미 '-아'가 결합되면 어간의 일부인 'ㅎ'이 없어지고 어미도 'ㅣ'로 바뀌어 '보얘'가 되므로 (라)에 해당한다.
• 좋다 : 모음 어미 '-아'가 결합되면 어간이나 어미가 바뀌지 않고 '좋아'가 되는 규칙 용언이므로 어디에도 속하지 않는다.

▶ ③

뇌주름 새기는 亦功 시각화

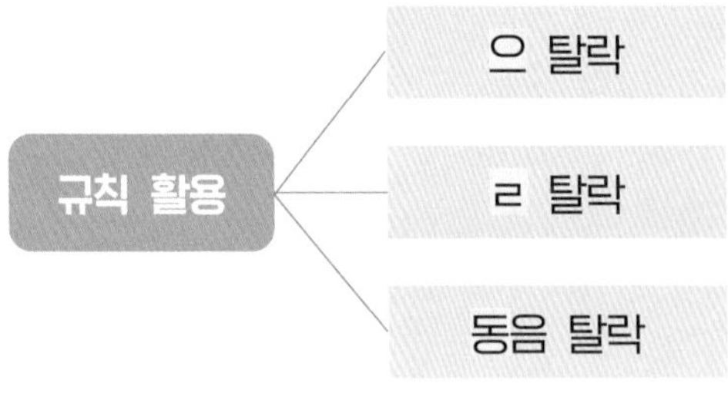

출.좀.포 4 용언의 활용 양상

❶ 규칙 활용

종류	내용	예
일반적 규칙 활용	용언이 활용할 때 어간이나 어미의 모습이 바뀌지 않음.	• 좋다 : 좋고, 좋아, 좋으니
'ㅡ' 탈락	어간의 끝이 'ㅡ' 모음일 때 모음으로 시작하는 어미와 결합하면서 'ㅡ'가 탈락함.	• 쓰다 : 써(쓰+어), 썼다(쓰+었+다) • 들르다 : 들러(들르+어), 들렀다(들르+었+다) • 치르다 : 치러(치르+어), 치렀다(치르+었+다) • 잠그다 : 잠가(잠그+아), 잠갔다(잠그+았+다) • 담그다 : 담가(담그+아), 담갔다(담그+았+다)
'ㄹ' 탈락	어간의 'ㄹ' 받침이 'ㅂ, ㅅ, ㄴ, ㄹ, 오' 등 특정 자음으로 시작하는 어미와 결합하면서 탈락함.	• 울다 : 웁니다(울+ㅂ니다), 우시니(울+시+니), 우는(울+는), 울수록(울+ㄹ수록), 우오(울+오)
동음 탈락	어간의 끝과 어미의 처음이 동음인 경우 하나가 탈락함.	• 파다 : 파(파+아), 파서(파+아서), 파도(파+아도) • 모자라다 : 모자라(모자라+아), 모자라서(모자라+아서) • 바라다 : 바라(바라+아), 바라서(바라+아서), 바라도(바라+아도)

✔ '규칙 활용'의 암기팁
: 바람처럼 스쳐 가는~ 김두한의 딸 '을동'

혜선쌤의 암기꿀수

✔ 'ㅡ' 탈락 용언
: 들치 잠담
(들쥐 잔다)

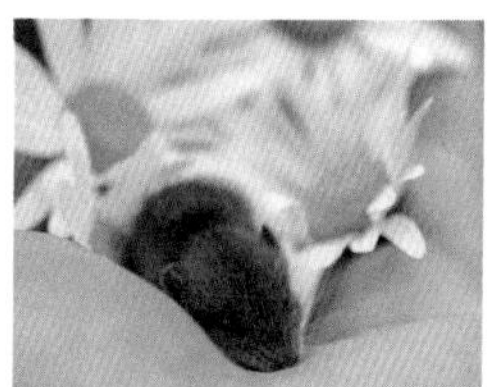

❷ 불규칙 활용

혜선쌤의 야매꿀수

- 자음 어미를 붙이면 ×
  꼭 모음 어미를 붙이기
  만만한 '어/아'

종류		내용	불규칙 용언	규칙 용언
어간 바뀜	'ㅅ' 불규칙	모음 어미 앞에서 탈락	• 붓 + 어 → 부어 • 짓 + 어 → 지어 • 낫다(勝, 癒), 잇다, 긋다	벗어, 씻어, 빗어, 웃어
	'ㅂ' 불규칙	모음 어미 앞에서 '오/우'로 변함.	• 굽(炙) + 어 → 구워 • 눕 + 어 → 누워 • 줍 + 어 → 주워 • 돕다, 덥다, 깁다, 춥다	잡아, 뽑아, 좁아, 씹어
	'ㄷ' 불규칙	모음 어미 앞에서 'ㄹ'로 변함.	• 싣 + 어 → 실어 • 붇 + 어 → 불어 • 걷(步) + 어 → 걸어 • 묻다(問), 듣다, 깨닫다, 눋다	묻어(埋), 얻어, 걷어
	'르' 불규칙	모음 어미 앞에서 'ㄹㄹ'로 변함.	• 빠르 + 아 → 빨라 • 이르 + 어 → 일러(謂, 早) • 부르다, 오르다, 바르다, 곧(올)바르다, 가파르다, 불사르다	따라, 치러
	'우' 불규칙	모음 어미 앞에서 'ㅜ' 탈락함.	• 푸 + 어 → 퍼 ('푸다'만 '우' 불규칙)	주어, 누어

- '우' 불규칙은 특히 중요
  : 우물물을 퍼~ ♪♪

어미 바뀜	'여' 불규칙	모음 어미 '-아'가 '-여'로 변함.	• 공부하 + 아 → 공부하여 • '하다'와 '-하다'가 붙는 모든 용언	파 + 아 → 파
	'러' 불규칙	어미 '-어' 가 '-러'로 변함.	• 푸르 + 어 → 푸르러 • 노르 + 어 → 노르러 • 누르 + 어 → 누르러 • 이르(至) + 어 → 이르러	치르 + 어 → 치러
어간 어미 바뀜	'ㅎ' 불규칙	'ㅎ'으로 끝나는 형용사 어간에 '-아/-어'가 오면 어간의 일부인 'ㅎ'이 없어지고 어미는 'ㅣ'로 변함.	• 하얗 + 아서 → 하얘서 • 파랗 + 아 → 파래 • 누렇 + 어지다 → 누레지다	좋 + 아서 → 좋아서 낳+은 → 낳은

혜선쌤의 야매꼼수

- 사실상, 용언의 불규칙은 어미 바뀜의 용언 딱 5개만 외우면 끝난다.

> **암기팁**
> 하! 푸노누이
> (쌀국수 먹고 살찐 혜선 쌤의 탄식)

- 어간・어미 바뀜의 용언은 이런 특징이 있다.

> **암기팁**
> 'ㅎ'으로 끝나는 형용사
> ('좋다'는 제외)

대표 亦 功 최빈출

03 밑줄 친 단어의 문법적 기능이 나머지 셋과 다른 하나는?

① 역공녀는 25살처럼 젊어 보인다.
② 나는 그 일을 잊지 못했다.
③ 우체국에서 학생들의 책을 부쳐 주었다.
④ 나도 그거 한번 먹어 보자.

대표 亦 功 최빈출 해설

'역공녀는 25살처럼 젊다.+(역공녀는 25살처럼) 보이다.'가 합쳐진 말이므로 본용언 '젊다'와 본용언 '보이다'가 합쳐진 것이다. 따라서 보조 용언이 결합되지 않은 것이라고 볼 수 있다.
보조 용언은 문장에서 생략해도 문맥의 뜻에 큰 영향을 끼치지 않는다.

오답풀이 나머지 밑줄 친 단어는 보조 용언이다. 보조 용언은 실질적인 의미 없이 본용언의 뜻을 더해주기만 한다.

② '-지 않다(=아니하다), -지 못하다, -지 말다'는 부정 보조 용언이다. (참고로 '잊다'가 동사이므로 '못했다'의 품사는 동사이다.)
③ '-어 주다'는 '다른 사람을 위하여 어떤 행동을 함(봉사)'의 뜻을 가진 보조 용언이다.
④ '-어 보다'는 '시험 삼아서 함'의 뜻을 더하는 보조 용언이다.

▶ ①

뇌주름 새기는 亦 功 시각화 용언의 종류

출.좋.포 5 용언의 종류(본용언과 보조 용언)

❶ 개념

철수가 추운가 보다. 날이 밝아 왔다. 비가 올 듯하다. 편지를 부쳐 주었다.
(본: 추운가, 보조: 보다 / 본: 밝아, 보조: 왔다 / 본: 올, 보조: 듯하다 / 본: 부쳐, 보조: 주었다)

본용언	머릿속으로 실질적인 뜻을 생각할 수 있는 자립성이 있는 용언
보조 용언	본용언과 연결되어 문법적 의미를 보충하는 역할 (∴ 생략되어도 괜찮음.)

❷ 많이 출제되는 보조 용언의 품사

(1) 보조 형용사

추측	듯하다, 성싶다, 보다 예 비가 올 듯하다, 비가 올 성싶다, 비가 오려나 보다.
소망	(-고) 싶다 예 예쁘고 싶다, 살 빼고 싶다.
가능성	법하다, 뻔하다, 직하다, 만하다 예 그 답도 맞을 법하다, 그 답을 맞힐 뻔하다, 밥 먹었음 직하다, 밥을 먹었을 만하다.

(2) 보조 동사

유지	가지다(갖다), 두다, 놓다 예 돈을 받아 가지고 왔다, 이 기회에 잘 보아 두어라, 논을 갈아 놓았다.
당위	하다 예 반드시 합격해야 한다.
상태	있다, 계시다 예 의자에 앉아 있다, 할머니께서 앉아 계시다.
사동	하다 예 엄마가 아이가 밥을 먹게 하였다.
종결	나다, 내다, 버리다 예 일을 마치고 나니 상쾌하다, 일을 성공해 내다, 빵을 다 먹어 버리다.
꾸밈	척하다, 체하다, 양하다 예 죽은 척하다(= 체하다, 양하다)

혜선쌤의 야매꼼수

✔ '본용언+본용언 / 본용언+보조 용언'의 구별

(1) 2개의 문장으로 분리되는가?

- 그는 나를 놀려 대곤 했다.
  : 분리될 수 없으므로 '대곤, 했다'는 보조 용언이다.

(2) 뒤의 용언이 정말 중심적인 의미를 가지는가?

- 날이 밝아 왔다.
  : '오다'는 중심적 의미인 '다리로 걸어 오다'의 의미가 아니므로 '왔다'는 보조 용언이다.

혜선쌤의 야매꼼수

✔ 보조 용언 '보다'의 품사

- 경험 → 동사
  예 • 이야기를 들어 보다.
  • 일을 하다가 보면 요령이 생겨서 작업 속도가 빨라진다.
  • 이런 일을 당해 보지 않은 사람은 내 심정을 모른다.
- 경험 X → 형용사
  예 식구들이 모두 집에 돌아왔나 보다.

관련교재 이론 출종포 문법 · 어휘 p.52~53
문풀 적중용 곰단문 문법 p.74

Chapter 04

관계언 : 격 조사, 접속 조사, 보조사

대표 亦功 최빈출

01 국어의 조사에 대한 설명으로 가장 옳지 않은 것은?

① '에서'는 '학교에서 밥을 먹었다.'의 경우에는 부사격 조사이지만 '우리 학교에서 회의를 개최했다.'의 경우에는 주격 조사이다.

② '은/는'은 '기린은 풀을 먹었다.'의 경우에는 주격 조사이지만 '기린이 풀은 먹었다.'의 경우에는 보조사이다.

③ '이/가'는 '역공녀가 행복해 하였다'의 경우에는 주격 조사이지만 '역공녀는 돼지가 아니다'의 경우에는 보격 조사이다.

④ '와/과'는 '영희는 철수와 결혼했다'의 경우에는 부사격 조사이지만 '철수와 영희가 결혼했다'의 경우에는 접속 조사이다.

대표 亦功 최빈출 해설

'-은/-는'은 격을 지정하는 힘이 없으므로 격 조사가 아니라 항상 보조사이다. 앞의 말에 의미를 더해주는 역할을 하는 보조사일 뿐이다.

오답풀이 ① 주격 조사 '이/가'를 넣어보면 '에서'가 부사격 조사인지 주격 조사인지 알 수 있다. '학교에서'의 '-에서'는 장소나 공간을 의미하는 부사격 조사이다. 반면에 '우리 학교에서'의 '-에서'는 주격 조사 '이/가'를 대입하여도 말이 되므로 주격 조사이다.

③ '되다/아니다' 바로 앞에 '이/가'가 나오면 '이/가'는 보격 조사이다. 하지만 그것이 아니라면 '이/가'는 주격 조사이다.'아니다' 바로 앞의 '돼지가'는 보어이므로 '가'는 보격 조사이다.

④ 체언과 체언을 동등하게 연결하는 것은 접속 부사이므로 '철수와 영희가'의 '와'는 접속 조사이다. '철수와 결혼했다'를 보았을 때, '결혼하다'는 필수 부사어를 요구하는 서술어이므로 '철수와'의 '와'는 부사격 조사이다. (단, '철수와 영희가'의 '와'를 부사격 조사로 보는 견해도 있으나, 이미 ②번이 답이므로 자연스럽게 '와'는 접속 조사가 된다.)

▶ ②

뇌주름 새기는 亦功 시각화 조사의 종류

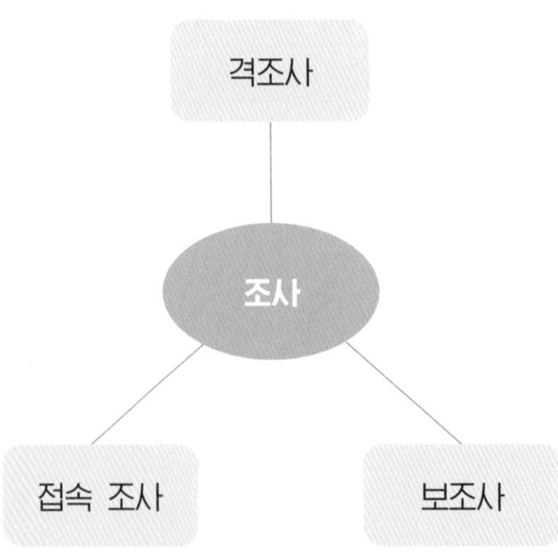

출.좋.포 6 격 조사 vs 접속 조사 vs 보조사

격 조사	개념	앞말에 자격을 부여해 주는 조사
	예	주격(이/가*, 께서, 에서*, 서) 목적격(을/를), 보격(이/가*), 서술격(이다), 관형격(의), 부사격[에(에서*, 에게), 으로, 와/과*], 호격(아/야)
접속 조사	개념	체언과 체언을 동등하게 연결하는 조사
	예	와/과*, 랑, 하고, 에
보조사	개념	앞말에 특별한 의미를 더해 주는 조사
	예	요*, 은/는, 도, 만, 부터, 까지

- 주격 조사 '에서'
  : 주격 조사 '이/가' 넣어보기
- 외우기 골치 아픈 부사격 조사
  : 혜선쌤의 영화 취향 (에, 로, 와)
- 주격 조사 vs 보격 조사
  : 눈동자를 서술어로 보내기 '되다, 아니다'가 있는가?

출.좋.포 7 대칭 서술어: 접속 조사 '와/과' VS 부사격 조사 '와/과'

대칭 서술어란?

반드시 두 대상을 필요로 하는 서술어

예 닮다, 같다, 다르다, 비슷하다, 친구이다, 부부이다, 싸우다, 만나다, 마주치다 등등

❶ 무조건 부사격 조사인 경우: 체언과 체언이 동등하게 연결되지 ×

예 포돌이가 포순이와 닮았다.

❷ 나머지 선택지에 따라 봐야 하는 경우

체언과 체언이 동등하게 연결 + 대칭 서술어

예 포돌이와 포순이가 닮았다.
견해 1) 체언과 체언을 동등하게 연결하는 관점으로 보면 → 접속 조사
견해 2) 필수 부사어 '포돌이와'를 생략할 수 없는 관점으로 보면 → 부사격 조사

2개의 견해가 되는 환경을 외우는 게 중요!

관련교재 이론 출좋포 문법 · 어휘 p.53~56
문풀 적중용 콤단문 문법 p.80

Chapter 05 수식언 : 관형사, 부사 / 독립언

대표 亦功 최빈출

01 밑줄 친 부분의 품사가 나머지와 다른 하나는?

① 철수는 외딴 학교로 발령이 났다.
② 허튼 말을 하다가는 손목 날아간다.
③ 오랜 세월 그는 행복하게 지냈다.
④ 철수는 긴 고민 끝에 결정을 내렸다.

02 밑줄 친 부사 중 기능상 분류가 나머지와 다른 하나는?

① 그딴 마음가짐으로 과연 잘 먹고 잘 살 수 있을까?
② 그 옷이 정말 그렇게 잘 팔렸는지는 알 수 없다.
③ 그녀는 집으로 바로 갔다.
④ 비난이나 반대는 무슨 일에나 응당 있는 일이다.

뇌주름 새기는 亦功 시각화

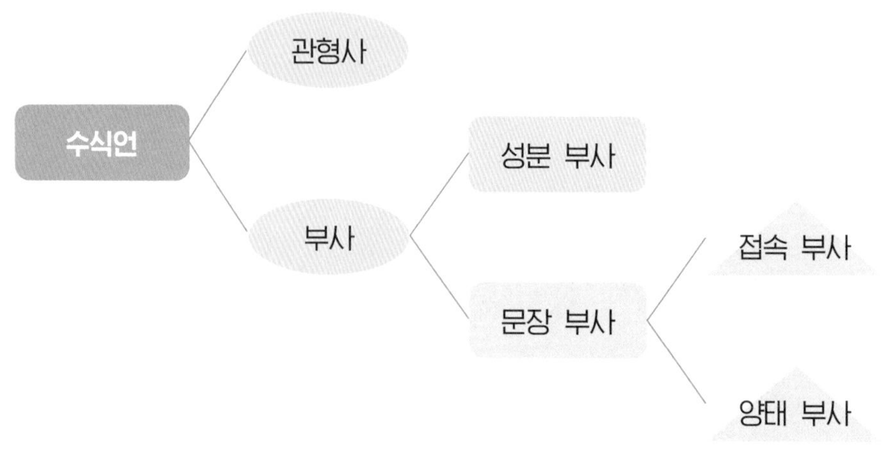

대표 亦功 최빈출 해설

01 '긴'은 형용사 어간 '길-'에 관형사형 어미 '-ㄴ'이 결합한 것이다. 어미는 품사를 결정하지 않는다. 따라서 '길-'은 형용사이므로 '긴'은 형용사이다.

오답풀이 '외딴, 허튼, 오랜'은 관형사이다.

▶ ④

02 '과연, 정말, 응당'은 바로 뒤의 문장을 수식하는 '문장 부사'이나 '바로'는 '성분 부사'이다. '바로'가 바로 뒤에 있는 서술어 '갔다.' 하나만 수식하고 있기 때문이다.

▶ ③

PART 1

출.좀.포 8 관형사

❶ 관형사

✔ 허! 오(온, 여), 외, 어, 고얀, 긴

허튼 말, 오랜 경험, 온갖(갖은) 일, 여남은 명, 외딴 학교, 어느 사람, 고얀 녀석, 긴긴 세월, 한다하는 선비

(1) 무조건 나오는 "-적(的)"

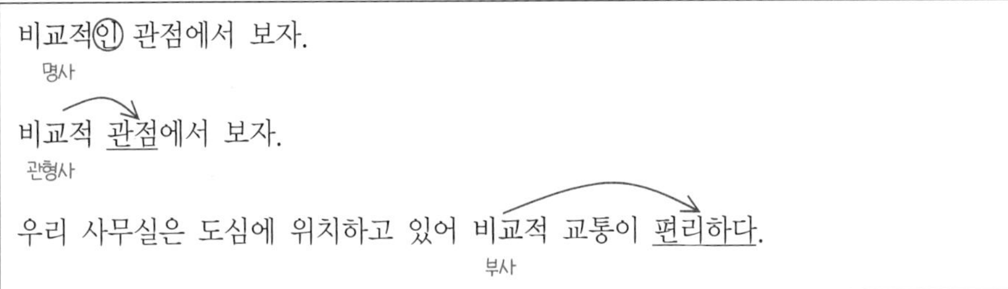

비교적㉠ 관점에서 보자.
명사

비교적 관점에서 보자.
관형사

우리 사무실은 도심에 위치하고 있어 비교적 교통이 편리하다.
부사

✔ '비교적'만 딱 조심해요 亦功이들!

(2) 무조건 나오는 "수 관형사 vs 수사"

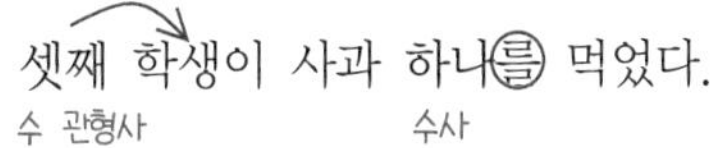

셋째 학생이 사과 하나를 먹었다.
수 관형사 수사

(3) 무조건 나오는 "관형사 vs 대명사"

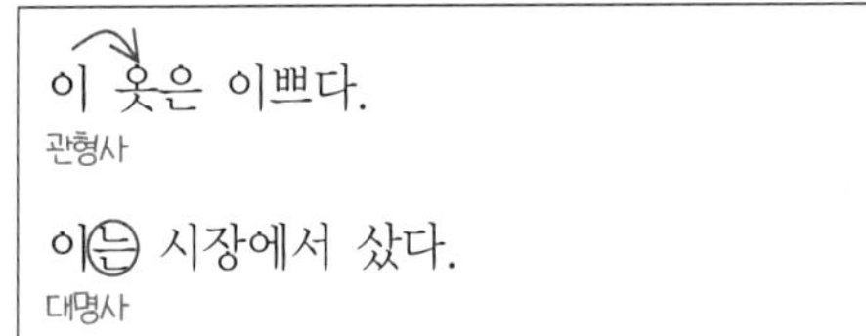

이 옷은 이쁘다.
관형사

이는 시장에서 샀다.
대명사

(4) 무조건 나오는 "관형사 vs 용언의 관형사형"

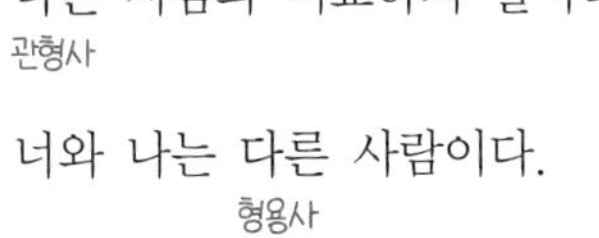

다른 사람과 비교하지 말아라.
관형사

너와 나는 다른 사람이다.
형용사

✔ '다른' 대신 '딴'을 넣어보기

❷ 부사

혜선쌤의 야매꿀수

문장 부사 中
양태 부사 **암기팁**

: 설 제 과
부사어와 서술어의 호응

종류		내용	예
성분 부사 (한 성분 수식)	성상 부사	'어떻게'의 의미를 지님.	바로*, 정말, 매우, 아주, 잘, 자주
	지시 부사	앞에 나온 말을 지시함.	이리, 그리, 저리, 내일
	부정 부사	용언의 의미를 부정함.	안, 못
	의성 부사	사람이나 사물의 소리를 흉내 냄.	칙칙폭폭, 광광
	의태 부사	사람이나 사물의 모양이나 움직임을 흉내 냄.	펄럭펄럭, 까불까불
문장 부사 (문장 전체 수식)	양태 부사	화자의 다양한 심리적 태도를 나타냄.	설마, 제발, 과연, 의외로, 확실히, 다행히 응당(~해야 한다), 반드시(~해야 한다), 모름지기(~해야 한다), 결코(~이 아니다), 만약(~한다면), 아무리(~하여도), 정말
	접속 부사	단어와 단어, 문장과 문장을 이어 줌.	및*, 그리고, 그러나, 그런데, 그래서, 하지만

출.좋.포 9 부사

❶ 부사 vs 부사형

- '-게'는 부사형 어미이므로 부사로 바꿀 수 없다.
- 접사 '-이'는 부사 파생 접미사이므로 부사로 만든다.

비행기가 빨리(높이) 날았다. / 비행기가 빠르게(높게) 날았다.
(빨리: 부사 / 빠르게: 형용사)

❷ 부사 vs 명사

혜선쌤의 야매꿀수

- 부사
  : 용언을 수식하는지 확인하기
- 명사
  : 조사가 결합되어 있는지 확인하기

내일(오늘) 보자. / 내일 시험은 잘 준비하고 있어? / 시험이 벌써 내일(오늘)이다.
(내일(오늘) 보자: 부사 / 내일 시험은: 명사 / 내일(오늘)이다: 명사)

스스로 공부하는 습관을 들여라. / 스스로를 얽매어서는 안 된다.
(스스로 공부하는: 부사 / 스스로를: 명사)

❸ 부사 vs 조사

같이 놀자. / ㈀너같이 예쁜 여자는 처음이야!
부사 조사

보다 아름다운 사람이 있어! / (역공녀)보다 아름다워!
부사 조사

혜선쌤의 야매꿀수

- 부사
  : 용언을 수식하는지 확인하기
- 조사
  : 체언이 결합되어 있는지 확인하기

❹ 부사 vs 대명사

언제 놀러올 거야? / 언제(까지) 가면 돼?
부사 대명사

혜선쌤의 야매꿀수

- 대명사
  : 조사가 결합되어 있는지 확인하기

❺ 명사를 수식하는 부사

*'바로, 오직, 겨우, 고작, 다만, 단지, 유독, 무려, 제일, 가장'
바로 너 / 오직 너 / 겨우(고작) 하루 / 다만(단지) 꿈 / 유독(제일, 가장) 미인

혜선쌤의 야매꿀수

'바로'가 100% 부사란 것만이라도 기억하기

출.좋.포 10 아니, 어디

❶ 아니

부사	「1」 ((용언 앞에 쓰여)) 부정이나 반대의 뜻을 나타내는 말. 예 혜선 쌤은 밥을 아니 먹었다. 「2」 ((명사와 명사 사이에 쓰이거나, 문장과 문장 사이에 쓰여)) 어떤 사실을 더 강조할 때 쓰는 말. 예 나의 양심은 천만금, 아니 억만금을 준다 해도 버릴 수 없다.
감탄사	「1」 아랫사람이나 대등한 관계에 있는 사람의 묻는 말에 부정하여 대답할 때 쓰는 말. 예 "잠자니?" "아니, 안 자." 「2」 놀라거나 감탄스러울 때, 또는 의아스러울 때 하는 말. 예 아니, 그럴 수가 있니? 아니, 이게 어떻게 된 일이냐.

혜선쌤의 야매꿀수

- '감탄사'의 개념
  : 부름, 응답, 느낌

❷ 어디

대명사	「1」 ((의문문에 쓰여)) 잘 모르는 어느 곳을 가리키는 지시 대명사. 예 학교가 어디냐? 어디가 이장 댁이오? 「2」 가리키는 곳을 굳이 밝혀서 말하지 아니할 때 쓰는 지시 대명사. 예 어디 가 볼 데가 있다.
 감탄사	「1」 남의 주의를 끌 때 쓰는 말. 예 어디, 네가 이번 시험에서 일 등을 한 학생이냐? 「2」 마음대로 되지 아니하여 딱한 사정이 있는 형편을 강조할 때 쓰는 말. 예 받기 싫어서가 아니라 어디 내 마음대로 되나요.

혜선쌤의 야매꿀수

'어디' 뒤에 아무것도 안 붙어 있다면 부사격 조사 '에'를 붙여 보기

Chapter 06

명사형 전성 어미 '(으)ㅁ/기' vs 명사 파생 접미사 '(으)ㅁ/기' 구별

대표 亦 功 최빈출

01 다음 중 〈보기1〉을 바탕으로 〈보기2〉에 대해 탐구한 것 중에서 올바른 것은?

보기1

'-ㅁ/-음'에 대하여

- 명사형 어미: 동사의 어간 뒤에 붙어서 동사를 명사형이 되게 하는 역할을 한다. 동사의 명사형은 서술성이 있어 주어를 서술하며 품사가 변하지 않는다. 앞에 부사적 표현이 쓰일 수 있다.
- 접미사: 동사의 어간 뒤에 붙어서 동사를 명사로 파생시킨다. 파생된 명사는 서술성이 없으므로 앞에 부사적 표현이 쓰일 수 없고, 관형어가 올 수 있다.

보기2

㉠ 그의 선조들은 불우한 삶을 살았다.
㉡ 겨울이어서 노면에 얼음이 자주 얼었다.
㉢ 달콤한 잠[1]을 잠[2]은 그 때문이었다.
㉣ 그는 '유화를 잘 그림'이라고 썼다.

① ㉠의 '삶'의 '-ㅁ'은 명사형 어미이다.
② ㉡의 '얼음'은 '얼다'라는 동사에서 파생된 명사이다.
③ ㉢의 '잠[1]'의 '-ㅁ'은 명사형 어미이고, '잠[2]'의 '-ㅁ'은 접미사이다.
④ ㉣의 '그림'은 '잘'의 수식을 받으므로 '그림'의 '-ㅁ'은 접미사이다.

대표 亦 功 최빈출 해설

'얼음' 사이에 과거 시제 선어말 어미를 넣었을 때 뜻이 통하는 것은 명사형이고, 뜻이 통하지 않는 것은 명사이다. '얼었음'이 자주 얼었다는 표현은 어색하므로 '얼음'은 명사이다. 여기에서 '-음'은 명사형 어미가 아니라 명사 파생 접사인 것이다.

오답풀이
① ㉠의 '삶'의 '-ㅁ'은 명사형 어미가 아니라 명사 파생 접사이다. 앞에 관형어 '불우한'의 꾸밈을 받는 것을 보면 '삶'은 명사이기 때문이다.
③ ㉢의 '잠[1]'의 '-ㅁ'은 명사형 어미가 아니라 명사 파생 접사이다. 관형어 '그러한'의 수식을 받으므로 '잠[1]'은 명사형이 아니라 명사이다. '잠[2]'의 '-ㅁ'은 접미사가 아니라 명사형 어미이다. '달콤한 잠을 자다'처럼 서술성이 있기 때문에 동사의 명사형이라고 볼 수 있다. '잠[2]'에 부사 '자주'를 넣었을 때 말이 되는 것을 보면 '잠[2]'는 용언임을 알 수 있다.
④ 부사어 '잘'의 수식을 받으므로 '그림'의 '-ㅁ'은 접미사가 아니라 명사형 어미이다. '유화를 잘 그리다'처럼 서술성이 있으므로 여기에서의 '그림'은 명사가 아니라 동사의 명사형인 것이다.

▶ ②

뇌주름 새기는 亦 功 시각화

출.좋.포 11 명사형 전성 어미 vs 명사 파생 접미사, '-(으)ㅁ/기' 구별하기

	용언 어간+명사형 전성 어미	어근+명사 파생 접미사
품사	동사, 형용사	명사
꾸밈	부사어 예 그는 '초상화를 잘 그림'이라고 썼다. 나는 집에 가기 싫다. 지난겨울에는 '온 가족이 함께 걷기' 대회에 참석했다.	관형어 예 그의 바람은 내가 건강해지는 것이었다. 그는 밤새 믿기지 않는 꿈을 꾸었다. 그가 걸어온 걸음은 사람들의 본보기가 되었다.
서술성	있음 [황금을 보다(목적어-서술어)] 예 황금을 보기를 돌같이 하라. 그녀가 꿈을 꿈은 그를 웃게 했다.	없음 [나의 죽다(×)] 예 나의 죽음을 적에게 알리지 마라.
선어말 어미 '었/았'	결합 가능 (태산이 높았음 ○) 예 태산이 높음을 사람들은 알지 못한다. 영희와는 달리 혜선이는 정직함을 진심으로 가지고 산다. 그녀가 웃음으로써 막이 끝났다.	결합 불가능 (수줍었음 ×) 예 그는 수줍음이 많은 사람이다. 동생은 졸음을 참아 가며 운전했다. 그는 믿음을 가진 기독교 신자이다.

혜선쌤의 야매꿀수

① 목적어가 앞에 있는가?

② 관형사형 어미,
관형격 조사
관형사가 앞에 있는가?

③ 부사형 어미
부사격 조사
부사가 앞에 있는가?

④ 선어말 어미 '-었/았-'이
중간에 들어갈 수 있는가?

문법

박혜선 국어 콕집게 적중노트

Part 02 통사론

Chapter 01 문장 성분의 이해
Chapter 02 서술어의 자릿수
Chapter 03 문장의 짜임새
Chapter 04 높임법의 종류
Chapter 05 잘못된 높임 표현 고치기
Chapter 06 사동/피동

Chapter

01 문장 성분의 이해

대표 亦功 최빈출

01 밑줄 친 부분의 문장 성분이 다른 하나는?

① 그는 노래도 안 부르고 술만 먹었다.
② 비가 내리고 바람까지 불었다.
③ 철수는 예쁜 영희만 좋아한다.
④ 이 일부터 슬퍼할 필요는 없다.

뇌주름 새기는 亦功 시각화 문장 성분의 종류

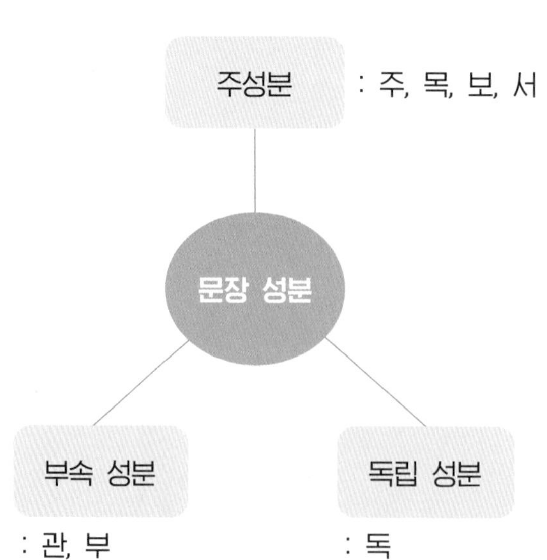

대표 亦功 최빈출 해설

밑줄 친 부분은 모두 격 조사를 생략한 보조사가 있다. 보조사는 격 조사처럼 문장 성분의 자격을 부여하는 중요한 능력이 없다. 따라서 이들 보조사를 격 조사로 바꾸어 보면 문장 성분을 쉽게 구별할 수 있다. 뒤에 있는 서술어를 보고 격 조사를 충분히 알아낼 수 있다. ②는 '바람(이) 불었다.'와 같이 쓰이므로, 주격 조사가 들어가는 것이 자연스럽다. 즉, 문장 성분은 주어이다.

오답풀이 나머지 모두 문장에서 목적어로 쓰였다.
① 노래도(노래를) 안 부르고
③ 영희만(영희를) 좋아한다.
④ 이 일부터(일을) 슬퍼할

▶ ②

대표 출.좋.포 한눈에 보기 1. 문장 성분의 이해

❶ 보조사로 가린 문장 성분 파악하기

❷ 주성분, 부속 성분, 독립 성분 구별하기

출.좋.포 1 문장 성분의 이해

❶ 문장 성분의 종류

문장에서 일정한 문법적인 기능을 하는 부분, 단위는 어절

주성분	개념	문장을 이루는 주된 골격이 되는 부분(생략 힘듦.)
	종류	주어, 목적어, 보어, 서술어
부속 성분	개념	주로 주성분을 수식하는 성분(생략 가능, 그러나 일부는 생략 불가.)
	종류	관형어, 부사어
독립 성분	개념	다른 문장 성분과 직접적인 관련이 없음. (생략 가능)
	종류	독립어

- 주먹보소~
- 깐부잖아~
- 독

❷ 문장 성분의 종류와 특성

(1) 주어

개념	동작 또는 상태나 성질의 주체가 되는 문장 성분
표지	체언 + 주격 조사(이/가*, 께서, 에서*, 서)
	보조사
	생략 가능

(2) 목적어

개념	동작의 대상 (타동사의 대상)
표지	목적격 조사 '을/를'
	보조사
	생략

혜선쌤의 야매꼼수

- 덜렁거리는 영수도 건강은 특히 조심한다. (❶)
- 혜선이가 철수만 싫어한다. (❷)
- 올해에는 기운도 정말 좋은 해이다. (❸)
- 올해에는 신기하게 합격의 천운까지 들어왔다. (❹)

❶ 목적어 ❷ 목적어 ❸ 주어 ❹ 주어

'이/가'가 나오면 특히 눈동자를 서술어에 갖다 대야 한다.

(3) 보어

개념	서술어 '되다, 아니다'를 보충해 주는 성분
표지	보격 조사 '이/가' (주격 조사 '이/가'와 헷갈리지 말기)
	보조사
	생략

'관형'이라는 말이 붙은 것은 싹 다 '관형어'이다.

(4) 관형어 ★ 바로 너이다.

개념	체언을 수식하는 문장 성분을 말한다. 관형어는 반드시 뒤에 체언이 와야 한다.
표지	관형사 단독 예 새/헌/옛/온갖/모든/이/그/저 건물
	체언+관형격 조사(의) 예 역공녀의 그림
	체언 예 역공녀 그림
	용언의 관형사형 어미 예 그녀는 동그란 안경을 썼다.

'부사'라는 말이 붙은 것은 웬만하면 '부사어'이다.

(5) 부사어

개념	• 주로 용언을 꾸며 주는 성분으로, 부사어나 관형어, 때로는 문장 전체를 수식하기도 한다. • 부사어는 보통 수의적인 성분이지만, 서술어의 성격에 따라 필수적인 성분이 되는 경우도 있다.
표지	부사 단독 예 그는 노래를 굉장히 잘한다.
	체언+부사격 조사 예 승기가 군대에서 돌아왔다.
	부사+보조사 예 빨리만 먹지 마라.
	용언의 부사형 어미 예 혜선이가 예쁘게 생겼다.

① 부사어의 종류 1

성분 부사어	개념	특정한 문장 성분만 꾸미는 부사어 매우, 아주, 잘, 자주 등
	예	남자친구를 안 사귀었다. 기차가 빠르게 달렸다.
문장 부사어	개념	문장 전체를 꾸미는 부사어
	예	과연 그것이 사실이었구나. 그러나 역공녀는 늙었다.

② 부사어의 종류 2

필수적 부사어	개념	문장에서 생략이 불가능한 부사어
	예	그녀는 그와 닮았다. 그녀는 예쁘게 생겼다.
수의적 부사어	개념	문장에서 생략 가능한 부사어
	예	그는 밥을 잘 먹었다.

(6) 서술어

개념	주어의 동작 또는 상태나 성질
표지	동사
	형용사
	체언+서술격 조사 '이다'

(7) 독립어

개념	다른 성분과 직접적인 관계가 없는 말로, 생략해도 문장이 성립한다.
표지	감탄사 단독 예 와, 이게 사실이냐.
	체언+호격 조사 예 혜선아, 쉬는 시간이다!
	문장의 제시어 예 인생, 그것은 무엇일까?

관련교재 이론 출종포 문법 · 어휘 p.67
문풀 적중용 콤단문 문법 p.106

Chapter 02

서술어의 자릿수

대표 亦功 최빈출

01 다음 문장 중 밑줄 친 서술어의 자릿수를 쓰시오.

1) 내일 보게 될 철수는 이제 연예인이 <u>아니다</u>.
2) 오랜만에 본 엄마는 아들에게 밥을 <u>주었다</u>.
3) 역공녀가 동네 우체통에 세금서를 <u>넣었어</u>.
4) 그의 마음은 그녀와는 아주 <u>달라</u>.

뇌주름 새기는 亦功 시각화 서술어의 자릿수

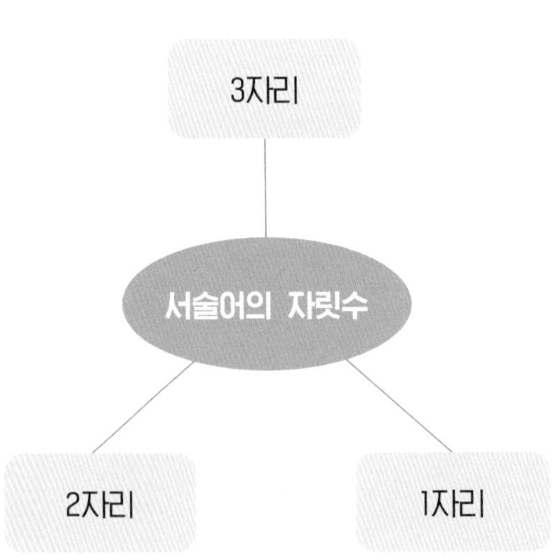

대표 亦功 최빈출 해설

1) '아니다'는 '주어(철수는), 보어(연예인이)'를 필수적으로 요구하는 2자리 서술어이다.
2) '주다'는 '주어(엄마는), 필수 부사어(아들에게), 목적어(밥을)'를 필수적으로 요구하는 3자리 서술어이다.
3) '넣다'는 '주어(역공녀가), 필수 부사어(우체통에), 목적어(세금서를)'를 필수적으로 요구하는 3자리 서술어이다.
4) '다르다'는 '주어(마음은), 필수 부사어(그녀와는)'를 필수적으로 요구하는 2자리 서술어이다. 대칭 서술어의 경우 복수 주어가 아닌 경우에는 2자리 서술어이다.

▶ 1) 2자리 2) 3자리 3) 3자리 4) 2자리

PART 2

대표 출.좋.포 한눈에 보기 2. 서술어의 자릿수

서술어의 자릿수 구하기 → 숫자 싸움

출.좋.포 2 서술어의 자릿수: 서술어가 요구하는 필수 성분의 개수

구분	필요한 성분	서술어의 종류	예시
한 자리 서술어	주어	자동사, 형용사	예 꽃이 피었다. 꽃이 아름답다.
두 자리 서술어	주어, 목적어	타동사	예 그녀는 노래를 불렀다.
	주어, 보어	되다, 아니다	예 상익이는 공무원이 되었다.
	주어, 필수 부사어	대칭 서술어 (마주치다, 부딪치다, 싸우다, 악수하다, 같다, 다르다, 닮다, 적합하다 등)	예 영희는 철수와 닮았다. 이 책은 수험생들에게 적합하다. 영희는 철수와 싸웠다.
세 자리 서술어	주어, 목적어, 필수 부사어	주다, 삼다, 넣다, 드리다, 바치다, 가르치다, 얹다, 간주하다, 여기다 등	예 아버지께서 나에게 편지를 주셨다. 그녀는 나를 사위로 삼았다. 그녀는 그를 범인으로 여겼다.

혜선쌤의 야매꼼수

✔ 서술어의 자릿수 푸는 꿀팁
: 절대 나머지 문장 성분 보지 말고 서술어만 보고 내가 내 말로 만들어 볼 것.

Chapter

03 문장의 짜임새

대표 亦功 최빈출

01 다음 밑줄 친 부분에 해당하는 예로 가장 적절하지 않은 것은?

> 문장은 홑문장과 겹문장으로 나뉘며, 겹문장은 다시 이어진문장과 안은문장으로 나뉜다. 이어진문장은 두 개의 홑문장이 대등한 자격으로 이어지는 ㉠ 대등하게 이어진 문장과 앞의 홑문장이 뒤의 홑문장에 종속적으로 연결되는 ㉡ 종속적으로 이어진 문장으로 나눌 수 있다. (이하 생략)

① ㉠: 나는 세수를 하고 로션을 발랐다.
② ㉠: 어제는 철수가 왔고 오늘은 영희가 온다.
③ ㉡: 겨울이 되면 눈이 내린다.
④ ㉡: 도서관에 갔는데 연체료가 쌓여 있었다.

뇌주름 새기는 亦功 시각화 문장의 종류

- 홑문장 — 주어 + 서술어
- 겹문장
  - 이어진문장
    - 대등
    - 종속
  - 안은문장
    - 명사절
    - 관형절
    - 부사절
    - 인용절
    - 서술절

대표 亦功 최빈출 해설

앞뒤 문장의 순서를 교체하면 '나는 로션을 바르고 세수를 했다.'와 같이 그 의미가 아예 달라진다. 따라서 '-고'가 붙긴 했으나 '대등하게 이어진 문장'이 아니라 '종속적으로 이어진 문장'으로 봐야 한다.

오답풀이 ② '오늘은 영희가 오고 어제는 철수가 왔다.'와 같이 앞뒤 문장의 순서를 바꿔도 원래의 의미가 대등하게 유지되므로 ㉠으로 볼 수 있다.

③, ④ 앞뒤 문장의 순서를 바꾸면 원래의 의미가 유지되지 않는다. 따라서 ㉡의 예로 적절하다.

▶▶ ①

출.좋.포 3 문장의 짜임새

❶ 문장의 짜임새

(1) 홑문장

주어와 서술어의 관계가 한 번만 이루어지는 문장

(2) 겹문장(문장의 확대)

① 주어와 서술어의 관계가 두 번 이상 이루어지는 문장을 말한다.

② 종류에는 이어진문장과 안은문장이 있다.

❷ 문장의 확대(겹문장의 종류)

(1) 이어진문장 (연결 어미가 핵심!!! 무조건 외우기)

① 대등하게 이어진 문장

개념	홑문장의 힘이 대등한 관계로 이어진 문장이다.	
특징	앞뒤 문장의 순서를 교체해도 원래의 의미와 동일하다.	
종류	나열 (-고, -(으)며)	산은 산이고 물은 물이다. 그는 성격이 멋지며 외모가 수려했다.
	대조 (-(으)나, -지만)	국어는 재밌지만 게임은 재미없다. (으나)
	선택 (-든지, -거나)	밥을 먹든지 반찬을 먹든지 네 맘대로 해라. (거나) (거나)

② 종속적으로 이어진 문장

개념	홑문장이 종속적인 관계로 이어진 문장이다.(힘이 대등 ×)	
특징	앞뒤 문장의 순서를 교체할 수 없거나, 교체하면 원래의 뜻과 달라진다.	
종류	이유 (-아서/-어서, -므로, -니까)	산은 산이어서 마음이 편하다. 그는 성격이 멋지므로 내가 존경한다.
	조건 (-면, -거든, -더라면)	내가 너한테 지면 사람이 아니다! 역공녀를 만났더라면 결과가 달라졌을까.
	의도 (-려고, -고자)	밥을 먹으려고 집에 갔다.

출.좋.포 4 연결 어미 '-고'의 쓰임

- 저 여자가 엄마고 저 남자가 아빠다. → 대등하게 이어진 문장
- 어제는 비가 왔고 내일은 눈이 왔다. → 대등하게 이어진 문장
- 민수는 집에 가고 철수는 학교에 갔다. → 대등하게 이어진 문장
- 저분들이 너를 이리로 데려 오고 너를 떠나보냈지. → 종속적으로 이어진 문장
- 민수는 밥을 먹고 학교에 갔다. → 종속적으로 이어진 문장

대표 亦 功 최빈출

02 〈보기〉의 ㉠~㉣에 대해 탐구한 것으로 적절하지 않은 것은?

보기

㉠ 할아버지는 지팡이가 멋있으시다.
㉡ 그 여자는 미용실로 갔다.
㉢ 그녀는 철수가 가수임을 알았다.
㉣ 철수는 영희가 만들어준 음식을 먹었다.

① ㉠에서 안은문장의 주어와 안긴문장의 주어는 다르다.
② ㉡은 주어와 서술어의 관계가 한 번 나타나므로 홑문장이다.
③ ㉢에는 목적어의 기능을 하는 안긴문장이 있고, ㉣에는 관형어의 기능을 하는 안긴문장이 있다.
④ ㉣에서 안긴문장의 목적어는 안은문장의 목적어와 다르므로 생략되지 않았다.

대표 亦 功 최빈출 **해설**

㉣의 안은문장의 목적어인 '음식을'과 '영희가 (음식을) 만들어준'에서의 목적어 '음식을'은 동일하다. 그래서 안긴문장의 '음식을'이 생략된 것이므로 이 선택지는 옳지 않다.

㉠ 할아버지는 [지팡이가 멋있으시다].
→ 서술절을 안은 문장 (절 표지: 없음)
㉡ 그 여자는 미용실로 갔다.
→ 홑문장
㉢ 그녀는 [철수가 가수임]을 알았다.
→ 명사절을 안은 문장 (절 표지: 명사형 어미 -ㅁ)
㉣ 철수는 [영희가 (음식을) 만들어준] 음식을 먹었다.
→ 관형절을 안은 문장 (절 표지: 관형사형 어미 -ㄴ)

오답풀이 ① ㉠에서 안은문장의 주어는 '할아버지는'이고, '안긴문장'의 주어는 '지팡이가'이므로 다르다는 설명은 옳다.
② '그(관형어) 여자는(주어) 미용실로(부사어) 갔다(서술어)'로서 주어와 서술어가 한 번씩만 나오므로 홑문장이다.
③ ㉢에는 안긴문장(철수가 가수임) 뒤에 목적격 조사 '을'이 결합되어 있으므로 안긴문장이 목적어 기능을 한다고 볼 수 있다. ㉣에는 안긴문장(영희가 (음식을) 만들어준)이 뒤의 '음식'이라는 체언을 꾸미므로 관형어의 기능을 한다고 볼 수 있다.

▶ ④

출.좋.포 5 안은문장 (전성 어미가 핵심!!!!)

❶ 명사절을 안은 문장

개념	전체 문장 속에서 명사형 문장이 하나의 문장으로 주어, 목적어, 보어, 부사어의 기능을 하는 문장이다.	
특징	명사형 전성 어미 '-(으)ㅁ'이나 '기'가 붙어 실현된다.	
예시	주어	[그가 범인임]이 밝혀졌다. ('이'=주격 조사)
	목적어	역공녀는 [공시생이 많이 오기]를 바란다. ('를'=목적격 조사)
	부사어	모두들 [역공녀가 미인임]에 놀랐다. ('에'=부사격 조사)

☞ 명사절의 문장 성분은 명사절 뒤에 붙은 격 조사에 의해 결정된다.

❷ 관형절을 안은 문장

개념	전체 문장 속에서 관형사형 문장이 관형어의 기능을 하는 문장이다.	
특징	관형사형 전성 어미 '-는, -ㄴ(은), -ㄹ(을), -던'	
종류	관계 관형절	관형절 내에 생략된 성분이 있음.
		그건 [내가 먹은] 피자야. (피자를) 생략 [빨간] 장미가 한 송이 피었다. (장미가) 생략
	동격 관형절	관형절 내에 생략된 성분이 없음.
		[피아노 치는] 소리가 안 들렸음 좋겠다. 피아노 친다=소리 요즘 [역공녀가 데뷔했다는] 소문이 전국에 돌았다. 역공녀가 데뷔했다=소문

❸ 부사절을 안은 문장

개념	전체 문장 속에서 부사형 문장이 부사어의 기능을 하는 문장이다.
특징	부사형 어미 '-게, '-아서', '-도록', 부사 파생 접사 '-이'
예시	민수는 [너가 예뻐서] 계속 웃었다. 그는 [밤이 새도록] 공부에 전념했다. 비가 [소리도 없이] 내린다.

혜선쌤의 야매꼼수

- 명사형 어미 '-(으)ㅁ / 기'
  : 명사절
- 관형사형 어미 '-는/ㄴ/ㄹ/던'
  : 관형절
- 부사형 어미 '-게/아서/도록' 부사 파생 접사 '-이'
  : 부사절
- 인용격 조사 '라고' '고'
  : 인용절
- 절 표지 없음
  : 서술절

PART 2

❹ 서술절을 안은 문장

개념	전체 문장 속에서 서술어의 기능을 하는 문장이다.
특징	*절 표지 없음.
예시	토끼가 [귀가 길다.] 집이 [거실이 넓다.]

❺ 인용절을 안은 문장

개념	다른 사람의 말을 인용하는 기능을 하는 문장이다.
특징	*직접 인용 '라고', 간접 인용 '고' (모두 격 조사)
예시	그가 ["당신이 제일 아름답습니다"]라고 했다. (직접 인용) 그가 [내가 제일 아름답다]고 했다. (간접 인용)

혜선쌤의 야매꼼수

✔ 인용절의 종류 구별하기

	표지	조사
직접 인용절	" "	라고
간접 인용절	' ' 혹은 ' ' 없음	고

ME
MO

Chapter

04 높임법의 종류

대표 亦功 최빈출

01 주체, 객체, 상대를 모두 높이고 있는 것은?

① 할머니도 점심 시간인데 진지를 잡수셨나요?
② 교장 선생님의 훈화 말씀이 있으시겠습니다.
③ 이모가 할아버지를 뵈려고 고향에 가셨다.
④ 어머니는 할머니께 집을 사 드리셨습니다.

대표 亦功 최빈출 해설

어머니는 할머니께 집을 사 드리셨습니다.

주체 높임

'드리셨습니다'의 주체 높임 선어말 어미 '-시-'

객체 높임

'할머니께'의 높임 부사격 조사 '께'
'드리셨습니다'의 객체 높임 어휘 '드리-'

상대 높임

'드리셨습니다'의 종결 표현 '-습니다

오답풀이 ① '잡수셨나요?': 접미사 '-님', '진지', '잡수시다' 가 주체인 '할머니'를 높이고 있다. 또한 '-요'는 상대를 높이고 있다. 객체 높임은 보이지 않는다.
② 말씀: 높임 어휘
있으시겠습니다.: 주체 높임 선어말 어미 '-시-'와 상대 높임의 '습니다'
③ 뵈려고: 객체 높임 어휘
가셨다: 주체를 높이고 있지만 (-시-) 상대를 높이고 있지 않다.

▶ ④

뇌주름 새기는 亦功 시각화 높임법의 종류

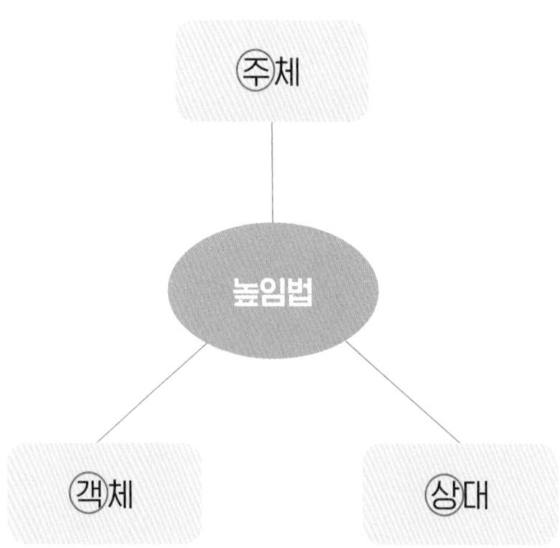

대표 출.종.포 한눈에 보기 3. 높임법의 종류 판단하기

❶ 높임 요소 찾기

❷ 잘못된 높임 표현 찾기

출.종.포 6 높임 요소 찾기

종류	높임 대상	실현 방법
주체 높임	서술어의 주체 (주어)	*① 주체 높임 선어말 어미 '-시-' ② 주격 조사 '께서' ③ 주체를 높이는 특수 어휘 : 계시다, 잡수시다, 편찮으시다 등 ④ 간접 높임의 '-시-' 예 회장님께서 말씀이 있으시겠습니다. 할머니께서 지팡이가 예쁘시다.
객체 높임	서술어의 객체 (목적어, 부사어)	*① 부사격 조사 '께', *② 모시다, 드리다, 여쭙다(여쭈다), 뵙다(뵈다)
상대 높임	청자	종결 표현

혜선쌤의 야매꼼수

'간접 높임법' 암기팁
: 상품, 가격, 품절은 간접 높임의 대상이 될 수 없다.

혜선쌤의 야매꼼수

'객체 높임법' 암기팁
: 프랑스 놀러간 혜선
→ 모,드,여,뵈,께

혜선쌤의 야매꼼수

'상대 높임법' 암기팁
: ㅂ, 빠큐, 쌍빠큐

관련교재 이론 출좋포 문법 · 어휘 p.77~78
문풀 적중용 콤단문 문법 p.126

스타강사 박혜선

Chapter 05

잘못된 높임 표현 고치기

대표 亦 功 최빈출

01 높임 표현으로 가장 적절한 것은?

① 할머니께서 할아버지 집에 들르셨습니다.
② 제 말씀을 들어주시면 좋은 일이 생기실 겁니다.
③ 할아버지는 생전에 당신께서 소중히 여기던 열쇠를 물려주셨다.
④ 주인님께서 뵙기를 원한 이유는 사장님과 함께 술을 먹기 위해서입니다.

출.좋.포 7 잘못된 높임 표현 고치기

"높임 요소" 말고도 "올바른 높임 표현"으로 고치기도 출제된다.

❶ 간접 높임의 경우에는 직접 높임의 어휘를 쓸 수 없다.

• 회장님의 말씀이 계시겠습니다.(×) → 있으시겠습니다.(○)

❷ 간접 높임의 대상이 될 수 없는 경우에는 '-시-'를 쓰면 안 된다.

☞ 상품, 품절, 가격에는 간접 높임의 '-시-'를 쓰면 안 된다.

❸ 높임 대상과 관련된 명사를 높이지 않으면 틀린다.

• 집(×) → 댁(○)
• 밥(×) → 진지(○)
• 이름(나이)(×) → 성함(연세, 춘추) (○)
• 술(×) → 약주(○)
• 말(×) → 말씀(○)
• 저, 자기(×) → 당신(○)

대표 亦 功 최빈출 해설

자신의 말을 낮추는 '말씀'을 사용한 것은 옳다. 또한 높임의 대상인 청자에게 좋은 일이 생기는 것이므로 주체 높임의 '-시-'가 쓰이는 것은 옳다.

오답풀이 ① 할머니의 '집'이 아니라 높임 어휘 '댁'으로 고쳐야 한다.
③ '당신'은 높임의 대상인 3인칭 주어 '할아버지'를 다시 가리키는 재귀 대명사이므로 옳게 쓰인 것이다. '당신'은 재귀 대명사 '자기'의 높임말이다. 하지만 할아버지가 소중히 여기신 것이므로 '여기던'이 아니라 '여기시던'으로 고쳐야 한다.
④ '원하다'의 주체가 '주인님'이므로 '원한'이 아니라 '원하신'으로 고쳐야 한다. 또한 술을 먹는 것도 높임의 대상인 '주인님'과 '사장님'이 하는 행위이므로 '술'의 높임말인 '약주'로 고치고 '먹기'를 '드시기'로 고쳐야 한다.

▶ ②

❹ 겸양 표현을 적절하게 사용하여야 한다.

• '말씀'은 존대어이자 화자를 낮추는 겸양어이다.

• 저희 나라, 저희 겨레(×) → 우리나라, 우리 겨레(○)

❺ 목적어, 부사어가 높임의 대상이 아니라면 객체 높임 특수 어휘를 쓸 수 없다.

• 어머니께서는 집안의 대소사를 아랫사람들에게 여쭈어보십니다.(×)
→ 아랫사람들에게 물어보십니다.(○)

❻ 주체 높임 '-시-'를 올바르게 사용해야 한다.

• 선생님이 이따 오래.(×) → 선생님이 이따 오라셔(오라고 하셔).(○)

• 그 사람 해고해! 하시라면(하시라고 하면) 해야죠.(×)
→ 하라시면(하라고 하시면) 해야죠.(○)

• 곧이어 펜트하우스를 시청하겠습니다.(×) → 시청하시겠습니다.(○)

• 어머님, 아범(아비)이 방금 들어오셨어요.(×) → 들어왔어요.(○)

❼ 화자가 자기 자신을 높일 수는 없다.

• 저는 고객을 위해 항상 노력 중이세요.(×)
→ 저는 고객을 위해 항상 노력 중이에요.(○)
☞ 화자 자신을 높이는 것은 옳지 않으므로 '저는 고객을 위해 항상 노력 중이에요.'로 바꿔야 한다.

혜선쌤의 야매꿀수

✔ 이세요, 이셔요
: 이+시+어요
(에요)

❽ 화자가 주어일 때만 쓰이는 '-ㄹ게'는 주체 높임의 '-시-'와 함께 쓸 수 없다.

• 손님, 피팅룸으로 들어가실게요.(×) → 손님, 피팅룸으로 들어가시길 바랍니다.(○)

❾ 지위가 높거나 나이 많은 사람에게 쓰면 안 되는 단어들이 있으니 주의해야 한다.

• (정리하는 선생님께) 수고하셨습니다.(×) → 노고가 많으십니다, 감사합니다.(○)

• (점원이 할아버지에게) 할아버지, 이러한 부분을 당부 드립니다.(×)
→ 부탁드립니다.(○)

• 철수는 어머니께 야단을 맞았다.(×) → 걱정(=꾸지람, 꾸중)을 들었다.(○)

스타강사 박혜선

Chapter 06

사동 · 피동

대표 亦 功 최빈출

01 **다음에 대한 설명으로 옳으면 ○, 옳지 않으면 × 표시하시오.**

① '온난화가 북극 빙하를 다 녹인다.'는 피동문이다. ( )
② '이 글은 두 문단으로 나뉜다.'는 피동문이다. ( )
③ '사장이 사장실을 넓히기 위해 직원 회의실을 좁힌다.'는 사동문이다. ( )
④ '이산화탄소가 적외선을 흡수하여 열이 대기에 모인다.'는 피동문이다. ( )
⑤ '동생은 집 밖으로 짐만 옮겼다.'는 피동문이다. ( )
⑥ '엄마가 영희에게 아기도 안겼다.'는 피동문이다. ( )

대표 亦 功 최빈출 해설

① × → '녹+이+다'로 '이'는 사동 접미사이므로 피동문이라는 것은 옳지 않다. '빙하를'이라는 목적어가 있으며 사동의 의미가 있기 때문이다.
② ○ → '나누+이+다'의 '이'는 피동 접미사이다. 앞에 목적어가 없고 피동의 의미가 있기 때문이다.
③ ○ → '좁+히+다'의 '히'는 사동 접미사이다. '회의실을'이라는 목적어가 있으며 사동의 의미가 있기 때문이다.
④ ○ → '모+이+다'의 '이'는 피동 접미사이다. 문장에 목적어가 없고 당한다는 피동의 의미가 있기 때문이다.
⑤ × → '짐만'은 '짐을'로 고쳤을 때 말이 되므로 목적어임을 알 수 있다. 따라서 이는 사동문임을 알 수 있다.
⑥ × → '아기도'는 '아기를'로 고쳤을 때 말이 되므로 목적어임을 알 수 있다. 따라서 이는 사동문임을 알 수 있다.

뇌주름 새기는 亦 功 시각화 사동 표현

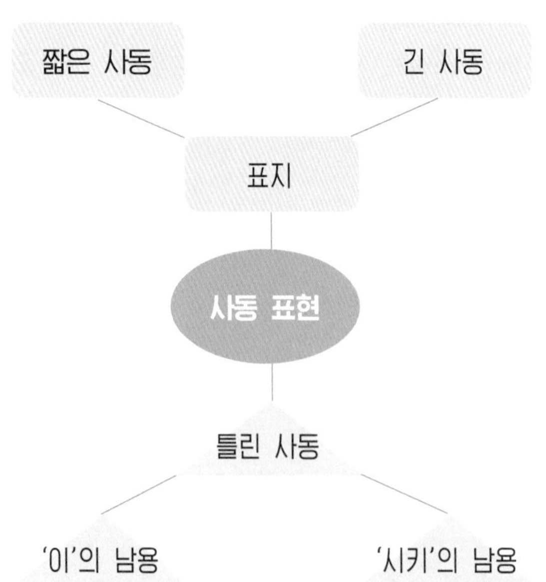

대표 출.좋.포 한눈에 보기 4. 사동 / 피동

❶ 사동과 피동의 요소 파악하기

❷ 사동 vs 피동의 구별

❸ 사동 접미사 '-이-, -시키-'의 잘못된 쓰임

❹ 이중 피동의 잘못된 쓰임

출.좋.포 8 사동

❶ 사동(使動)

주어가 남에게 동작을 시키는 것을 말한다.

❷ 사동(使動)의 종류

파생적 사동 (단형 사동)	용언의 어근+사동 접미사 '-이-, -히-. -리-, - 기-, -우-, -구-, -추-, -이키-, - 으키-, -애-', '-시키-' 이중 사동 접미사 '-이우-' 예 엄마가 아이에게 밥을 먹였다. 역공녀가 학생을 합격시켰다.
통사적 사동 (장형 사동)	본용언에 보조 용언 '-게 하다'가 붙어 실현 예 엄마가 아이에게 밥을 먹게 한다.

사동은 보통 '목적어'가 있다.

❸ 틀린 사동 표현

(1) 과도한 사동 접사 '이'의 사용
의미상 필요하지 않다면, 사동 접사 '이'를 남용하면 안 된다.

과도한 사동 접사 '이'의 사용 예시	기본형
그녀는 목메인 목소리를 냈다. [목메+이+ㄴ](×) → 목멘(○)	목메다
넌 끼여들지마. [끼+이+어+들+지+마](×) → 끼어들지마(○)	끼다
습관처럼 중요한 말을 되뇌이는 버릇이 있다. [되+뇌+이+는](×) → 되뇌는(○)	되뇌다
역공녀를 보면 마음이 설레였다. [설레+이+었+다](×) → 설레었다/설렜다(○)	설레다

과도한 사동 접사 '-이-'를 사용했는지 '-이-' 대신에 '-게 하다(-게 만들다)'를 넣어 본다.

혜선쌤의 야매꿀수

과도한 사동 접사 '-시키-'를 사용했는지 아는 여부는 '-시키-' 대신에 '-하-'를 넣은 후 주어와 호응시켜 본다.

① '하다'가 자연스러움
: '-시키-'가 잘못 쓰임

② '하다'가 부자연스러움
: '-시키-'가 잘 쓰임

(2) 과도한 사동 접사 '시키다'의 사용

'하다'를 쓸 수 있는 말에 무리하게 '시키다'를 결합하지 않는다.

과도한 사동 접사 '시키다'의 사용 예시	기본형
내가 친구 한 명 소개시켜 줄게. → 소개해(○)	소개하다
이 공간을 분리시킬 벽을 설치했다. → 분리할(○)	분리하다
모든 기계를 하루 종일 가동시켜서 기일을 맞추도록 하자. → 가동해서(○)	가동하다
입금시키다, 금지시키다, 강화시키다, 개선시키다, 결집시키다, 지연시키다, 고정시키다. → 입금하다, 금지하다, 강화하다, 개선하다, 결집하다, 지연하다, 고정하다(○)	

대표 亦功 최빈출

02 밑줄 친 말이 가장 자연스러운 것은?

① 철수는 담겨진 음식을 보고 감동하였다.
② 옷이 뜯겨진 채로 발견되었다.
③ 계약에서 받아들여진 대로 이행하겠습니다.
④ 그는 불성실함으로 제적되어졌다.

대표 亦功 최빈출 해설

'받아들이다'는 '남의 말이나 요구 따위를 들어주다.'를 의미하므로 '당하다'를 의미하는 피동사가 아니다. 따라서 뒤에 피동 표현 '-어지다'가 붙어도 이중 피동 표현이라고 볼 수 없다. 참고로, 이와 비슷하게 이중 피동이 아닌 단어들로는 '여겨지다, 밝혀지다, 알려지다'가 있다.

오답풀이 ① '담+기(피동 접미사)+어지(피동 보조 용언)+ㄴ'은 이중 피동이므로 옳지 않다.
② '뜯+기(피동 접미사)+어지(피동 보조 용언)+ㄴ'은 이중 피동이므로 옳지 않다.
④ '제적+되(피동 접미사)+어지(피동 보조 용언)+ㄴ'은 이중 피동이므로 옳지 않다.

▶ ③

뇌주름 새기는 亦功 시각화 피동 표현

짧은 피동

긴 피동

표지

피동 표현

이중 피동 표현

출.좋.포 9 피동(被動)

❶ 피동(被動)

주어가 당하는 것을 말한다.

혜선쌤의 야매꿀수

피동은 보통 '목적어'가 없다.

❷ 피동(被動)의 종류

파생적 피동 (단형 피동)	동사의 어간(주로 타동사)+피동 접미사 '-이-, -히-, -리-, -기-', '-되-' 예 도둑이 경찰에게 잡혔다. 카드 포인트가 등록되었다.
통사적 피동 (장형 피동)	본용언+보조 용언 '-어지다' 예 구두끈이 풀어지다. [풀-+-어지-+-다]
	본용언에+보조 용언 '-게 되다' 예 사실이 드러나게 되다. [드러나-+-게 되다]

❸ 틀린 피동 표현

'-어지-'는 피동 표현으로 고정하자.
(강의 고고싱)

피동 접미사 '-이-, -히-, -리-, -기-'와 피동의 보조 용언 '-어지다'는 이중으로 겹쳐서 사용할 수 없다.

- 이 사실이 믿겨지지[믿-+-기-+-어지-+-지] 않았다. → 믿기지/믿어지지
- 내일 날씨는 맑을 것으로 보여집니다.
  [보-+-이-+-어지-+ㅂ니다] → 보입니다./보아집니다.
- 간판이 잘 읽혀지지[읽-+-히-+-어지-+-지] 않아요. → 읽히지/읽어지지
- 앞으로 이 문제가 잘 풀릴 것이라고 예상되어진다.
  [예상+-되-+-어지-+-ㄴ-+-다] → 예상된다.

❹ 모양이 같은 사동사와 피동사의 구별

공통되는 접미사 '-이 -, -히 -, -리 -, -기 -' 때문에 사동사와 피동사를 구별하는 문제가 나온다.

사동 피동 구별은 웬만하면 '목적어'의 유무로 판별된다.

	사동사	피동사
목적어의 유무	있음 예 역공녀가 공시생들에게 책을 읽혔다. 역공녀가 공시생들에게 연필을 잡히다. 철수는 나에게 영화를 보였다.	없음 예 그 책은 많은 공시생들에게 읽혔다. 공시생들이 역공녀에게 잡혔다. 이제 영화가 보였다.
의미	-게 만들다.	-을 당하다.

피동사가 목적어를 갖는 예외의 경우
→ 따라서 꼭 '의미'도 함께 파악하는 것이 좋다.

- 사동: 엄마는 아이에게 젖을 물렸다. ('엄마'가 젖을 물게 한 의미가 있으므로 사동)
  철수는 영희에게 피해를 입혔다. ('철수'가 피해를 입게 한 의미가 있으므로 사동)
  영자는 짐을 그곳으로 옮겼다. ('영자'가 짐을 옮게 한 의미가 있으므로 사동)

- 피동: 엄마는 아기에게 코를 물렸다. ('엄마'가 묾을 당한 의미가 있으므로 피동)
  철수는 도둑에게 돈을 빼앗겼다. ('철수'가 빼앗음을 당한 의미가 있으므로 피동)
  영자는 철수에게 발을 밟혔다. ('영자'가 밟음을 당한 의미가 있으므로 피동)

Chapter 01 음운의 변동

Chapter

01 음운의 변동

대표 亦功 최빈출

01 다음에 대한 설명으로 적절한 것은?

㉠ 있지[읻찌]	㉡ 해돋이[해도지]
㉢ 보-+-아 → [봐]	㉣ 닭만[당만]

① ㉠: 두 가지 유형의 음운 변동이 나타난다.
② ㉡: 인접한 음의 영향을 받아 조음 위치가 비슷해지는 동화 현상이 나타난다.
③ ㉢: 음운 변동 전의 음운 개수와 음운 변동 후의 음운 개수가 같다.
④ ㉣: 음절 끝에 'ㄱ, ㄴ, ㄷ, ㄹ, ㅁ, ㅂ, ㅇ' 이외의 자음이 오면 이 7개의 자음 중 하나로 바뀌는 규칙이 적용된다.

대표 亦功 최빈출 해설

'해돋이'는 구개음화 현상이 일어나 [해도지]로 발음된다. 'ㅣ' 앞에서 'ㄷ, ㅌ'이 경구개음 'ㅈ,ㅊ'으로 변하는 현상을 구개음화 현상이라고 한다. 인접한 음인 'ㅣ'의 조음 위치가 경구개이므로 'ㄷ, ㅌ'이 'ㅣ'와 비슷한 조음 위치인 경구개음인 'ㅈ, ㅊ'으로 동화(교체)되는 것이다. 따라서 조음 위치가 비슷해지는 동화 현상이다.

오답풀이 ① [있지 → (음절의 끝소리 규칙, 된소리되기) → 읻찌]의 과정을 보인다. '음절의 끝소리 규칙, 된소리되기' 모두 음운이 1 : 1로 교체되는 것이므로 '교체'라는 유형만 일어난 것이다. 따라서 두 가지 유형이 아니라 한 가지 유형의 음운 변동이 일어난 것이다.

③ 모음 축약이 일어났으므로 음운 변동 후의 음운 개수는 하나가 줄어드므로 음운 개수가 같다는 것은 옳지 않다.

④ ㉣은 음절의 끝소리 규칙(교체)에 대한 설명이다. 하지만 '닭만'은 겹받침 'ㄺ'에서 자음군 단순화(탈락)가 일어난 후 비음화가 일어나 [당만]이 된 것이므로 음절의 끝소리 규칙(교체)과 관련이 없다.

▶ ②

뇌주름 새기는 亦功 시각화 음운 변동의 유형

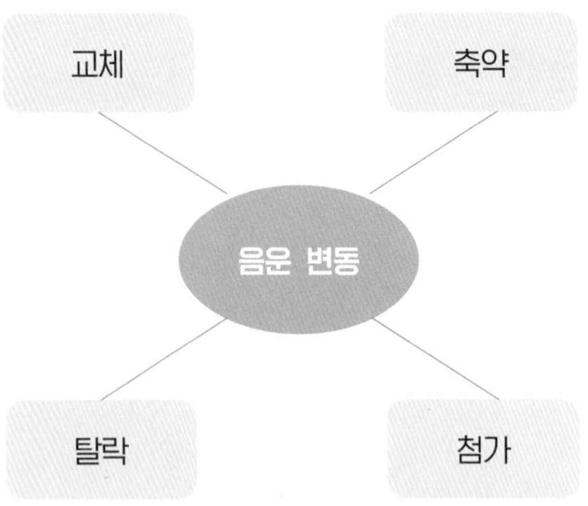

대표 출.좋.포 한눈에 보기 **1. 음운의 변동**

❶ 음운 변동의 결과가 맞는지 파악하기
❷ 음운 변동의 유형 파악하기
❸ 음운 변동 후의 음운 개수 변화 파악하기

PART 3

출.좋.포 1 음운 변동의 유형과 개수 변화

❶ 음운 변동의 개념

어떤 음운이 주변 환경에 따라 다른 음운으로 교체, 축약, 탈락, 첨가되는 현상

유형	현상		개념 및 예시
교체	음절의 끝소리 규칙		받침이 음절 끝에 올 때에는 표기된 대로 발음되는 것이 아니라 대표음(ㄱ, ㄴ, ㄷ, ㄹ, ㅁ, ㅂ, ㅇ)으로 발음되는 현상 예 앞[압], 밖[박], 꽃[꼳], 낮[낟], 히읗[히읃]
	된소리되기		① 안울림소리 + 안울림소리 예 역도[역또], 닫기[닫끼], 극비[극삐] ② 어간 받침 'ㄴ(ㄵ), ㅁ(ㄻ), ㄼ, ㄾ' + 예사소리 예 넘다[넘ː따], 넓게[널께], 핥다[할따] ③ 용언의 관형형 '-ㄹ' 뒤 + 예사소리 예 만날 사람[만날싸람] ④ 한자어의 'ㄹ' 받침 + 'ㄷ, ㅅ, ㅈ' 예 몰상식[몰쌍식], 갈등[갈뜽], 불세출[불쎄출] 예외) 불법[불법 / 불뻡] 열병[열병]
	비음화	순행	받침 ㅁ, ㅇ + 첫소리 ㄹ 예 담력[담녁], 종로[종노]
		역행	받침 ㅂ, ㄷ, ㄱ + 첫소리 ㅁ, ㄴ 예 입는다[임는다], 닫는[단는], 국민[궁민]
		상호	받침 ㅂ, ㄷ, ㄱ + 첫소리 ㄹ 예 협력[혐녁], 몇 리[면니], 독립[동닙]
	유음화	순행	받침 ㄹ + 첫소리 ㄴ 예 칼날[칼랄], 찰나[찰라]
		역행	받침 ㄴ + 첫소리 ㄹ 예 신라[실라], 난로[날로]
	구개음화		받침 ㄷ, ㅌ + 첫소리 ㅣ, 반모음 ㅣ 예 굳이[구지], 해돋이[해도지], 닫혀[다처]

④ 한자어 'ㄹ' 뒤+'당사자'

✔ 유음화
: ㄹ이 ㄴ을 이긴다.

✔ 구개음화
: 'ㅣ'나 반모음 'ㅣ'로 시작하는 형식 형태소

혜선쌤의 야매꿀수

✔ 자음 축약
: 바닷가재+ㅎ

혜선쌤의 야매꿀수

✔ 'ㄹ' 탈락의 환경
① 용언 활용
: ㅇ.ㅂ.ㅅ.ㄴ.ㄹ.
② 합성어, 파생어
: ㅈ.ㄴ.ㄷ.ㅅ

혜선쌤의 야매꿀수

형태론의 용언 활용과
아주 밀접한 관련이 있어요!

혜선쌤의 야매꿀수

ㄴ 첨가가 제일로 중요해요
亦功이들!

축약	자음 축약	ㄱ, ㄷ, ㅂ, ㅈ+ㅎ=ㅋ, ㅌ, ㅍ, ㅊ 예 각하[가카], 좋던[조턴], 법학[버팍], 쌓지[싸치]
	모음 축약	단모음 + 단모음 = 이중 모음(반모음 + 단모음) 예 이기어 → 이겨, 보아서 → 봐서, 주어서 → 줘서, 되어 → 돼, 싸이어 → 쌔어/싸여
탈락	자음군 단순화	보통은 앞 자음이 선택되나, 'ㄻ, ㄺ, ㄹㅍ'은 뒤 자음이 선택된다. 예 넋[넉], 앉다[안따], 곬[골], 핥다[할따], 앎[암ː], 닭[닥], 읊다[읍따] **예외)** 예 맑고[말꼬], 굵게[굴께], 밟다[밥ː따], 넓둥글다[넙뚱글다], 넓죽하다[넙쭈카다]
	자음 탈락	① 'ㄹ' 탈락 예 울+-(으)ㅂ니다 → 웁니다, 울+-(으)시는 → 우시는, 울+-는 → 우는, 울+ㄹ → 울, 울+오 → 우오 ② 'ㅅ' 탈락 예 잇+어서 → 이어서, 붓+어서 → 부어서 ③ 'ㅎ' 탈락 예 쌓이다[싸이다], 많아[마ː나]
	모음 탈락	① 'ㅡ' 탈락 예 들르- + -어 → 들러, 우러르- + -어 → 우러러 ② '동음' 탈락 예 가- + -아서 → 가서, 가- + -았다 → 갔다
첨가	'ㄴ' 첨가 (합성어, 파생어)	앞말이 자음으로 끝나고 뒷말이 '이, 야, 여, 요, 유'로 시작하는 경우에는 뒷말의 초성 자리에 'ㄴ' 소리가 첨가되는 현상 예 막-일[망닐], 알-약[알략], 늑막-염[능망념], 서울-역[서울력] 눈-요기[눈뇨기], 식용-유[시공뉴], 직행-열차[지캥녈차] **예외)** 등용문[등용문], 송별연[송ː벼련], 절약[저략]
	반모음 'ㅣ' 첨가 ='ㅣ' 모음 순행 동화	앞의 'ㅣ'모음에 의해 반모음 'ㅣ'가 첨가되는 현상 예 되어 → [되어/되여], 피어 → [피어/피여], 이오 → [이오/이요], 아니오 → [아니오/아니요]

❷ 사잇소리 현상

1. 된소리되기

: 앞 어근의 끝 음이 울림소리(모음, ㄴ, ㄹ, ㅁ, ㅇ)이고, 뒤 어근의 첫 음이 안울림 예사소리인 경우, 뒤의 예사소리가 된소리로 발음되는 현상

예 귀+병 → 귓병[귀뼝/귇뼝], 도매+금 → 도매금[도매끔], 문+고리 → 문고리[문꼬리], 자리+세 → 자릿세[자리쎄/자릳쎄], 전세+집 → 전셋집[전세찝/전섿찝], 눈+동자 → 눈동자[눈똥자], 길+가 → 길가[길까], 술+잔 → 술잔[술짠], 속임+수 → 속임수[소김쑤]

2. ㄴ 덧남

: 뒤에 'ㄴ, ㅁ'이 결합되는 경우에는 [ㄴ]이 덧나는 현상

예 코+날 → 콧날[콘날], 퇴+마루 → 툇마루[퇸 : 마루], 아래+니 → 아랫니[아랜니], 배+머리 → 뱃머리[밴머리]

3. ㄴㄴ 덧남

: 뒤에 'ㅣ'나 반모음 'ㅣ'가 결합되는 경우에는 [ㄴㄴ]이 덧나는 현상

예 예사+일 → 예삿일[예산닐], 나무+잎 → 나뭇잎[나문닙], 뒤+윷 → 뒷윷[뒨:뉻], 깨+잎 → 깻잎[깬닙], 도리깨+열 → 도리깻열[도리깬녈]

출.좋.포 2 제28항 사잇소리 현상의 된소리되기

A(명사) + B(명사) = 합성어

A의 끝 음이 ❶ ________ + B의 첫 음이 예사소리

붙임 사잇소리 현상이 일어나지 않는 단어

반창고[반창고]	고무줄[고무줄]	과반수[과 : 반수]
유리잔[유리잔]	인두겁[인두겁]	고래기름[고래기름]
간단(簡單)[간단]	등기(登記)[등기]	불장난[불장난]

더 알아두기 음운 변동의 원인

표현 효과의 원리	소리를 강하게 표현하고 분명하게 구별하기 위해서 ('명확성'에 초점) → 된소리되기, 사잇소리 현상 예 국밥[국빱], 산비둘기[산삐둘기]
조음 편리화의 원리 (경제성의 원리)	발음을 편하고 쉽게 하기 위해서 → 음절의 끝소리 규칙, 동화, 축약, 탈락 등 예 꽃[꼳], 신라[실라], 국화[구콰], 삶[삼:]

혜선쌤의 야매꿀수

✔ 사잇소리 현상이 일어나지 않는 단어 외우는 팁
① 소주잔, 맥주잔은 소주, 맥주가 들어 있으니 '[짠]~'으로 발음하지만 유리잔에는 아무것도 없으니 '[잔]~'으로 발음해야 한다.
② 반창고는 '똥꼬'에 붙여지면 안되므로 [반창고]로 발음해야 한다.
③ 과반수는 과+반수이므로 [과 : 반수]로 발음해야 한다.

출좋포 정답

❶ 울림소리

문법

박혜선 국어 족집게 최종노트

Part 04 어문 규정

Chapter 01 표준 발음법
Chapter 02 표준어 규정
Chapter 03 한글 맞춤법

Chapter 01

표준 발음법

대표 亦功 최빈출

01 다음 〈보기〉의 표준 발음법 규정에 비추어 이중 모음의 발음이 바르지 않은 것은?

> 보기
>
> 제5항 'ㅑ, ㅒ, ㅕ, ㅖ, ㅘ, ㅙ, ㅛ, ㅝ, ㅞ, ㅠ, ㅢ'는 이중 모음으로 발음한다.
>
> 다만 1. 용언의 활용형에 나타나는 '져, 쪄, 쳐'는 [저, 쩌, 처]로 발음한다.
>
> 다만 2. '예, 례' 이외의 'ㅖ'는 [ㅔ]로도 발음한다.
>
> 다만 3. 자음을 첫소리로 가지고 있는 음절의 'ㅢ'는 [ㅣ]로 발음한다.
>
> 다만 4. 단어의 첫음절 이외의 '의'는 [ㅣ]로, 조사 '의'는 [ㅔ]로 발음함도 허용한다.

① 민주주의의 의의[민주주의에 의이]

② 간혀[가쳐]

③ 계시다[게:시다]

④ 혼례[홀례]

대표 亦功 최빈출 해설

[간혀 → (자음 축약) → 가텨 → (구개음화) → 가쳐 → (제5항 다만1) → 가처]의 과정을 거친다. 용언의 활용형에 나타나는 '져, 쪄, 쳐'는 [저, 쩌, 처]로 발음하므로 [가쳐]가 아니라 [가처]가 옳다.

오답풀이 ① '다만 4. 단어의 첫음절 이외의 '의'는 [ㅣ]로, 조사 '의'는 [ㅔ]로 발음함도 허용한다'에 의해 '민주주의'의 '의'는 [의](원칙), [이](허용)로 발음되며 '민주주의의'의 관형격 조사 '의'는 [의](원칙), [에](허용)로 발음된다. '의의'는 [의의](원칙) [의이](허용)으로 발음되므로 [민주주의에 의이]는 옳다.

③ '예, 례' 이외의 'ㅖ'는 [ㅔ]로도 발음하므로 '계, 몌, 폐, 혜'는 각각 [계], [몌], [폐], [혜] (원칙), [게], [메], [페], [헤] (허용)으로 발음되므로 [계:시다](원칙) [게:시다](허용)으로 발음된다.

④ "다만 2. '예, 례' 이외의 'ㅖ'는 [ㅔ]로도 발음한다."로 인해 '례'는 무조건 [례]로만 발음되므로 '[홀례]'로 발음되는 것은 옳다. 참고로 'ㄴ'이 'ㄹ'로 인해 유음화된 것이다.

▶ ②

뇌주름 새기는 亦功 시각화 표준 발음법

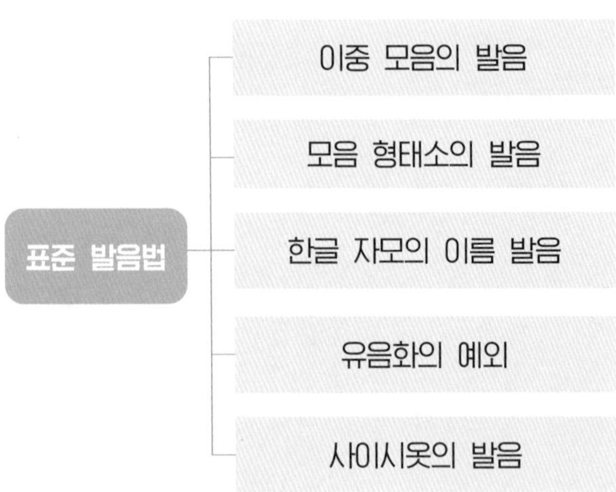

제4항 | 'ㅏ ㅐ ㅓ ㅔ ㅗ ㅚ ㅜ ㅟ ㅡ ㅣ'는 단모음(單母音)으로 발음한다.

붙임 'ㅚ, ㅟ'는 원칙적으로 단모음이지만, 이중 모음으로 발음함도 허용한다.

출.좋.포 1 제4항 'ㅚ'의 발음

ㅚ = [❶ ____ (원칙) / ❷ ____ (허용)]

제5항 | 'ㅑ ㅒ ㅕ ㅖ ㅘ ㅙ ㅛ ㅝ ㅞ ㅠ ㅢ'는 이중 모음으로 발음한다.

다만 1. 용언의 활용형에 나타나는 '져, 쪄, 쳐'는 [저, 쩌, 처]로 발음한다.

가져[가저]	쪄[쩌]	다쳐[다처]
묻혀[무처]	붙여[부처]	잊혀[이처]

출.좋.포 2 제5항 다만 1 "져, 쪄, 쳐"의 발음

용언의 활용형에 나타나는 '❸ ____'는 ❹ ____로 발음된다.

다만 2. '예, 례' 이외의 'ㅖ'는 [ㅔ]로도 발음한다.

출.좋.포 3 제5항 다만 2 "ㅖ"의 발음

1. '예, 례'는 [❺ ____]로만 발음된다.
2. '계, 몌, 폐, 혜'는 [❻ ____](원칙), [❼ ____](허용)로도 발음한다.

다만 3. 자음을 첫소리로 가지고 있는 음절의 'ㅢ'는 [ㅣ]로 발음한다.

다만 4. 단어의 첫음절 이외의 '의'는 [ㅣ]로, 조사 '의'는 [ㅔ]로 발음함도 허용한다.

출.좋.포 4 제5항 다만 3, 다만 4 "의"의 발음

1. 자음을 가진 'ㅢ' = [❽ ____]로만 발음됨.
2. 첫째 음절 '의' = [❾ ____]로만 발음됨.
3. 둘째 음절 이하 '의' = [❿ ____](원칙) [⓫ ____](허용)
4. 관형격 조사 '의' = [⓬ ____](원칙) [⓭ ____](허용)

혜선쌤의 야매꿀수

✔ '민주주의의 의의' 발음의 개수는?
: ⓮ ____

출좋포 정답

❶ ㅚ ❷ ㅞ ❸ 져, 쪄, 쳐 ❹ [저, 쩌, 처] ❺ ㅖ ❻ ㅖ ❼ ㅔ ❽ ㅣ ❾ 의 ❿ ㅢ ⓫ ㅣ ⓬ ㅢ ⓭ ㅔ ⓮ 8

대표 亦 功 최빈출

02 밑줄 친 부분이 표준 발음법에 맞지 않는 것은?

① 값있는[가빈는] 것으로 골라 봐.
② 이 밭을[바츨] 다 갈아야 돼.
③ 협의[혀비]할 사항이 아직도 남아 있습니까?
④ 멋있다 → 원칙[머딛따], 허용[머싣따]

제13항+14항 | 홑받침이나 쌍받침, 겹받침이 모음으로 시작된 조사나 어미, 접미사와 결합되는 경우에는 제 음가대로 뒤 음절 첫소리로 옮겨 발음한다.

출.좋.포 5 제13항+14항 "모음 형식 형태소"가 오는 경우의 발음

홑받침이나 쌍받침, 겹받침 뒤에 모음 ❶ ________ 형태소가 오는 경우에는 대표음화 없이 ❷ ________ 된다.

제15항 | 받침 뒤에 모음으로 시작되는 실질 형태소가 연결되는 경우에는, 대표음으로 바꾸어서 뒤 음절 첫소리로 옮겨 발음한다.

출.좋.포 6 제15항 "모음 실질 형태소"가 오는 경우의 발음

모음 ❸ ________ 형태소가 오는 경우에는 홑받침이든 쌍받침이든 겹받침이든 ❹ ________ 적용 후 ❺ ________ 된다.

다만, 맛있다[마딛따(원칙) / 마싣따(허용)], 멋있다[머딛따(원칙) / 머싣따(허용)]는 예외적으로 외워야 한다.

대표 亦 功 최빈출 해설

받침 뒤에 모음 형식 형태소가 오면 그대로 연음되므로 [바츨]은 옳지 않고 [바틀]이 옳은 발음이다.

오답풀이 ① 값있는[가빈는](○) : [값있는 → (자음군 단순화, 음절의 끝소리 규칙) → 갑읻는 → (비음화) → 가빈는]
③ 협의[혀비](○): 둘째 음절 이하의 모음 '의'는 [의(원칙) / 이(허용)]이므로 '협의'는 [혀븨(원칙) / 혀비(허용)] 모두 맞는 발음이다.
④ '맛있다', '멋있다'의 두 경우에만 각각 [마딛따(원칙)/마싣따(허용)], [머딛따(원칙)/머싣따(허용)]가 표준 발음이 될 수 있다. 이 두 가지 예외만 외워도 된다!

▶▶ ②

출좋포 정답

❶ 형식 ❷ 연음 ❸ 실질
❹ 대표음화 ❺ 연음

대표 亦 功 최빈출

03 다음 표준 발음이 옳지 않은 것은?

① 디귿을[디그슬]
② 티긑이[티그시]
③ 피읖에[피으베]
④ 지읒을[지으슬]

PART 4

제16항 | 한글 자모의 이름은 그 받침소리를 연음하되, 'ㄷ, ㅈ, ㅊ, ㅋ, ㅌ, ㅍ, ㅎ'의 경우에는 특별히 다음과 같이 발음한다.

출.좋.포 7 제16항 한글 자모의 이름 발음

한글 자모의 이름은 ❶ ________________ 후에 ❷ ________ 한다.

다만, 음절의 끝소리 규칙이 적용되어 '❸ ______'으로 발음된 것들은 모두 '❹ ______'으로 바꿔서 연음한다.

디귿이[디그시]	디귿을[디그슬]	디귿에[디그세]
지읒이[지으시]	지읒을[지으슬]	지읒에[지으세]
치읓이[치으시]	치읓을[치으슬]	치읓에[치으세]
키읔이[키으기]	키읔을[키으글]	키읔에[키으게]
티읕이[티으시]	티읕을[티으슬]	티읕에[티으세]
피읖이[피으비]	피읖을[피으블]	피읖에[피으베]
히읗이[히으시]	히읗을[히으슬]	히읗에[히으세]

대표 亦 功 최빈출 해설

'ㅌ'은 한글 자음 이름을 'ㄷ(디귿)'과 헷갈려서는 안된다. 'ㅌ'은 '*티긑'이 아니라 '티읕'이다. 이는 1933년 한글 맞춤법에서 약속한 발음이므로 [티그시], [티그슬]이 아니라 [티으시], [티으슬]로 발음하는 것이 옳다. 주로 음절의 끝소리 규칙에 의해 [ㄷ]으로 발음나는 자음들은 모두 [ㅅ]으로 소리 난다. [시오시], [지으시], [치으시], [히으시] 등이 있다.

오답풀이 ① 한글 자음은 주로 음절의 끝소리 규칙에 의해 [ㄷ]으로 발음나는 자음들은 모두 [ㅅ]으로 소리 난다.

③ 한글 자모의 이름은 음절의 끝소리 규칙이 적용된 채로 받침소리를 연음한다. [피으베]가 옳다. 다만, 음절의 끝소리 규칙에 따라 [ㄷ]받침으로 발음나는 한글 자음은 모두 [ㅅ]이 연음된다.

④ 한글 자음이 연음하는 경우에는 [지으즐]이 아니라 [지으슬]이 옳다.

▶ ②

출좋포 정답

❶ 음절의 끝소리 규칙
❷ 연음 ❸ [ㄷ] ❹ [ㅅ]

제30항 | 사이시옷이 붙은 단어는 다음과 같이 발음한다.

1. 'ㄱ, ㄷ, ㅂ, ㅅ, ㅈ'으로 시작하는 단어 앞에 사이시옷이 올 때에는 이들 자음만을 된소리로 발음하는 것을 원칙으로 하되, 사이시옷을 [ㄷ]으로 발음하는 것도 허용한다.

냇가[내:까/낻:까]	샛길[새 : 낄/샏 : 낄]
빨랫돌[빨래똘/빨랟똘]	콧등[코뜽/콛뜽]
깃발[기빨/긷빨]	대팻밥[대:패빱/대:팯빱]
햇살[해쌀/핻쌀]	뱃속[배쏙/밷쏙]
뱃전[배쩐/밷쩐]	고갯짓[고개찓/고갣찓]

출.좋.포 8 제30항 사이시옷이 적힌 단어의 발음

사잇소리 현상(원칙) / 음절의 끝소리 규칙 '[ㄷ]' + 된소리되기(허용)

ME
MO

관련교재 이론 출좋포 문법 · 어휘 p.134~137
문풀 적중용 콤단문 문법 p.176

스타강사 박혜선

Chapter 02

표준어 규정

제12항 | '웃-' 및 '윗-'은 명사 '위'에 맞추어 '윗-'으로 통일한다.

표준어(○)	비표준어(×)	비 고
윗-넓이	웃-넓이	
윗-눈썹	웃-눈썹	
윗-니	웃-니	
윗-당줄+	웃-당줄	
윗-덧줄+	웃-덧줄	
윗-도리	웃-도리	
윗-목	웃-목	
윗-바람	웃-바람	
윗-변	웃-변	수학 용어
윗-수염	웃-수염	
윗-입술	웃-입술	
윗-잇몸	웃-잇몸	
윗-자리	웃-자리	
윗-중방+	웃-중방	

+ **윗당줄**: 망건당(망건의 윗부분)에 꿴 당줄

+ **윗덧줄**: 악보의 오선(五線) 위에 덧붙여 그 이상의 음높이를 나타내기 위하여 짧게 긋는 줄

+ **윗중방**: 창문 위 또는 벽의 위쪽 사이에 가로지르는 인방

다만 1. 된소리나 거센소리 앞에서는 '위-'로 한다.

표준어(○)	비표준어(×)	비 고
위-짝	웃-짝	
*위-쪽	웃-쪽	
위-채	웃-채	
*위-층	웃-층	
위-치마	웃-치마	
*위-턱	웃-턱	위턱구름[上層雲]
*위-팔	웃-팔	

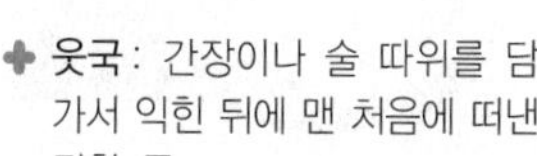

다만 2. '아래, 위'의 대립이 없는 단어는 '웃-'으로 발음되는 형태를 표준어로 삼는다.

표준어(○)	비표준어(×)	비 고
웃-국✚	윗-국	
웃-기✚	윗-기	
웃-돈✚	윗-돈	
웃-비✚	윗-비	웃비걷다
웃-어른	윗-어른	
웃-옷✚	윗-옷	

◉ '위'와 '아래'의 대립이 없는 단어는 '웃-'의 형태를 표준어로 삼는다는 조항이다.

✚ 웃국: 간장이나 술 따위를 담가서 익힌 뒤에 맨 처음에 떠낸 진한 국

✚ 웃기: 떡, 포, 과일 따위를 괸 위에 모양을 내기 위하여 얹는 재료

✚ 웃돈: 본래의 값에 덧붙이는 돈

✚ 웃비: 아직 우기(雨氣)는 있으나 좍좍 내리다가 그친 비

✚ 웃옷: 맨 겉에 입는 옷. '윗옷(상의)'은 '아래옷(하의)'의 반대임.

PART 4

출.좋.포 9 제12항 '웃, 위/윗'

1. 웃: '위, 아래'의 대립이 없음.
   ❶ ________에 ❷ ________가 내리면 ❸ ________들이 ❹ ______는다.

2. 위/윗: '위, 아래'의 대립이 있음.
   위: '❺ ________소리, ❻ ______소리' 앞
   윗: 나머지

출좋포 정답

❶ 국기 ❷ 돈비
❸ 어른 ❹ 옷
❺ 거센 ❻ 된

제4절 복수 표준어

제26항 | 한 가지 의미를 나타내는 형태 몇 가지가 널리 쓰이며 표준어 규정에 맞으면, 그 모두를 표준어로 삼는다.

복수 표준어(○)	비 고
*가엾다/가엽다	가엾어/가여워, 가엾은/가여운
*서럽다/섧다	'설다'는 비표준어임. 모두 'ㅂ' 불규칙 용언이다.
*여쭈다/여쭙다	여쭈어/여쭈워
*연-달다/잇-달다/잇따르다	'잇달다'가 타동사로 쓰이는 경우에는 복수 표준어가 될 수 없다.

혜선쌤의 야매꿀수

✔ 복수 표준어의 활용

① '가엾다'는 '가엾어, 가엾으니'와 같이 활용하는 규칙 활용 용언이다. '가엽다'는 '가여워, 가여우니'와 같이 활용하는 'ㅂ' 불규칙 활용 용언이다.

② '서럽다'는 '서러워, 서러우니'와 같이 활용하고 '섧다'는 '설워, 설우니'와 같이 활용하므로 둘 다 'ㅂ' 불규칙 활용 용언이다.

③ '여쭙다'는 '여쭈워, 여쭈우니'와 같이 활용하는 'ㅂ' 불규칙 활용 용언이다. '여쭈다'는 '여쭈어(여쭤), 여쭈니'와 같이 규칙 활용한다.

관련교재
이론 출좋포 문법 · 어휘 p.143~151
문풀 적중용 콤단문 문법 p.178~195

Chapter 03

한글 맞춤법

제1장 총칙

제1항 | 한글 맞춤법은 표준어를 소리대로 적되, 어법에 맞도록 함을 원칙으로 한다.

출.좋.포 10 제1항

1. 한글 맞춤법은 표준어를 소리대로 적되,
   (= ❶ ____________이 표기에 반영됨, ❷ ____________을 밝혀 적음.)

   예 수캉아지,
   익명,
   바느질,
   씁쓸하다

2. 어법에 맞도록 함을 원칙으로 한다. (= ❸ ____________을 밝혀 적음.)

   예 [꽃] – 꽃이[꼬치], 꽃을[꼬츨], 꽃에[꼬체]
   [꼰] – 꽃나무[꼰나무], 꽃놀이[꼰노리], 꽃망울[꼰망울]
   [꼳] – 꽃과[꼳꽈], 꽃다발[꼳따발], 꽃밭[꼳빧]

출좋포 정답

❶ 음운 변동 ❷ 표준 발음
❸ 원형

제3절 두음 법칙

출.좀.포 11 두음 법칙

1. 한자어 두음에 'ㄴ,ㄹ' 뒤에 'ㅣ, 반모음 ㅣ'가 오는 경우에는 탈락된다.

여자(女子)	연세(年歲)	요소(尿素)
유대(紐帶)	이토(泥土)	익명(匿名)
양심(良心)	역사(歷史)	예의(禮儀)
용궁(龍宮)	유행(流行)	이발(理髮)

2. 한자어 두음에 'ㄹ' 뒤에 단모음('ㅣ' 제외)이 오는 경우에는 'ㄹ'이 'ㄴ'으로 교체된다.

낙원(樂園)	내일(來日)	노인(老人)
뇌성(雷聲)	누각(樓閣)	능묘(陵墓)

3. 접두사처럼 쓰이는 한자가 붙어서 된 단어는 뒷말을 두음 법칙에 따라 적는다.

신-여성(新女性)	공-염불(空念佛)	남존-여비(男尊女卑)
역-이용(逆利用)	연-이율(年利率)	열-역학(熱力學)
내-내월(來來月)	상-노인(上老人)	중-노동(重勞動)
실-낙원(失樂園)	비-논리적(非論理的)	

4. 외자인 이름, 외자가 아닌 이름

예 채윤/채륜, 하윤/하륜

PART 4

출.좀.포 12 '모난 유희열'과 '양(量) / 난(欄) / 능(陵)'

음운론적 환경	모음, 'ㄴ' 받침	열/율	예 나열, 분열, 실패율, 백분율
	'ㄴ'을 제외한 받침	렬/률	예 행렬, 직렬, 합격률, 체지방률
어휘론적 환경	고유어, 외래어	양/난/능	예 구름-양(量), 허파숨-양(量), 먹이-양(量), 벡터(vector)-양(量), 에너지(energy)-양(量), 어머니-난(欄), 가십(gossip)-난(欄), 어린이-난(欄), 아기-능(陵)
	한자어	량/란/릉	예 운행-량(運行量), 수출-량(輸出量), 공-란(空欄), 투고-란(投稿欄), 동구-릉(東九陵), 서오-릉(西五陵)

제30항 | 사이시옷은 다음과 같은 경우에 받치어 적는다.

1. 순우리말로 된 합성어로서 앞말이 모음으로 끝난 경우

(1) 뒷말의 첫소리가 된소리로 나는 것

고랫재+	귓밥+	나룻배	나뭇가지
냇가	댓가지	뒷갈망+	맷돌
머릿기름+	모깃불	못자리	바닷가
뱃길	볏가리+	부싯돌	선짓국
쇳조각	아랫집	우렁잇속+	잇자국
잿더미	조갯살	찻집	쳇바퀴
킷값	핏대	햇볕	혓바늘

(2) 뒷말의 첫소리 'ㄴ, ㅁ' 앞에서 'ㄴ' 소리가 덧나는 것

멧나물	아랫니	텃마당	아랫마을
뒷머리	잇몸	깻묵	냇물
빗물	양칫물		

(3) 뒷말의 첫소리 모음 앞에서 'ㄴㄴ' 소리가 덧나는 것

도리깻열+	뒷윷	두렛일	뒷일
뒷입맛	베갯잇	욧잇	깻잎
나뭇잎	댓잎		

2. 순우리말과 한자어로 된 합성어로서 앞말이 모음으로 끝난 경우

(1) 뒷말의 첫소리가 된소리로 나는 것

귓병(-病)	머릿방(-房)+	뱃병(-病)	봇둑(洑-)+
사잣밥(使者-)+	샛강(-江)	아랫방(-房)	자릿세(-貰)
전셋집(傳貰-)	찻잔(-盞)	찻종(-鍾)+	촛국(醋-)+
콧병(-病)	탯줄(胎-)	텃세(-貰)	핏기(-氣)
햇수(-數)	횟가루(灰-)	횟배(蛔-)	

(2) 뒷말의 첫소리 'ㄴ, ㅁ' 앞에서 'ㄴ' 소리가 덧나는 것

곗날(契-)	제삿날(祭祀-)	훗날(後-)	툇마루(退-)

(3) 뒷말의 첫소리 모음 앞에서 'ㄴㄴ' 소리가 덧나는 것

가욋일(加外-)+	사삿일(私私-)+	예삿일(例事-)	훗일(後-)

3. 한자 + 한자(사이시옷)

툇간(退間)	곳간(庫間)	셋방(貰房)	찻간(車間)
횟수(回數)	숫자(數字)		

+ **고랫재**: 방고래(방 구들장 밑으로 낸 고랑)에 모여 쌓여 있는 재
+ **귓밥(귓불)**: 귓바퀴의 아래쪽으로 늘어진 살
+ **뒷갈망**: 일의 뒤끝을 맡아서 처리하는 일. 뒷감당
+ **머릿기름**: 머리털에 바르는 기름
+ **볏가리**: 벼를 베어서 가려 놓거나 볏단을 차곡차곡 쌓은 더미
+ **우렁잇속**: 내용이 복잡하여 헤아리기 어려운 일을 비유적으로 이르는 말
+ **도리깻열**: 도리깨의 한 부분. 곧고 가느다란 나뭇가지 두세 개로 만들며, 이 부분을 아래로 돌리어 곡식을 두드려 낟알을 떤다.
+ **머릿방(-房)**: 안방의 뒤에 달려 있는 방
+ **봇둑(洑-)**: 보(흐르는 냇물을 가두어 놓은 곳)를 둘러쌓은 둑
+ **사잣밥(使者-)**: 초상집에서 죽은 사람의 넋을 부를 때 저승사자에게 대접하는 밥
+ **찻종(-鍾)**: 차를 따라 마시는 종지. 찻잔
+ **촛국(醋-)**: 초를 친 냉국
+ **가욋일(加外-)**: 필요 밖의 일
+ **사삿일(私私-)**: 개인의 사사로운 일

출.좋.포 13 제30항 사이시옷의 조건

1. 적어도 하나의 (❶ ____________)
모두 (❷ ____________)라면 사이시옷을 못 붙인다.
예 유리잔(琉璃盞), 소주잔(燒酒盞), 맥주잔(麥酒盞), 장미과(薔薇科), 화병(火病), 포도과(葡萄科), 초점(焦點), 전세방(傳貰房), 개수(個數), 마구간(馬廐間), 수라간(水剌間), 도매금(都賣金)

✔ 예외 6가지가 있음
예 툇간(退間), 곳간(庫間), 셋방(貰房), 찻간(車間), 횟수(回數), 숫자(數字)

2. (❸ ____________)이 일어남.
(❸ ____________)이 일어나지 않으면 사이시옷을 못 붙인다.

✔ 사잇소리 현상은?
① ❹ ____________
② '❺ ________' 덧남
③ '❻ ________' 덧남

✔ 사잇소리 현상이 일어나지 않은 예외
예 인사말[인사말], 머리말[머리말], 꼬리말[꼬리말], 유리잔[유리잔], 고무줄[고무줄], 초가집[초가집], 소나기밥[소나기밥]

혜선쌤의 야매꼼수

✔ 한자+한자임에도 사이시옷 표기되는 예외
: 퇴! 고세 차를 회수하냐? (개 ×)

출.좋.포 14 고유어가 하나 있으면 사이시옷 추가 가능성이 높아진다.

알아두면 좋을 고유어들
- 값 : 절댓값[절때깝/절땓깝], 덩칫값[덩치깝/덩칟깝], 죗값[죄:깝/줻:깝]
- 길 : 등굣길[등교낄/등굗낄], 혼삿길[혼사낄/혼삳낄], 고갯길[고개낄/고갣낄]
- 집 : 맥줏집[맥쭈찝/맥쭏찝], 횟집[회:찝/휃:찝], 부잣집[부:자찝/부:잗찝]
- 빛 : 장밋빛[장미삗/장믿삗], 보랏빛[보라삗/보랃삗], 햇빛[해삗/핻삗]
- 말 : 혼잣말[혼잔말], 시쳇말[시첸말], 노랫말[노랜말]
- 국 : 만둣국[만두꾹/만둗꾹], 고깃국[고기꾹/고긷꾹], 북엇국[부거꾹/부걷꾹]

제34항 | 모음 'ㅏ, ㅓ'로 끝난 어간에 '-아/-어, -았-/-었-'이 어울릴 적에는 준 대로 적는다.

붙임1 'ㅐ, ㅔ' 뒤에 '-어, -었-'이 어울려 줄 적에는 준 대로 적는다.

개어 → 개	내어 → 내	베어 → 베
세어 → 세	개었다 → 갰다	내었다 → 냈다
베었다 → 벴다	세었다 → 셌다	

출.좋.포 15 제34항 붙임 1

❼ ______, ❽ ______ + ❾ ______ = '❿ ______' 탈락

출좋포 정답

❶ 고유어 ❷ 한자어
❸ 사잇소리 현상
❹ 된소리되기 ❺ ㄴ ❻ ㄴㄴ
❼ ㅔ ❽ ㅐ ❾ ㅓ ❿ ㅓ

붙임2 '하여'가 한 음절로 줄어서 '해'로 될 적에는 준 대로 적는다.

하여 → 해	더하여 → 더해	흔하여 → 흔해
하였다 → 했다	더하였다 → 더했다	흔하였다 → 흔했다

출.좋.포 16 제34항 붙임 2

하+여 = ❶ ______

제35항 | 모음 'ㅗ, ㅜ'로 끝난 어간에 '-아/-어, -았-/-었-'이 어울려 'ㅘ/ㅝ, ㅘㅆ/ㅝㅆ'으로 될 적에는 준 대로 적는다.

꼬아 → 꽈	보아 → 봐	쏘아 → 쏴	두어 → 둬
쑤어 → 쒀	주어 → 줘	꼬았다 → 꽜다	보았다 → 봤다
쏘았다 → 쐈다	두었다 → 뒀다	쑤었다 → 쒔다	주었다 → 줬다

◉ **'놓이다'의 준말 '뇌다'**
'놓이어'가 줄어진 형태는 '뇌어'가 아니라 '놓여'로 적는다.

◉ **굳어진 '띄어쓰기, 띄어 쓰다, 띄어 놓다'**
관용상 '뜨여쓰기, 뜨여 쓰다, 뜨여 놓다' 같은 형태가 사용되지 않는다.

붙임1 '놓아'가 '놔'로 줄 적에는 준 대로 적는다.

붙임2 'ㅚ' 뒤에 '-어, -었-'이 어울려 'ㅙ, ㅙㅆ'으로 될 적에도 준 대로 적는다.

괴어 → 괘	되어 → 돼	뵈어 → 봬
쐬어 → 쐐	괴었다 → 괬다	되었다 → 됐다
쇠었다 → 쇘다	쐬었다 → 쐤다	꾀었다 → 꽸다
죄었다 → 좼다	사뢰었다 → 사뢨다	되뇌었다 → 되뇄다
쇠어 → 쇄	뵈었다 → 뵀다	

출.좋.포 17 제35항 모음 축약

ㅚ+ㅓ = ❷ ______ (모음 축약)

• 되다 : 이렇게 만나게 돼서(← ❸ ______) 반갑다.
뵈다 : 오랜만에 부모님을 봬서(← ❹ ______) 기뻤다.

예 2022년에 공무원이 돼요(← 되어요).
그럼 내일 함께 부모님을 ❺ ______(← 뵈어요).
어느덧 가을이 됐다(← 되었다).
어제 부모님을 뵀다(← 뵈었다).

출좋포 정답

❶ 해 ❷ ㅙ ❸ 되어서
❹ 뵈어서 ❺ 봬요

제40항 | 어간의 끝음절 '하'의 'ㅏ'가 줄고 'ㅎ'이 다음 음절의 첫소리와 어울려 거센소리로 될 적에는 거센소리로 적는다.

거북하지 → 거북지	생각하건대 → 생각건대
생각하다 못하여 → 생각다 못해	깨끗하지 않다 → 깨끗지 않다
넉넉하지 않다 → 넉넉지 않다	못하지 않다 → 못지않다
섭섭하지 않다 → 섭섭지 않다	익숙하지 않다 → 익숙지 않다

출.좋.포 18 제40항 '하'의 준말

1. 어간의 끝 음절 '하'가 ❶ ________(ㄱ, ㄷ, ㅂ, ㅅ 등) 뒤에서 아예 탈락된다.
   예 생각하+지 않다, 답답하+지 않다 = 답답잖다
2. 어간의 끝 음절 '하'가 ❷ ________(모음, ㄴ, ㄹ, ㅁ, ㅇ) 뒤에서 'ㅏ'만 탈락한다.
   예 편하+지 않다=편찮다, 변변하+지 않다=변변찮다
3. 단, '서슴다, 삼가다'는 '❸ ________, ❹ ________'로 활용된다.

제39항 | 어미 '-지' 뒤에 '않-'이 어울려 '-잖-'이 될 적과 '-하지' 뒤에 '않-'이 어울려 '-찮-'이 될 적에는 준 대로 적는다.

그렇지 않은 → 그렇잖은	적지 않은 → 적잖은
만만하지 않다 → 만만찮다	변변하지 않다 → 변변찮다
달갑지 않다 → 달갑잖다	마뜩잖다 → 마뜩하지 않다
오죽하지 않다 → 오죽잖다	당찮다 → 당하지 않다
*시답잖다 → 시답지 않다	편찮다 → 편하지 않다

◉ '-스럽-+-이'='-스레'
예 '사랑스럽-+-이'=사랑스레'
'천연스럽-+-이'='천연스레'

출.좋.포 19 제39항 '잖, 찮'

'잖', '찮'은 반드시 '❺ ______', '❻ ______'으로 표기해야 한다.

제56항 | '-더라, -던'과 '-든지'는 다음과 같이 적는다.

1. 지난 일을 나타내는 어미는 '-더라, -던'으로 적는다.

지난겨울은 몹시 춥더라.	깊던 물이 얕아졌다.
그렇게 좋던가?	그 사람 말 잘하던데!
얼마나 놀랐던지 몰라.	

2. 선택의 뜻을 나타내는 조사와 어미는 '-든지'로 적는다.

배든지 사과든지 마음대로 먹어라.　　가든지 오든지 마음대로 해라.

출좋포 정답

❶ 안울림소리 ❷ 울림소리
❸ 서슴지 ❹ 삼가지
❺ 잖 ❻ 찮

출.좋.포 20 제56항 과거의 '-던' VS 선택의 '-든'

1. ❶ ______의 의미 : -던

예 오랜만에 만났더니 반갑더라. / 선생님도 이젠 늙으셨더구나.
그림을 잘 그렸던데 여기에 걸자. / 선생님은 교실에 계시던걸.

2. ❷ ______의 의미 : -든

예 사과를 먹든지 감을 먹든지 하렴. / 가든(지) 말든(지) 상관없다.

제57항 | 다음 말들은 각각 구별하여 적는다.

가름 : 그들의 끈기가 이 경기의 승패를 가름했다.
갈음 : 오늘 이것으로 치사를 갈음하고자 합니다.
가늠 : 전봇대의 높이를 가늠할 수 있겠니?

❶ 가름 : 쪼개거나 나누어 따로따로 되게 하는 일 / 승부나 등수 따위를 정하는 일
갈음 : 다른 것으로 바꾸어 대신함.
가늠 : 사물을 어림잡아 헤아리다.

걷잡다 : 걷잡을 수 없는 상태
겉잡다 : 겉잡아서 이틀 걸릴 일

❶ 걷잡다 : 한 방향으로 치우쳐 흘러가는 형세 따위를 붙들어 잡다. 마음을 진정하거나 억제하다.
겉잡다 : 겉으로 보고 대강 짐작하여 헤아리다.

혜선쌤의 야매꿀수

✔ '늘이다'를 외우자
: 엿, 바, 고

늘이다 : 엿가락(바짓단, 고무줄)을 늘인다.
늘리다 : 엿가락(바짓단, 고무줄)의 나머지

❶ 늘이다 : 본디보다 더 길어지게 하다.
늘리다 : 물체의 부피 따위를 본디보다 커지게 하다. 수나 분량 따위를 본디보다 많아지게 하다.

부딪치다 : 차와 차가 마주 부딪쳤다.
자동차가 가로수에 부딪쳤다.
부딪히다 : 마차가 화물차에 부딪혔다.
공공 정책은 강력한 반대에 부딪혀 공공 갈등을 유발한다.

❶ 부딪치다 : '부딪다'를 강조
부딪히다 : '부딪다'의 피동사. 부딪음을 당하다.

출좋포 정답

❶ 과거 ❷ 선택

✔ '로서, 로써'의 주변 의미
- 로서 : ㅅ, ㅂ
- 로써 : ㅆ, ㄲ

(으)로서[자격] : 사람으로서 그럴 수는 없다.

(으)로써[수단] : 닭으로써 꿩을 대신했다.

❗ (으)로서 : '지위나 신분, 자격'
(으)로써 : '재료, 수단, 도구'
❗ 한편 '(으)로써'는 '어떤 일의 기준이 되는 시간'의 의미로 쓰이기도 한다.

혜선쌤의 야매꼼수

✔ '결재'를 외우자
: '장'들이 승인하는 것이니 '재'가 옳다.

결제(決濟) : 그 회사는 어음을 결제하지 못해 부도 처리가 됐다.

결재(決裁) : 사장님의 결재를 받았다.

❗ 결제(決濟) : 증권이나 대금의 수수(授受)에 의해서 매매 당사자 간의 거래 관계를 끝맺음.
결재(決裁) : 상관이 부하가 제출한 안건을 검토하여 승인함.

구별(區別) : 그 형제는 너무 닮아서 누가 동생이고 누가 형인지 구별할 수 없다.

구분(區分) : 문학은 서정 갈래, 서사 갈래, 교술 갈래, 극 갈래로 구분할 수 있다.

분류(分類) : 서정 갈래, 서사 갈래, 교술 갈래, 극 갈래를 문학으로 분류할 수 있다.

❗ 구별(區別) : 성질이나 종류에 따라 차이가 남. 또는 성질이나 종류에 따라 갈라놓음.
구분(區分) : 일정한 기준에 따라 나눔.
분류(分類) : 일정한 기준에 따라 묶음.

경신(更新) : 마라톤 세계 기록 경신. 그의 이론은 논리학과 철학에 경신을 일으켰다.

갱신(更新) : 카드를 갱신하였다. 계약을 갱신하였다.

❗ 경신(更新) : 종전의 기록을 깨뜨림. 이미 있던 것을 고쳐 새롭게 함.
갱신(更新) : 법률관계의 존속 기간이 끝났을 때 그 기간을 연장하는 일

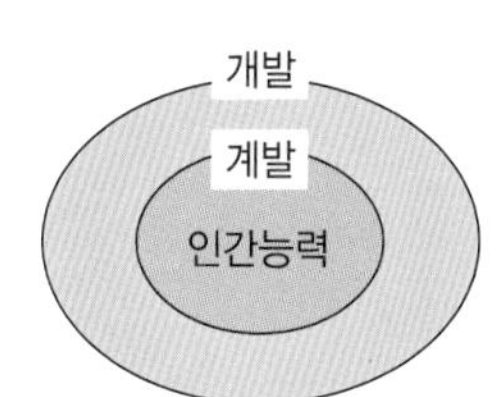

계발(啓發) : 교사는 학생이 잠재된 창의성을 계발하도록 해야 한다.

개발(開發) : 경치가 좋은 곳을 관광지로 개발하려고 한다.
교사는 학생이 잠재된 창의성을 개발하도록 해야 한다.
첨단 산업을 개발하고 육성하다.

❗ 계발(啓發) : 슬기나 재능, 사상 따위를 일깨워 줌.
개발(開發) :
- 토지나 천연자원 따위를 유용하게 만듦.
- 지식이나 재능 따위를 발달하게 함.
- 산업이나 경제 따위를 발전하게 함.
- 새로운 물건을 만들거나 새로운 생각을 내어놓음.

개재(介在) : 이번 협상에는 수많은 변수가 개재되어 있다.
게재(揭載) : 학술지에 논문을 게재하였다
계제(階梯) : 공부에는 밟아야 되는 계제가 있다.
지금은 이것저것 가릴 계제가 아니다.
변명할 계제가 없었다.

❗ 개재(介在) : 어떤 것들 사이에 끼여 있음. '끼어듦', '끼여 있음'
게재(揭載) : (글이나 사진, 그림 따위를) 신문이나 잡지에 실음.
계제(階梯) : • 일이 되어 가는 순서나 절차를 비유적으로 이르는 말
• 어떤 일을 할 수 있게 된 형편이나 기회

지향(志向)하다 : 평화를 지향하다.
지양(止揚)하다 : 흡연을 지양해야 한다.

❗ 지향(志向)하다 : 어떤 목적으로 뜻이 쏠리어 향함.
지양(止揚)하다 : 어떤 것을 하지 않음.

독해

Part 05 논리 추론

Chapter 01 반드시 참인 명제
Chapter 02 빈칸에 들어갈 결론
Chapter 03 숨겨진 전제 추론

Chapter 01 반드시 참인 명제

출.좋.포 논리 추론 1 꼭 알아야 하는 명제의 논리 기호

기호화	뜻
p (긍정)	p이다
~p (부정)	p가 아니다(not p), p는 거짓이다.
~(~p) (이중 부정)	p이다
p ∧ q [연언(連言)]	어떤(some) - 특칭 p 그리고(또한), 그러나, 그런데, 그럼에도 불구하고 q
p ∨ q [선언(選言)]	p 혹은(이거나, 또는) q
p → q [조건문]	모든(All) - 전칭 p이면 반드시 q이다. 모든 p는 q이다.
p ≡ q [동치(쌍조건문)]	p는 q이기 위한 필요충분조건이다.

출.좋.포 논리 추론 2 역, 이 대우 관계

'p→q'가 참임을 가정할 때에		
	기호화	참의 여부
역의 관계	q → p	반드시 참이라고 보기는 어렵다.
이의 관계	~p → ~q	반드시 참이라고 보기는 어렵다.
대우 관계	~q → ~p	반드시 참이다.

출.좋.포 논리 추론 3 진리표

❶ 연언의 진리표(P ∧ Q)

'P 그리고(=그러나) Q'로 표현되는 연언문은 P와 Q 모두가 참이어야지만 P ∧ Q는 참이 된다. 하나라도 거짓이라면 P ∧ Q는 거짓이 된다.

P	Q	P ∧ Q
참	참	참
참	거짓	거짓
거짓	참	거짓
거짓	거짓	거짓

❷ 선언의 진리표(P ∨ Q)

'P 거나(또는) Q'로 표현되는 선언문은 P와 Q 둘 중 하나가 참이라면 P ∨ Q는 참이 된다. P와 Q 둘 다 거짓이면 P ∨ Q는 거짓이 된다.

P	Q	P ∨ Q
참	참	참
참	거짓	참
거짓	참	참
거짓	거짓	거짓

PART 5

보충자료 선언이 문제에 실질적으로 적용되는 경우

❶ 포괄적 선언문 : 둘 다 참임을 허용.
A와 B 가운데 적어도 하나는 참이다(성립한다). ⇒ A ∨ B

❷ 배타적 선언문 : 둘 중 하나만 참임.
A와 B 가운데 한 사람만 참이다. ⇒ (A ∧ ~B)∨(~A ∧ B)

❸ 조건 명제(단순 함축)의 진리표(P → Q)

P이면 반드시 Q이다.

P가 참이고 Q가 거짓일 때에만 P → Q가 거짓이 된다. (실제 세계의 참, 거짓에 대해 생각하면 안 된다. 논리학 내에서 참으로 본다고 받아들여야 한다.) 이를 제외한 나머지 경우에는 모두 참이 된다.

전제(P)	결론(Q)	전체 명제(P → Q)
참	참	참
	거짓	거짓
거짓	참	참
	거짓	참

출.좋.포 논리 추론 4 동치 규칙

❶ 대우 규칙[transposition]

: 전건과 후건을 부정한 뒤 순서를 교체하면 동치가 성립되는 규칙이다.

주의 대우 규칙은 조건문에만 적용되는 동치 규칙으로, 연언문과 선언문에는 적용되지 않음에 유의해야 한다.

동치 관계의 논리 기호		조건 명제의 예시
조건문	P → Q ≡ ~Q → ~P	시험공부를 열심히 하면, 시험에 합격한다. ≡ 시험에 합격하지 않으면, 시험공부를 열심히 하지 않았다.

❷ 교환 법칙[commutativity]

: 두 사건은 원인과 결과나 선후 관계를 나타내는 것이 아니므로
연언지, 선언지의 순서를 단순히 교체해도 동치를 이룬다.
P ∧ Q와 Q ∧ P는 서로 동치이다.
이러한 교환 법칙은 논리적 결합에서 일이 일어난 순서는 중요하지 않음을 보여 준다.

주의 교환 법칙은 연언문, 선언문에만 적용되며 조건문은 적용되지 않음에 유의해야 한다.
대신, 조건문은 대우 관계가 동치로 적용된다.

동치 관계의 논리 기호		조건 명제의 예시
연언	P ∧ Q ≡ Q ∧ P	커피를 마시고 신문을 본다. ≡ 신문을 보고 커피를 마신다.
선언	P ∨ Q ≡ Q ∨ P	그는 산책을 하거나 운동을 한다. ≡ 그는 운동을 하거나 산책을 한다.

❸ 결합 법칙[associativity]

: 아예 연언이거나 아예 선언이라면 괄호로 어떻게 묶든 진릿값이 동일하다는 규칙이다.

동치 관계의 논리 기호		조건 명제의 예시
연언	(P ∧ Q) ∧ R ≡ P ∧ (Q ∧ R)	(나는 공부를 하고 숙제를 끝내고) 그리고 시험 준비를 한다. ≡ 나는 공부를 하고 그리고 (숙제를 끝내고 시험 준비를 한다.)
선언	(P ∨ Q) ∨ R ≡ P ∨ (Q ∨ R)	(나는 영화를 보거나 책을 읽거나) 또는 산책을 한다. ≡ 나는 영화를 보거나 또는 (책을 읽거나 산책을 한다.)

❹ 드모르간 법칙[De Morgan's rule]

: ~(부정)이 뒤의 것들을 모두 반대로 뒤집는 법칙이다.

(주의) 드모르간의 법칙은 연언, 선언에서 일어나며 조건문에는 적용하면 안 된다.

예 ~(p → q) ≡ ~p → ~q(옳지 않음)

동치 관계의 논리 기호	반드시 참이려면
~(P ∧ Q) ≡ ~P ∨ ~Q	~P, ~Q 둘 중 하나는 참이어야 한다. ≡ P, Q 둘 중 하나는 거짓이어야 한다.
~(P ∨ Q) ≡ ~P ∧ ~Q	~P, ~Q 모두 참이어야 한다. ≡ P, Q 모두 거짓이어야 한다.
~(~P ∧ Q) ≡ P ∨ ~Q	P, ~Q 둘 중 하나는 참이어야 한다. ≡ ~P, Q 둘 중 하나는 거짓이어야 한다.
~(P ∨ ~Q) ≡ ~P ∧ Q	~P, Q 모두 참이어야 한다. ≡ P, ~Q 모두 거짓이어야 한다.

❺ 단순 함축[material implication]

: 조건문 'P → Q'를 '~(P∧~Q)'로 표현한 것을 단순 함축(실질 함축)이라고 한다.

동치 관계의 논리 기호	반드시 참이려면
P → Q ≡~(P ∧ ~Q) ≡~P ∨ Q	사과를 먹으면, 딸기를 먹는다. ≡ 사과를 먹지만, 딸기를 먹지 않는 경우는 없다. ≡ 사과를 먹지 않거나, 딸기를 먹는다.

✔ 단순 함축 야매 꼼수 가즈아

1) P → Q ≡ ❶ ________

2) P → ~ Q ≡ ❷ ________

3) ~P → Q ≡ ❸ ________

4) ~P → ~ Q ≡ ❹ ________

5) P ∨ Q ≡ ❺ ________

6) P ∨ ~ Q ≡ ❻ ________

7) ~ P ∨ Q ≡ ❼ ________

8) ~ P ∨ ~ Q ≡ ❽ ________

정답

❶ ~ P ∨ Q ❷ ~ P ∨ ~ Q ❸ P ∨ Q ❹ P ∨ ~ Q
❺ ~ P → Q ❻ ~ P → ~ Q ❼ P → Q ❽ P → ~ Q

❻ 강화의 법칙

: 'M → (P ∧ Q)'에서 (P ∧ Q)는 P와 Q가 동시에 참이라는 조건이다.
따라서, M → (P ∧ Q)가 참이라면 M → P, M → Q도 당연히 참이 된다.

동치 관계의 논리 기호	조건 명제의 예시
M → (P ∧ Q)가 참이라면 M → P, M → Q도 당연히 참이다.	'직장에 출근하면, 업무를 수행하고 회의에 참석한다.'가 참이라면 '직장에 출근하면 업무를 수행한다.'와 '직장에 출근하면, 회의에 참석한다.'도 당연히 참이다.

주의 동치가 아닌 경우

동치 관계의 논리 기호	조건 명제의 예시
(P ∧ Q) → M가 참이어도 P → M, Q → M이 반드시 참이라고 보기 어렵다.(판단 불가)	'불이 켜지고 전원이 연결되면 장비가 작동한다.'가 참이어도 '불이 켜지면 장비가 작동한다.'와 '전원이 연결되면 장비가 작동한다.'는 참이라고 보기 어렵다. (판단 불가)

출.좋.포 논리 추론 5 함축 규칙

❶ 전건 긍정식 (제거)[modus ponens]

: 참인 조건문이 있을 때, 전건이 참이면 후건도 참이라는 결론을 도출하는 규칙이다.

전제가 참	P → Q	물을 많이 마시면, 피부가 좋아진다.
	P	물을 많이 마신다.
결론	Q	∴ 피부가 좋아진다.

(주의) 후건 긍정의 오류

다만, 이때, 후건을 긍정한다고 해서 반드시 참인 결론을 도출할 수는 없다.
(역의 관계는 반드시 참이라고 볼 수 없다.)

전제가 참	P → Q	물을 많이 마시면, 피부가 좋아진다.
	Q	피부가 좋아진다.
결론	P	∴ 물을 많이 마신다. (판단 불가)

❷ 후건 부정식[modus tollens]

: 참인 조건문이 있을 때, 후건을 부정하면 전건의 부정도 참이라는 결론을 도출하는 규칙이다.
(대우 관계를 떠올리면 더 쉽다.)

전제가 참	P → Q	물을 많이 마시면, 피부가 좋아진다.
	~ Q	피부가 좋아지지 않는다.
결론	~ P	∴ 물을 마시지 않았을 것이다.

(주의) 전건 부정의 오류

다만, 이때, 전건을 부정한다고 해서 반드시 참인 결론을 도출할 수는 없다.
(이의 관계는 반드시 참이라고 볼 수 없다.)

전제가 참	P → Q	물을 많이 마시면, 피부가 좋아진다.
	~ P	물을 많이 마시지 않는다.
결론	~ Q	∴ 피부가 좋아지지 않을 것이다. (판단 불가)

❸ 가언 삼단 논법[hypothetical syllogism]

: 조건문을 연쇄적으로 이어 반드시 참인 결론을 도출하는 규칙이다.

전제가 참	P → Q	물을 많이 마시면, 피부가 좋아진다.
	Q → R	피부가 좋아지면, 사진이 잘 나온다.
결론	P → R	∴물을 많이 마시면, 사진이 잘 나온다.

❹ 연언지 단순화 (제거) [simplification]

: 연언문 'P ∧ Q'가 참이라면 각각 P와 Q 모두 참이라는 결론을 도출하는 규칙이다.

전제가 참	P ∧ Q	그는 책을 읽고 음악을 듣는다.
	P도 참	그는 책을 읽는다.
결론	Q도 참	그는 음악을 듣는다.

❺ 선언적 삼단 논법 (선언지 제거법) [disjunctive syllogism]

: 두 개의 전제 중 하나가 부정되어 나머지 하나가 참이라는 결론을 도출하는 규칙이다.
단, 두 개의 전제 중 하나가 긍정되면 나머지 하나가 참인지 거짓인지 알 수 없다.
따라서 선언문의 경우에는 하나의 전제가 부정될 때 의미가 있다.

전제가 참	P ∨ Q	민수는 축구를 하거나 농구를 한다.
	~ P	민수는 축구를 하지 않는다.
결론	Q	민수는 농구를 한다.

(주의) 선언지 긍정의 오류

다만, 논증에서 쓰이는 선언문은 따로 언급이 없으면 포괄적 선언문이기 때문에,
선언지 중 하나를 긍정한다고 해서 나머지가 부정되지는 않는다.

전제가 참	P ∨ Q	민수는 축구를 하거나 농구를 한다.
	P	민수는 축구를 한다.
결론	~Q	민수는 농구를 하지 않는다. (판단 불가)

뇌에 족적을 남기는 노트 논리 추론 유형 1

01 다음 명제가 모두 참일 때, 항상 참인 것은?

- 떡볶이를 좋아하는 공무원은 찌개도 좋아한다.
- 치킨을 좋아하지 않는 공무원은 찌개도 좋아하지 않는다.
- 치킨을 좋아하는 공무원은 불고기를 좋아하지 않는다.
- 탕수육을 좋아하지 않는 공무원은 불고기를 좋아한다.

① 떡볶이를 좋아하지 않는 공무원은 찌개도 좋아하지 않는다.
② 탕수육을 좋아하지 않는 공무원은 찌개를 좋아한다.
③ 떡볶이를 좋아하는 공무원은 불고기도 좋아한다.
④ 불고기를 좋아하는 공무원은 찌개를 좋아하지 않는다.

혜선 쌤의 논리추론 시각화 1

○ 떡볶이 → 찌개 ≡ ~찌개 → ~떡볶이
○ ~치킨 → ~찌개 ≡ 찌개 → 치킨
○ 치킨 → ~불고기 ≡ 불고기 → ~치킨
○ ~탕수육 → 불고기 ≡ ~불고기 → 탕수육

혜선 쌤의 속닥속닥

정답 불고기 → ~치킨 → ~찌개

오답패턴

① 판단 불가의 오류
②, ③ 반대의 오류

논리 추론 유형 정답 및 해설

세 번째 조건의 대우명제에 의해 '불고기 → ~치킨'이고, 두 번째 조건에 의해 '~치킨 → ~찌개'이므로 두 명제를 연결하면 '불고기 → ~찌개'가 도출된다. 따라서 불고기를 좋아하는 공무원은 찌개를 좋아하지 않는다.

오답풀이

①은 '~떡볶이 → ~찌개'로 기호화할 수 있다. 하지만 이는 첫 번째 조건 '떡볶이 → 찌개'의 이명제이다. 따라서 이 명제의 참, 거짓을 정확하게 판별하는 것은 불가능하다.
② 네 번째 조건에 의해 '~탕수육 → 불고기'이고 세 번째 조건의 대우명제에 의해 '불고기 → ~치킨'이며 두 번째 조건에 의해 '~치킨 → ~찌개'이므로 세 명제를 순서대로 연결하면 '~탕수육 → ~찌개'가 도출된다. 따라서 탕수육을 좋아하지 않는 공무원은 찌개도 좋아하지 않는다.
③ 첫 번째 조건에 의해 '떡볶이 → 찌개'이고 두 번째 조건의 대우명제에 의해 '찌개 → 치킨'이며 세 번째 명제에 의해 '치킨 → ~불고기'이므로 세 명제를 순서대로 연결하면 '떡볶이 → ~불고기'가 도출된다. 따라서 떡볶이를 좋아하는 공무원은 불고기를 좋아하지 않는다.

▶ ④

뇌에 족적을 남기는 노트 논리 추론 유형 2

02 다음 진술이 모두 참일 때, 반드시 참인 것은?

> • D가 민원 처리를 하면 C도 민원 처리를 한다.
> • A가 민원 처리를 하면 B는 민원 처리를 하지 않는다.
> • C 또는 D가 민원 처리를 하면 B도 민원 처리를 한다.

① B가 민원 처리를 하면 A도 민원 처리를 한다.
② C가 민원 처리를 하면 A도 민원 처리를 한다.
③ B가 민원 처리를 하지 않을 때 C는 민원 처리를 할 수도 있다.
④ A가 민원 처리를 하면 B, C, D 모두 민원 처리를 하지 않는다.

○ D → C ≡ ~C → ~D
○ A → ~B ≡ B → ~A
○ (C ∨ D) → B ≡ ~B → (~C ∧ ~D)

혜선 쌤의 속닥속닥

정답 'A → ~B'와 '~B → (~C ∧ ~D)'를 통해 A가 민원 처리를 하면 B, C, D 모두 민원 처리를 하지 않음을 알 수 있다.

오답패턴

①, ②, ③ 반대의 오류

논리 추론 유형 정답 및 해설

두 번째 조건에 의해 'A → ~B'이고 세 번째 조건의 대우명제에 의해 '~B → (~C ∧ ~D)'이므로 A가 민원 처리를 하면 B가 민원 처리를 하지 않고, B가 민원 처리를 하지 않으면 C와 D가 모두 민원 처리를 하지 않는다. 따라서 A가 민원 처리를 하면 B, C, D가 모두 민원 처리를 하지 않는다.

오답풀이

① 두 번째 조건의 대우명제에 의해 'B → ~A'이므로 B가 민원 처리를 하면 A는 민원 처리를 하지 않는다.
② C가 민원 처리를 하면 세 번째 조건 '(C ∨ D) → B'에 의해 'C → B'를 도출할 수 있다. 두 번째 조건의 대우명제에 의해 'B → ~A'이므로 C가 민원 처리를 하면 B도 민원 처리를 하고, B가 민원 처리를 하면 A는 민원 처리를 하지 않는다. 따라서 C가 민원 처리를 하면 A는 민원 처리를 하지 않는다.
③ 세 번째 조건의 대우명제에 의해 '~B → (~C ∧ ~D)'이므로 B가 민원 처리를 하지 않으면 C와 D가 모두 민원 처리를 하지 않는다. 따라서 B가 민원 처리를 하지 않을 때 C가 민원 처리를 할 수는 없다.

▶ ④

뇌에 족적을 남기는 노트 논리 추론 유형 3

03 다음 명제가 모두 참일 때, 항상 참인 것은?

> • B가 회의에 참석하지 않으면 D는 회의에 참석한다.
> • A 또는 C가 회의에 참석하면 D가 참석하지 않는다.
> • E가 회의에 참석하지 않으면 C도 회의에 참석하지 않는다.

① A가 회의에 참석하면 C도 회의에 참석한다.
② A가 회의에 참석하지 않으면 D 또는 E가 회의에 참석한다.
③ B가 회의에 참석하지 않으면 A가 회의에 참석한다.
④ D가 회의에 참석하면 E는 회의에 참석하지 않는다.

혜선 쌤의 논리추론 시각화 3

○ ~B → D ≡ ~D → B
○ (A ∨ ⓒ) → ~D ≡ D → (~ A ∧ ~C)
○ ~E → ~C ≡ ⓒ → E

혜선 쌤의 속닥속닥

정답 A가 회의에 참석하지 않으면 D는 참석하지 않지만 E는 참석한다.

오답패턴

①, ④ 판단 불가의 오류
③ 반대의 오류

논리 추론 유형 정답 및 해설

②에서 A가 참석하지 않는다고 했다. 따라서 두 번째 명제 '(A ∨ C) → ~D'에 의해 C는 반드시 참석함을 알 수 있다. 따라서 'C → ~D'이므로 D는 참석하지 않음을 알 수 있다. 또한 세 번째 명제의 'C → E'에 따라서 E는 참석함을 알 수 있다. 따라서 A가 회의에 참석하지 않으면 D는 참석하지 않지만 E는 참석하므로 'A가 회의에 참석하지 않으면 D 또는 E가 회의에 참석한다.'는 항상 참임을 알 수 있다.

오답풀이

① 두 번째 조건에 의해 '(A ∨ C) → ~D'이기는 하지만 A가 참석한다고 C도 회의에 참석한다고 판단하기 어려우므로 'A → C'는 항상 참이라고 보기 어렵다.
③ 첫 번째 조건에 의해 '~B → D'이고 두 번째 조건의 대우명제에 의해 'D → (~A ∧ ~C)'이므로 '~B → ~A'를 도출할 수 있다. 따라서 B가 회의에 참석하지 않으면 A도 회의에 참석하지 않는다.
④ 두 번째 조건의 대우명제에 의해 'D → (~A ∧ ~C)'이므로 D가 회의에 참석하면 A도 참석하지 않고, C도 참석하지 않음을 알 수 있다. 세 번째 조건의 명제를 연결하려고 해도 '~E → ~C'일 뿐이므로 ④이 항상 참이라고 보기 어렵다.

▶ ②

뇌에 족적을 남기는 노트 논리 추론 유형 4

04 ㉠~㉣이 모두 참일 경우, 반드시 시청되는 영화는?

> ㉠ <타이타닉>이 시청되면 <어벤저스>와 <아이언맨>이 시청된다.
> ㉡ <스파이더맨>이 시청되면 <조커>와 <슈퍼맨>이 시청된다.
> ㉢ <슈퍼맨>이 시청되면 <아이언맨>이 시청된다.
> ㉣ <타이타닉>이나 <스파이더맨>이 시청된다.

① 〈타이타닉〉
② 〈아이언맨〉
③ 〈슈퍼맨〉
④ 〈스파이더맨〉

혜선 쌤의 논리추론 시각화 4

㉠ 타이타닉 → (어벤저스 ∧ 아이언맨)
≡ (~어벤저스 ∨ ~아이언맨) → ~타이타닉
㉡ 스파이더맨 → (조커 ∧ 슈퍼맨)
≡ (~조커 ∨ ~슈퍼맨) → ~스파이더맨
㉢ 슈퍼맨 → 아이언맨 ≡ ~아이언맨 → ~슈퍼맨
㉣ 타이타닉 ∨ 스파이더맨

정답 ㉣에 따라 경우의 수를 나눠서 보아야 한다!

논리 추론 유형 정답 및 해설

㉣을 이용하여 타이타닉이 시청되는 경우와 스파이더맨이 시청되는 경우로 분류할 수 있다.

(1) 타이타닉을 보는 경우
㉠에 의해, '어벤저스 ∧ 아이언맨'이 도출된다. 따라서 이 경우 시청되는 영화는 〈타이타닉〉, 〈어벤저스〉, 〈아이언맨〉이다.

(2) 스파이더맨을 보는 경우
㉡에 의해, '조커 ∧ 슈퍼맨'이 도출되고, 이 경우 '슈퍼맨'이 만족되므로 ㉢에 의해 '아이언맨'이 도출된다. 따라서 이 경우 시청되는 영화는 〈스파이더맨〉, 〈조커〉, 〈슈퍼맨〉, 〈아이언맨〉이다.

(1)과 (2)에 의해 반드시 시청되는 영화는 두 경우 모두에서 시청되는 〈아이언맨〉이다.

▶ ②

뇌에 족적을 남기는 노트 논리 추론 유형 5

05 한 도시에서 바이러스 감염자 A가 접촉한 사람을 추적하고 있다. A가 접촉한 사람은 모두 감염된 것으로 간주할 때, 갑, 을, 병, 정, 무 중에서 A가 접촉한 사람의 수는 몇 명인가?

- 갑을 만나지 않았으면 병 또는 정도 만나지 않았다.
- 을을 만났으면 정도 만났다.
- 을을 만난 것은 이미 확인되었다.
- 을을 만났으면 무를 만나지 않았다.
- 병을 만나지 않았으면 무를 만났다.

① 1명　② 2명
③ 3명　④ 4명

혜선 쌤의 논리추론 시각화 5

○ 을을 만난 것은 이미 확인되었다.
○ 을을 만났으면 무를 만나지 않았다.

	갑	을	병	정	무
만남		○			×

○ 을을 만났으면 정도 만났다.

(1)	갑	을	병	정	무
만남		○		○	×

○ 병을 만나지 않았으면 무를 만났다.
: 대우명제는 '무를 만나지 않았으면 병을 만났다.'이다. 무를 만나지 않았으므로 병을 만났다.

(1)	갑	을	병	정	무
만남		○	○	○	×

○ 갑을 만나지 않았으면 병 또는 정도 만나지 않았다.
: 대우명제는 '병과 정을 만났으면 갑도 만났다.'이다. 병과 정을 모두 만났으므로 갑도 만났다.

(1)	갑	을	병	정	무
만남	○	○	○	○	×

따라서 A가 만난 공범은 갑, 을, 병, 정으로 4명이다.

논리 추론 유형 정답 및 해설

조건에 따라 표를 그려가며 해결한다. 확실한 정보부터 표에 표시하면서 찾는다. 조건을 순서대로 따라가기보다는 확실한 정보를 주는 조건부터 시작해서 그 조건과 연계되는 조건을 따라가는 순서로 표에 표시하며 찾아간다.

▶ ④

출.좋.포 논리 추론 6 충분조건, 필요조건

기호화	명칭	뜻
p → q	전건 - 충분조건(좁) 후건 - 필요조건(넓)	p이면 반드시 q이다. 모든 p는 q이다.

❶ 충분조건

: 충분조건은 전건이 성립하면 후건이 반드시 참이라는 뜻이다.
충분조건은 'P → Q'로 표현할 수 있는데, 전건 P가 있다면 후건 Q는 반드시 참이라는 것이다.
이때 주의해야 할 점은 Q가 참이라고 해서 P가 참임을 보장할 수는 없다는 것이다.
또한 전건 P가 참이 아니라면 후건 Q는 참일 수도 있고 참이 아닐 수도 있다.

합격하면 노력한 것이다.

합격은 노력의 충분조건이다.

합격을 하기 위해서는 노력을 해야 한다.

논리 기호화	합격 → 노력
의미	합격한 사람들을 인터뷰한 결과, 전부 100% 노력을 했음이 드러났다. 하지만 노력한다고 해서 반드시 합격하는 것은 아니었다. 합격의 필수 조건에는 노력뿐만 아니라 운, 전략, 체력 등이 더 있을 수 있기 때문이다.

❷ 필요조건

: 필요조건은 충분조건이 성립하기 위해 반드시 필요한 조건, 즉 필수 조건을 의미한다.
즉, 어떤 일이 일어나기 위해 꼭 있어야 하는 필수적인 조건이므로
적어도 이 조건이 없으면 결과가 성립할 수 없다는 뜻이다.

노력해야만 합격할 수 있다.

노력은 합격의 필요조건이다.

합격하려면 노력해야 한다.

논리 기호화	합격 → 노력
의미	노력이라는 필수 조건이 성립이 되어야 합격이 가능하다. 하지만 노력이라는 필수 조건이 성립이 된다고 해서 반드시 합격하는 것은 아니다. 합격의 필수 조건에는 노력뿐만 아니라 운, 전략, 체력 등이 더 있을 수 있기 때문이다.

뇌에 족적을 남기는 노트 논리 추론 유형 1

01 다음 진술이 모두 참일 때, 반드시 참인 것은?

- 운동을 규칙적으로 하는 것은 체력을 기르기 위한 필요조건이다.
- 체온이 38도 이상인 것은 열이 있다고 판단하기 위한 충분조건이다.
- 열이 있으면서 체력을 기르는 사람은 존재하지 않는다.

① 운동을 규칙적으로 하는 사람은 모두 체력을 기른다.
② 운동을 규칙적으로 하기 위해서는 체력을 길러야 한다.
③ 체온이 30도인 사람은 모두 열이 없다고 판단된다.
④ 체온이 40도인 사람은 모두 체력을 기르지 못한다.

혜선 쌤의 논리추론 시각화 1

○ 체력 → 운동 ≡ ~운동 → ~체력
○ 38도 이상 → 열 ≡ ~열 → ~38도 이상
○ ~(열 ∧ 체력) ≡ ~열 ∨ ~체력 ≡ 열 → ~체력

혜선 쌤의 속닥속닥

1단계 : 화살표는 고정한다.
2단계 : 왼쪽은 충분조건, 오른쪽은 필요조건
3단계 : 필요조건(필수 조건)을 찾아 오른쪽에 둔다.

논리 추론 유형 정답 및 해설

두 번째 조건에 의해 '38도 이상 → 열'이고 세 번째 조건에 의해 '열 → ~체력이므로 두 명제를 연결하면 '38도 이상 → ~체력'이다. 따라서 체온이 40도인 사람은 모두 체력을 기르지 못한다.

오답풀이

①, ②은 '운동 → 체력'으로 첫 번째 조건의 역명제이다. 따라서 참, 거짓을 정확하게 판단하는 것이 불가능하므로 반드시 참인 명제라 할 수 없다.
③이 참이기 위해서는 '~38도 이상 → ~열'이 성립해야 하는데 이 명제는 두 번째 조건의 이명제이다. 따라서 참, 거짓을 정확하게 판단하는 것이 불가능하므로 반드시 참인 명제라 할 수 없다.

▶ ④

뇌에 쪽쪽을 남기는 노트 논리 추론 유형 2

02 다음 진술이 모두 참일 때 반드시 참인 것은?

> • 체력검사에서 50점 이상을 받는 것은 최종 선발 기준을 충족하기 위한 충분조건이다.
> • 자본금을 보유하는 것은 회사를 설립하기 위한 필요조건이다.

① 자본금을 보유한 사람은 회사를 설립한다.
② 자본금을 보유해야만 회사를 설립할 수 있다.
③ 최종 선발 기준을 충족한 사람은 체력검사에서 50점 이상을 받았다.
④ 체력검사에서 40점을 받고 최종 선발 기준을 충족한 사람은 없다.

혜선 쌤의 논리추론 시각화 2

진술 1) 50점 이상 → 최종 선발 기준 충족
진술 2) 회사 설립 → 자본금 보유

혜선 쌤의 속닥속닥

1단계: 화살표는 고정한다.
2단계: 왼쪽은 충분조건, 오른쪽은 필요조건
3단계: 필요조건(필수 조건)을 찾아 오른쪽에 둔다.

논리 추론 유형 정답 및 해설

'자본금을 보유해야만'이라는 것은 '자본금 보유'가 회사 설립의 필수 조건(필요조건)임을 알 수 있다. 따라서 이는 '회사 설립 → 자본금 보유'임을 알 수 있다.

오답풀이

①은 '자본금 보유 → 회사 설립'으로 표현할 수 있는데 이는 진술 2의 역의 명제에 해당하므로 반드시 참이라고 보기는 어렵다.
③은 '최종 선발 기준 충족 → 50점 이상'으로 표현할 수 있는데 이는 진술 1의 역의 명제에 해당하므로 반드시 참이라고 보기는 어렵다.
④은 '~50점 이상 → ~최종 선발 기준 충족'으로 표현할 수 있는데 이는 진술 1의 이의 명제에 해당하므로 반드시 참이라고 보기는 어렵다.

▶ ②

뇌에 족적을 남기는 노트 논리 추론 유형 3

03 다음 글의 ㉠과 ㉡에 대한 평가로 올바른 것은? 2025 인사처 2차 샘플

> 기업의 마케팅 프로젝트를 평가할 때는 유행지각, 깊은 사고, 협업을 살펴본다. 유행지각은 유행과 같은 새로운 정보를 반영했느냐, 깊은 사고는 마케팅 데이터의 상관관계를 분석해서 최적의 해결책을 찾아내었느냐, 협업은 일하는 사람들이 해결책을 공유하며 성과를 창출했느냐를 따진다. ㉠ 이 세 요소 모두에서 목표를 달성하는 것은 마케팅 프로젝트가 성공적이기 위해 필수적이다. 하지만 ㉡ 이 세 요소 모두에서 목표를 달성했다고 해서 마케팅 프로젝트가 성공한 것은 아니다.

① 지금까지 성공한 프로젝트가 유행지각, 깊은 사고 그리고 협업 모두에서 목표를 달성했다면, ㉠은 강화된다.
② 성공하지 못한 프로젝트 중 유행지각, 깊은 사고 그리고 협업 중 하나 이상에서 목표를 달성하는 데 실패한 사례가 있다면, ㉠은 약화된다.
③ 유행지각, 깊은 사고 그리고 협업 중 하나 이상에서 목표를 달성하는 데 실패했지만 성공한 프로젝트가 있다면, ㉡은 강화된다.
④ 유행지각, 깊은 사고 그리고 협업 모두에서 목표를 달성했지만 성공하지 못한 프로젝트가 있다면, ㉡은 약화된다.

혜선 쌤의 논리추론 시각화 3

㉠ 성공 → 세 요소 모두
㉡ ~ (세 요소 모두 → 성공)

혜선 쌤의 속닥속닥

'강화, 약화' 문제이므로
선지를 논리기호로 풀려고 하지 않는 것이
문제를 푸는 데에는
훨씬 수월하다.

어려울 때에는
스스로 강화, 약화 사례를
먼저 생각한 후에 선지를 판단하는 것이 좋다.

논리 추론 유형 정답 및 해설

㉠은 '세 요소 모두'가 '성공'에 필수적인 조건임을 드러내고 있다. 즉, '세 요소 모두'는 성공의 필요 조건이므로 논리 기호로 표현하면 '성공 → 세 요소 모두'로 표시 가능하다. ①에서는 성공한 프로젝트들은 모두 세 요소가 만족이 되었다고 말하고 있으므로 세 요소는 '성공'의 필수 조건임을 드러내고 있다. 따라서 이는 ㉠을 강화한다고 볼 수 있다.

오답풀이

② 성공하지 못한 프로젝트가 있다면 필수 조건인 세 요소가 다 만족되지 않았음을 나타내는 것이다. 따라서 이 사례는 ㉠을 강화하는 것이지, 약화하는 것이 아니므로 적절하지 않다.
③ ㉡은 '세 요소'가 달성되었다고 해서 '성공'을 보장할 수 없다고 하고 있다. 즉, 세 요소는 성공의 충분조건이 아니라는 것으로 이는 세 요소는 성공의 충분한 조건이라는 것을 보장할 수 없음을 드러낸다. 세 요소 말고도 다른 제3의 요소가 성공의 요소로 작용할 수 있기 때문이다. 하지만 이 사례는 세 요소가 모두 달성이 안되어도 성공되었음을 나타내고 있으므로 아예 세 요소가 달성된다는 전제를 하고 있는 ㉡의 초점에 어긋나므로 ㉡을 강화한다고 보기 어렵다. 만약 ㉡을 강화하려면 '세 요소를 만족하였으나 다른 부분에 변수가 되어 마케팅이 실패하였다' 정도의 사례가 나와줘야 한다.
④ '유행지각, 깊은 사고 그리고 협업 모두에서 목표를 달성했지만 성공하지 못한 프로젝트가 있다'면 ㉡은 강화되는 것이지 약화되는 것은 아니므로 이 선지는 옳지 않다.

▶ ①

Chapter 02 빈칸에 들어갈 결론

출.좋.포 논리 추론 7 정언 삼단 논법

❶ 정언 삼단 논법이란?

정언 삼단 논법이란 대전제와 소전제를 통해 타당한 결론을 도출하는 논법이다.

❷ 정언 삼단 논법의 타당성을 도출하는 방법

매개념이 유의미하게 쓰이려면 최소 1번 주연되어야 한다.
: 주연(Distributed)이란 어떤 개념이 전체를 다룬다는 뜻으로 "모든"처럼 전체를 다루거나, "아니다"처럼 특정 부분을 분명하게 배제하여 확실하게 범위를 정할 때 주연이라고 한다.
매개념이 최소 1번은 주연되어야 반드시 참인 명제가 나올 수 있는데
만약 주연되지 않으면 중간 연결이 헐거워진 상태가 되어 결론을 도출하는 데 문제가 생긴다.

※ 매개념이 유의미하게 쓰이는 경우

① 전칭 명제에서 주어가 주연됨

명제		논리 기호화
전제 1	어떤 식물은 나무이다.	식물 ∧ 나무(≡ 나무 ∧ 식물)
전제 2	모든 나무는 꽃이 아니다. (매개념 "나무"가 전칭으로 주연됨)	나무 → ~꽃
결론	어떤 식물은 꽃이 아니다. (타당함)	식물 ∧ ~꽃 (≡ ~꽃 ∧ 식물)(타당함)

② 부정 명제에서 술어가 주연됨.

명제		논리 기호화
전제 1	어떤 나무는 식물이 아니다.	나무 ∧ 식물 (≡ 식물 ∧ 나무)
전제 2	모든 꽃은 나무가 아니다. (매개념 "나무"가 부정으로 주연됨)	꽃 → ~나무 (≡ 나무 → ~꽃)
결론	어떤 식물은 꽃이 아니다. (타당함)	~꽃 ∧ 식물 (≡ 식물 ∧ ~꽃)(타당함)

출.좋.포 논리 추론 8 정언 명제의 4가지 표준 형식에서 벗어나는 경우

① 그것이 개구리라면, 그것(개구리)은 멀리 뛴다.
≡ 모든 개구리는 멀리 뛴다. (A) 전칭 긍정

② 그것이 포유류라면, 그것은 아가미로 호흡할 수 없다.
≡ 모든 포유류는 아가미로 호흡할 수 없다. (E) 전칭 부정

③ 장미는 꽃이다.
≡ 모든 장미는 꽃이다. (A) 전칭 긍정

④ 어느 누구도 완벽하지 않다.
≡ 모든 사람은 완벽하지 않다. (E) 전칭 부정

⑤ 성인들만 이 영화를 관람할 수 있다.
≡ 이 영화를 관람할 수 있는 모든 사람은 성인들이다.
≡ 모든 성인이 아닌 사람들은 이 영화를 관람할 수 없다. (A) 전칭 긍정

⑥ 오직 직원들만 회의에 참석했다.
≡ 회의에 참석한 모든 사람들은 직원들이다. (A) 전칭 긍정

⑦ 몇몇 고양이들만이 검정색이다.
≡ 어떤 고양이들은 검정색이다. (I) 특칭 긍정

⑧ 일부 나무에는 열매가 열린다.
≡ 어떤 나무에는 열매가 열린다. (I) 특칭 긍정

⑨ 일부 도서관에는 고서적이 있다.
≡ 어떤 고서적은 도서관에 있다. (I) 특칭 긍정

⑩ 직원들 중에서 외국어를 할 수 있는 사람이 있다.
≡ 어떤 직원들은 외국어를 한다. (I) 특칭 긍정

⑪ 모험을 즐기는 사람들이 있다.
≡ 어떤 사람들은 모험을 즐긴다. (I) 특칭 긍정

⑫ 파티에 참여하지 못한 사람들이 있다.
≡ 어떤 사람들은 파티에 참여하지 못했다. (O) 특칭 부정

⑬ 예쁘다고 해서 무조건 착한 것은 아니다.
≡ 어떤 예쁜 사람들은 착하지 않다. (O) 특칭 부정

⑭ 모든 아파트가 고층인 것은 아니다.
≡ 어떤 아파트는 고층이 아니다. (O) 특칭 부정

⑮ 비싸면서 실용적인 것은 없다.
≡ 비싼 것들은 모두 실용적이지 않다. (E) 전칭 부정

⑯ 비싸지 않지만 실용적인 것은 없다.
≡ 실용적인 것은 모두 비싸다. (A) 전칭 긍정

⑰ 귀여운 소녀가 있다.
≡ 어떤 소녀는 귀엽다.
≡ 어떤 귀여운 것은 소녀이다. (I) 특칭 긍정

⑱ 귀엽지 않은 소녀가 있다.
≡ 어떤 소녀는 귀엽지 않다.
≡ 어떤 귀엽지 않은 것은 소녀이다. (O) 특칭 부정

⑲ 떡볶이를 좋아하지 않는 어떤 사람도 치킨을 좋아하지 않는다.
≡ 떡볶이를 좋아하지 않는 모든 사람은 치킨을 좋아하지 않는다.
≡ 치킨을 좋아하는 모든 사람은 떡볶이를 좋아한다. (A) 전칭 긍정

⑳ 떡볶이를 좋아하는 사람 중 아무도 치킨을 좋아하지 않는다.
≡ 떡볶이를 좋아하는 모든 사람은 치킨을 좋아하지 않는다. (E) 전칭 부정

뇌에 족적을 남기는 노트 논리 추론 유형 1

01 (가), (나)를 전제로 할 때, 빈칸에 들어갈 결론으로 적절한 것은?

> (가) 영화를 자주 보는 어떤 사람은 상상력이 뛰어나다.
> (나) 상상력이 뛰어난 모든 사람은 분석적이다.
> 따라서 [　　　　　　　　].

① 영화를 자주 보지 않는 어떤 사람도 상상력이 뛰어나지 않다.
② 상상력이 뛰어나지 않는 어떤 사람도 분석적이지 않다.
③ 분석적인 모든 사람은 영화를 자주 본다.
④ 분석적인 어떤 사람은 영화를 자주 본다.

혜선 쌤의 논리추론 시각화 1

(가) 영화 ∧ 상상력
(나) 상상력 → 분석적

혜선 쌤의 속닥속닥

"상상력"을 매개항으로 잡아서
∴ (영화 ∧ 상상력) → 분석적
∴ 영화 ∧ 분석적 ≡ 분석적 ∧ 영화

논리 추론 유형 정답 및 해설

(가)에서 '영화 ∧ 상상력'이고 (나)에서 '상상력 → 분석적'이므로 영화를 자주 보면서 상상력이 뛰어난 사람이 존재하고 이 사람은 분석적인 사람이라는 결론을 내릴 수 있다. 즉, '분석적 ∧ 영화'이므로 분석적인 어떤 사람은 영화를 자주 본다고 할 수 있다.

오답풀이

①은 "어떤"과 "도"를 통해 전칭 명제임을 알 수 있다. 따라서 '~영화 → ~상상력(≡ 상상력 → 영화)'임을 알 수 있다. 다만, (가) '영화 ∧ 상상력'에서 '상상력 → 영화'를 도출할 수 없으므로 적절하지 않다.

②는 "어떤"과 "도"를 통해 전칭 명제임을 알 수 있다. 따라서 '~상상력 → ~분석적(≡ 분석적 → 상상력)'임을 알 수 있다. 다만, ②의 대우인 '분석적 → 상상력'은 (나) '상상력 → 분석적'의 역명제이므로 적절하지 않다.

③, ④에서와 같이 '분석적 ∧ 영화'를 도출하는 것은 가능하나 이를 통해 '분석적 → 영화'를 도출하는 것은 불가능하다.

▶ ④

뇌에 족적을 남기는 노트 논리 추론 유형 2

02 (가)~(나)를 전제로 할 때, 빈칸에 들어갈 결론으로 적절한 것은?

> (가) 모든 물고기는 물속에서 산다.
> (나) 어떤 생물은 물속에서 살지 않는다.
> 따라서 [　　　　　　　　　　].

① 어떤 생물은 물고기이다.
② 모든 물고기는 생물이다.
③ 어떤 물고기는 물속에서 살지 않는다.
④ 물속에서 살지 않는 생물은 물고기가 아니다.

혜선 쌤의 논리추론 시각화 2

(가) 물고기 → 물속 ≡ ~물속 → ~물고기
(나) 생물 ∧ ~물속

혜선 쌤의 속닥속닥

'~물속'을 매개항으로 잡아서
∴ (생물 ∧ ~물속) → ~물고기
≡ (~물속 ∧ 생물) → ~물고기

논리 추론 유형 정답 및 해설

(가)의 대우명제 '~물속 → ~물고기'와 (나)의 '생물 ∧ ~물속'에서 공통되는 매개념 '~물속'이 전칭의 주어에 있으므로 연결이 가능하다. 따라서 '(생물 ∧ ~물속) → ~물고기 ≡ (~물속 ∧ 생물) → ~물고기'는 참이므로 '물속에서 살지 않는 생물은 물고기가 아니다.'가 빈칸에 들어갈 결론으로 적절하다.

오답풀이

① (가)와 (나)로 '생물 ∧ ~물고기'라는 결론을 도출할 수 있지만 그렇다고 해서 '생물 ∧ 물고기'가 반드시 참이라는 보장이 없으므로 빈칸에 들어갈 결론으로 적절하지 않다.
② (가)와 (나)로 '생물 ∧ ~물고기'라는 결론을 도출할 수 있지만 그렇다고 해서 '물고기 → 생물'이 반드시 참이라는 보장이 없으므로 빈칸에 들어갈 결론으로 적절하지 않다.
③은 '물고기 ∧ ~물속'으로 (가)를 부정하는 반례이다. 따라서 전제 (가)에 의해 거짓임을 알 수 있는 명제이다.

▶ ④

뇌에 족적을 남기는 노트 논리 추론 유형 ③

03 (가)~(나)를 전제로 할 때, 빈칸에 들어갈 결론으로 적절한 것은?

> (가) 모든 고양이는 동물이다.
> (나) 모든 고양이가 포식자인 것은 아니다.
> (고양이라고 해서 반드시 포식자인 것은 아니다.)
> 따라서 [   ].

① 어떤 동물은 포식자이다.
② 어떤 동물은 고양이가 아니다.
③ 어떤 동물은 포식자가 아니다.
④ 어떤 고양이는 포식자이다.

혜선 쌤의 논리추론 시각화 ③

(가) 고양이 → 동물
(나) 고양이 ∧ ~포식자

혜선 쌤의 속닥속닥

(나) 모든 고양이가 포식자인 것은 아니다
≡ 고양이 ∧ ~포식자 ≡ ~포식자 ∧ 고양이

논리 추론 유형 정답 및 해설

(가)의 '고양이 → 동물'과 (나)의 '고양이 ∧ ~포식자'에서 공통되는 매개념 '고양이'가 전칭의 주어에 있으므로 연결이 가능하다. 따라서 둘을 연결하면 '동물 ∧ ~포식자'로 결론을 내릴 수 있으므로 '어떤 동물은 포식자가 아니다.'가 빈칸에 들어갈 결론으로 적절하다.

오답풀이

① (가)와 (나)로 '동물 ∧ ~포식자'라는 결론을 도출할 수 있지만 그렇다고 해서 '동물 ∧ 포식자'가 반드시 참이라는 보장이 없으므로 빈칸에 들어갈 결론으로 적절하지 않다.
② (가)와 (나)로 '동물 ∧ ~포식자'라는 결론을 도출할 수 있지만 그렇다고 해서 '동물 ∧ ~ 고양이'가 반드시 참이라는 보장이 없으므로 빈칸에 들어갈 결론으로 적절하지 않다.
④ (가)와 (나)로 '동물 ∧ ~포식자'라는 결론을 도출할 수 있지만 그렇다고 해서 '고양이 ∧ 포식자'가 반드시 참이라는 보장이 없으므로 빈칸에 들어갈 결론으로 적절하지 않다.

▶ ③

뇌에 족적을 남기는 노트 논리 추론 유형 4

04 다음 전제가 모두 참이라고 할 때 밑줄 친 부분에 들어갈 결론으로 적절한 것은?

> (가) 과학자 중 호기심 많은 사람이 있다.
> (나) 철저하지 않은 과학자는 없다.
> 따라서 [ ]

① 어떤 과학자는 호기심이 많지 않다.
② 어떤 과학자는 철저하지 않다.
③ 호기심 많은 사람은 모두 철저하다.
④ 호기심 많은 사람 중 철저한 사람이 있다.

혜선 쌤의 논리추론 시각화 4

(가) : 과학자 ∧ 호기심
(나) : ~(~철저 ∧ 과학자)
≡ 철저 ∨ ~과학자
≡ ~철저 → ~과학자
≡ 과학자 → 철저

혜선 쌤의 속닥속닥

* 이 문제는 단순 함축 적용하기!
철저하지 않은 과학자가 있다.
그런데 그것은 없다.
≡ ~(~철저 ∧ 과학자)
≡ 철저 ∨ ~과학자
≡ ~철저 → ~과학자
≡ 과학자 → 철저

논리 추론 유형 정답 및 해설

(가)의 '과학자 ∧ 호기심'과 (나)의 '과학자 → 철저'에서 공통되는 매개념 '과학자'가 전칭의 주어에 있으므로 연결이 가능하다. 따라서 둘을 연결하면 '철저 ∧ 호기심 ≡ 호기심 ∧ 철저'로 결론을 내릴 수 있으므로 '호기심 많은 사람 중 철저한 사람이 있다.'가 빈칸에 들어갈 결론으로 적절하다.

오답풀이

① (가)와 (나)로 '철저 ∧ 호기심 ≡ 호기심 ∧ 철저'라는 결론을 도출할 수 있지만 그렇다고 해서 '과학자 ∧ ~호기심'이 반드시 참이라는 보장이 없으므로 빈칸에 들어갈 결론으로 적절하지 않다.
② (가)와 (나)로 '철저 ∧ 호기심 ≡ 호기심 ∧ 철저'라는 결론을 도출할 수 있지만 그렇다고 해서 '과학자 ∧ ~철저'가 반드시 참이라는 보장이 없으므로 빈칸에 들어갈 결론으로 적절하지 않다.
③ (가)와 (나)로 '철저 ∧ 호기심 ≡ 호기심 ∧ 철저'라는 결론을 도출할 수 있지만 그렇다고 해서 '호기심 → 철저'가 반드시 참이라는 보장이 없으므로 빈칸에 들어갈 결론으로 적절하지 않다.

▶ ④

뇌에 족적을 남기는 노트 논리 추론 유형 5

05 (가)~(다)를 전제로 할 때, 빈칸에 들어갈 결론으로 적절한 것은?

> (가) 요리에 관심이 있는 어떤 사람은 여행에도 관심이 있다.
> (나) 독서에 관심이 없는 모든 사람은 요리에도 관심이 없다.
> (다) 독서에 관심이 있는 모든 사람은 음악에 관심이 없다.
> 따라서 [ ].

① 음악에 관심이 없는 모든 사람은 독서에 관심이 있다.
② 여행에 관심이 있는 어떤 사람은 음악에 관심이 없다.
③ 요리에 관심이 있고 여행에 관심이 없는 사람이 존재한다.
④ 음악에 관심이 있는 모든 사람은 요리에 관심이 있다.

PART 5

혜선 쌤의 논리추론 시각화 5

(가) 요리 ∧ 여행
(나) ~독서 → ~요리 ≡ 요리 → 독서
(다) 독서 → ~음악 ≡ 음악 → ~독서

혜선 쌤의 속닥속닥

(나)와 (다)를 먼저 연결!
'요리 → 독서 → ~음악'이므로
'요리 → ~음악'을 (가)와 연결하기!

논리 추론 유형 정답 및 해설

(나)의 '요리 → 독서'와 (다)의 '독서 → ~음악'에서 공통되는 매개념 '독서'가 전칭의 주어에 있으므로 연결이 가능하다. 따라서 둘을 연결하면 '요리 → ~음악'으로 결론을 내릴 수 있다. '요리 → ~음악'와 (가)의 '요리 ∧ 여행'에서 공통되는 매개념 '요리'가 전칭의 주어에 있으므로 연결이 가능하다. 따라서 둘을 연결하면 '~음악 ∧ 여행 ≡ 여행 ∧ ~음악'이라는 결론이 도출되므로 '여행에 관심이 있는 어떤 사람은 음악에 관심이 없다.'가 빈칸에 들어갈 결론으로 적절하다.

오답풀이

①을 기호화하면 '~음악 → 독서'인데, 이는 (다)의 역명제이므로 반드시 참이라는 보장이 없으므로 빈칸에 들어갈 결론으로 적절하지 않다.
③을 기호화하면 '요리 ∧ ~여행'인데, (가)의 '요리 ∧ 여행'이 참이라고 해서 '요리 ∧ ~여행'이 반드시 참이라는 보장이 없으므로 빈칸에 들어갈 결론으로 적절하지 않다.
④을 기호화하면 '음악 → 요리'인데, (나)의 대우 명제 '요리 → 독서'와 (다)의 '독서 → ~음악'을 연결하면 '요리 → ~음악'을 도출할 수는 있지만 '음악 → 요리'가 반드시 참이라는 보장이 없으므로 빈칸에 들어갈 결론으로 적절하지 않다.

▶ ②

뇌에 족적을 남기는 노트 논리 추론 유형 6

06 ㉠~㉣에 대한 평가로 적절한 것을 〈보기〉에서 모두 고른 것은?

> ㉠ 어떤 직원은 야근을 하지 않는다.
> ㉡ 회식에 참석하지 않는 직원은 야근을 한다.
> ㉢ 회식에 참석하는 직원은 야근을 하지 않는다.
> ㉣ 어떤 직원은 회식에 참석한다.

보기

> ㉮ ㉠과 ㉡이 참일 경우 ㉣은 반드시 참이다.
> ㉯ ㉠과 ㉢이 참일 경우 ㉣은 반드시 참이다.
> ㉰ ㉠과 ㉣이 참일 경우 ㉡은 반드시 참이다.

① ㉮
② ㉰
③ ㉮, ㉰
④ ㉮, ㉯, ㉰

혜선 쌤의 논리추론 시각화 6

> ㉠ 직원 ∧ ~야근
> ㉡ ~회식 → 야근 ≡ ~야근 → 회식
> ㉢ 회식 → ~야근 ≡ 야근 → ~회식
> ㉣ 직원 ∧ 회식

혜선 쌤의 속닥속닥

매개항이 '전칭의 주어'에 있어야 함을 기억하기

논리 추론 유형 정답 및 해설

㉮ ㉠에 의해 야근을 하지 않는 직원이 존재(직원 ∧ ~야근)하고, ㉡의 대우명제에 의해 야근을 하지 않는 모든 직원은 회식에 참여하므로(~야근 → 회식) 어떤 직원은 회식에 참여한다는 결론(직원 ∧ 회식)을 내릴 수 있다. 따라서 ㉣은 반드시 참이다.

오답풀이

㉯ '㉠ 직원 ∧ ~야근'과 '㉢ 회식 → ~야근'의 경우 매개항 '~야근'이 ㉢의 후건(전칭의 서술어)에 있으므로 둘을 연결 지을 수 없으므로 '직원 ∧ 회식'을 도출하는 것이 불가능하다.

㉰ '㉠ 직원 ∧ ~야근'에 의해 야근을 하지 않는 직원이 존재하고, '㉣ 직원 ∧ 회식'에 의해 회식에 참여하는 직원이 존재한다. '직원'이 공통되기는 하나 전칭의 주어에서 주연되고 있지는 않으므로 두 명제 연결 자체가 불가능하다. 따라서 '㉡ ~회식 → 야근'은 반드시 참이라고 말할 수 없다.

▶ ①

뇌에 족적을 남기는 노트 논리 추론 유형 7

07 ㉠~㉤이 모두 참일 때, 〈보기〉 중 항상 참인 것만을 있는 대로 고른 것은?

> ㉠ 모든 책은 지식의 원천이다.
> ㉡ 소설이라고 해서 반드시 책인 것은 아니다.
> ㉢ 지식의 원천이 아니고 소설인 것이 존재한다.
> ㉣ 어떤 책은 소설이다.
> ㉤ 소설이 아니면서 지식의 원천인 것이 존재한다.

보기

> (가) 책이 아닌 소설이 존재한다.
> (나) 지식의 원천인 것은 모두 소설이다.
> (다) 지식의 원천이면서 소설인 것이 존재한다.

① (가)
② (다)
③ (가), (나)
④ (가), (다)

PART 5

혜선 쌤의 논리추론 시각화 7

㉠ 책 → 원천 ≡ ~원천 → ~책
㉡ 소설 ∧ ~책
㉢ ~원천 ∧ 소설
㉣ 책 ∧ 소설
㉤ ~소설 ∧ 원천

혜선 쌤의 속닥속닥

이 문제는 '전칭 ㉠'과 '전칭 ㉠'의 대우 명제가 핵심이다! 전칭의 주어를 뽑아낼 수 있기 때문이다.

논리 추론 유형 정답 및 해설

(가) ㉢에 의해 소설 중 지식의 원천이지 않은 것이 존재하고, ㉠의 대우명제에 의해 지식의 원천이지 않은 것은 모두 책이 아니므로 소설 중 지식의 원천이지 않은 것은 책이 아니라는 결론을 내릴 수 있다. 즉, 소설 중 책이 아닌 것이 존재하므로 '소설 ∧ ~책'이라고 할 수 있다.

(다) ㉣에 의해 책 중 소설인 것이 존재하고 ㉠에 의해 모든 책은 지식의 원천이므로 지식의 원천 중 소설인 것도 한정적이라는 결론을 내릴 수 있다. 즉 '원천 ∧ 소설'이라고 할 수 있다.

오답풀이

(나) '원천 ∧ 소설'은 (다)를 통해 도출할 수 있으나, 그렇다고 (나)처럼 '원천 → 소설'이 참이라는 보장은 없으므로 적절하지 않다.

▶ ④

관련교재 이론 출좋포 독해 · 문학 p.100~101
문풀 천기누설 혜선팍 논리추론 p.96~105

Chapter 03 숨겨진 전제 추론

출.좋.포 논리 추론 9 숨겨진 전제 추론의 모든 것

❶ 전제 1개 중 한 개가 생략되는 경우

Type 1 나머지 전제가 전칭일 경우

	명제	논리 기호화
전제 1	식물을 자주 가꾸는 모든 사람은 자연을 사랑한다.	식물 → 자연
전제 2	어떤 사람은	∧
결론	자연을 사랑하는 어떤 사람은 생태계 보호에 기여한다.	자연 ∧ 생태계

: '전제 2'에는 특칭 명제가 들어가야 한다.
또한 결론에 '자연'이 살아남아 있으므로 전제 2에는 '식물'이 꼭 들어가면서 '∧ 생태계'가 들어가야 한다.
따라서 전제 2에는 '식물 ∧ 생태계'가 들어 가야 하므로 '식물을 자주 가꾸는 어떤 사람은 생태계 보호에 기여한다.'가 전제 2에 오기에 적절하다.

Type 2 나머지 전제가 특칭일 경우

	명제	논리 기호화
전제 1	스파게티를 좋아하는 어떤 사람은 라자냐를 좋아한다.	스파게티 ∧ 라자냐
전제 2	모든 사람은	→
결론	피자를 좋아하는 어떤 사람은 스파게티를 좋아한다.	피자 ∧ 스파게티

: '전제 2'에는 전칭 명제가 들어가야 한다.
또한 결론에는 전제 1에 있었던 '라자냐'가 사라지고 '피자'가 생겼다.
따라서 전제 2에는 '라자냐 → 피자'가 들어가야 하므로 '라자냐를 좋아하는 모든 사람은 피자를 좋아한다.'가 전제 2에 오기에 적절하다.

❷ 전제 3~4개 중 한 개가 생략되는 경우

Type 1 나머지 전제가 특칭들만 있을 경우

	명제	논리 기호화
전제 1	여행에 관심이 있는 어떤 사람은 캠핑에도 관심이 있다.	여행 ∧ 캠핑
전제 2	하이킹에 관심이 있는 어떤 사람은 수영에 관심이 없다.	하이킹 ∧ ~수영
전제 3	모든 사람은	→
결론	수영에 관심이 없는 어떤 사람은 양궁에 관심이 있다.	~수영 ∧ 양궁

: 전제의 개수가 총 3개 있을 때에는 퍼즐을 넣어 보는 것이 좋다.
나머지 전제가 특칭만 있을 경우에는 전칭의 선지를 먼저 넣어 본다.
'하이킹에 관심이 있는 모든 사람은 양궁에 관심이 있다.'를 넣어 보자!

Type 2 나머지 전제가 특칭, 전칭이 있을 경우

	명제	논리 기호화
전제 1	모든 역공이는 국어를 좋아한다.	역공이 → 국어
전제 2	국어를 좋아하는 어떤 사람은 추론을 좋아한다.	국어 ∧ 추론
전제 3	모든 사람은	→
결론	추론을 좋아하는 어떤 사람은 역공이이다.	추론 ∧ 역공이

: 전제의 개수가 총 3개 있을 때에는 퍼즐을 넣어 보는 것이 좋다.
나머지 전제가 특칭, 전칭이 있을 경우에는 전칭의 선지를 먼저 넣어 본다.
'국어를 좋아하는 모든 사람은 역공이이다.'를 넣어 보자!

Type 3 나머지 전제가 전칭들만 있을 경우

	명제	논리 기호화
전제 1	모든 강사는 최고의 교재를 선호한다.	강사 → 교재
전제 2	강의력을 선호하는 모든 사람은 낮은 준비성을 선호하지 않는다.	강의력 → ~낮은 준비성
전제 3	어떤 사람은	∧
결론	최고의 교재를 선호하는 어떤 사람은 낮은 준비성을 선호하지 않는다.	교재 ∧ ~낮은 준비성

: 전제의 개수가 총 3개 있을 때에는 퍼즐을 넣어 보는 것이 좋다.
나머지 전제가 전칭만 있을 경우에는 특칭의 선지를 먼저 넣어 본다.
'강의력을 선호하는 어떤 사람은 최고의 교재를 선호한다.'를 넣어 보자!

뇌에 족적을 남기는 노트 논리 추론 유형 ①

01 다음과 같이 전제와 결론이 주어질 때, 결론이 반드시 참이 되도록 하는 '전제 2'로 적절한 것은?

> 전제 1: 요리를 잘하는 사람은 모두 섬세하다.
> 전제 2: ______________________
> 결론: 어떤 섬세한 사람은 음식을 좋아한다.

① 음식을 좋아하지 않는 사람은 모두 요리를 잘하지 않는다.
② 음식을 좋아하는 어떤 사람은 요리를 잘한다.
③ 음식을 좋아하지 않는 어떤 사람은 요리를 잘하지 않는다.
④ 음식을 좋아하는 어떤 사람은 요리를 잘하지 않는다.

혜선 쌤의 논리추론 시각화 ①

> 전제 1: 요리 → 섬세
> 전제 2: [ ] 음식 ∧ 요리
> 결론: 섬세 ∧ 음식

전제가 2개일 경우에는
직접 전제를 만들어도 된다.

논리 추론 유형 정답 및 해설

②을 기호화하면 '음식 ∧ 요리'인데 이를 전제 1의 '요리 → 섬세'와 결합할 수 있다. 공통되는 매개념 '요리'가 전칭의 주어에 있으므로 이 둘을 결합하면 '음식 ∧ 섬세 ≡ 섬세 ∧ 음식'이라는 결론을 도출할 수 있다. 따라서 전제 2는 '음식 ∧ 요리'가 적절하다.

오답풀이

①을 기호화하면 '~음식 → ~요리'인데 이것을 전제 1 '요리 → 섬세'와 연결할 수 없으므로 결론 '섬세 ∧ 음식'을 도출하는 것은 불가능하다.
③을 기호화하면 '~음식 ∧ ~요리'인데 이것을 전제 1인 '요리 → 섬세'와 연결할 수 없으므로 결론 '섬세 ∧ 음식'을 도출하는 것은 불가능하다.
④을 기호화하면 '음식 ∧ ~요리'인데 이것을 전제 1인 '요리 → 섬세'와 연결할 수 없으므로 결론 '섬세 ∧ 음식'을 도출하는 것은 불가능하다.

▶ ②

뇌에 족적을 남기는 노트 논리 추론 유형 2

02 다음 글의 모든 문장이 참일 때, 밑줄 친 결론을 이끌어내기 위해 추가해야 할 것은?

> 모든 과학자들은 논리적이다. 따라서 <u>논리적인 어떤 사람은 수학에 재능이 있다</u>.

① 과학자들은 모두 수학에 재능이 없다.
② 수학에 재능이 있는 어떤 사람은 과학자가 아니다.
③ 수학에 재능이 없는 어떤 사람은 논리적이지 않다.
④ 과학자 중 어떤 사람은 수학에 재능이 있다.

혜선 쌤의 논리추론 시각화 2

전제 1: 과학자 → 논리적 (≡ ~논리적 → ~과학자)
전제 2: [　　　　] 과학자 ∧ 수학
- - - - - - - - - - - - - - - - - - - -
결론: 논리적 ∧ 수학

혜선 쌤의 속닥속닥

전제가 2개일 경우에는
직접 전제를 만들어도 된다.

논리 추론 유형 정답 및 해설

④을 기호화하면 '과학자 ∧ 수학'인데 첫 번째 전제 '과학자 → 논리적'과 결합할 수 있다. 공통되는 매개념 '과학자'가 전칭의 주어에 있으므로 이 둘을 결합하면 '논리적 ∧ 수학 ≡ 수학 ∧ 논리적'라는 결론을 도출할 수 있다. 따라서 전제 2는 '과학자 ∧ 수학'가 적절하다.

오답풀이

①을 기호화하면 '과학자 → ~수학'인데 이것을 첫 번째 전제 '과학자 → 논리적'과 연결 지을 수 없으므로 '논리적 ∧ 수학'을 도출하는 것은 불가능하다.
②을 기호화하면 '수학 ∧ ~과학자'인데 이것을 첫 번째 전제 '과학자 → 논리적'과 연결 지을 수 없으므로 '논리적 ∧ 수학'을 도출하는 것은 불가능하다.
③을 기호화하면 '~수학 ∧ ~논리적'인데 이것을 첫 번째 전제의 대우명제 '~논리적 → ~과학적'과 연결 지으면 '~수학 ∧ ~과학적'이 도출될 뿐이므로 '논리적 ∧ 수학'을 도출하는 것은 불가능하다.

▶ ④

뇌에 족적을 남기는 노트 논리 추론 유형 ③

03 다음과 같이 전제와 결론이 주어질 때, 결론이 반드시 참이 되도록 하는 '전제 2'로 적절한 것은?

> 전제 1: 어떤 책은 재미없다.
> 전제 2: ______________________
> 결론: 재미없는 것 중 지식이 있는 것이 존재한다.

① 모든 책은 지식이 있다.
② 재미없는 것은 지식이 없다.
③ 모든 책은 지식이 없다.
④ 어떤 책은 지식이 있다.

혜선 쌤의 논리추론 시각화 ③

전제 1: (책) ∧ ~재미
전제 2: [　　　　　] (책) → 지식

결론: ~재미 ∧ 지식

전제가 2개일 경우에는
직접 전제를 만들어도 된다.

논리 추론 유형 정답 및 해설

①을 기호화하면 '책 → 지식'인데 이는 전제 1 '책 ∧ ~재미'와 결합할 수 있다. 공통되는 매개념 '책'이 전칭의 주어에 있으므로 이 둘을 결합하면 '지식 ∧ ~재미 ≡ ~재미 ∧ 지식'이라는 결론을 도출할 수 있다. 따라서 전제 2은 '책 → 지식'가 적절하다.

오답풀이

②을 기호화하면 '~재미 → ~지식'인데 이것을 전제 1인 '책 ∧ ~재미'와 연결 지으면 '책 ∧ ~지식'이라는 결론이 도출될 뿐이므로 '~재미 ∧ 지식'을 도출하는 것은 불가능하다.
③을 기호화하면 '책 → ~지식'인데 이것을 전제 1인 '책 ∧ ~재미'와 연결 지을 수 있다. 공통되는 매개념 '책'이 전칭의 주어에 있으므로 이 둘을 결합하면 '~ 지식 ∧ ~재미 ≡ ~재미 ∧ ~ 지식'이라는 결론을 도출할 수 있다. 하지만 이는 '지식 ∧ ~재미 ≡ ~재미 ∧ 지식'이라는 결론이 아니므로 '책 → ~지식'은 전제 2에 들어갈 수 없다.
④을 기호화하면 '책 ∧ 지식'인데 이것을 전제 1인 '책 ∧ ~재미'와 연결 지을 수 없으므로 '~재미 ∧ 지식'을 도출하는 것은 불가능하다.

▶ ①

뇌에 족적을 남기는 노트 논리 추론 유형 ④

04 다음 글의 모든 문장이 참일 때, 밑줄 친 결론을 이끌어내기 위해 추가해야 할 것은?

> 자전거를 좋아하는 어떤 사람은 배드민턴도 좋아한다. 탁구를 좋아하는 모든 사람은 축구를 좋아하지 않는다. 따라서 <u>배드민턴을 좋아하는 어떤 사람은 축구를 좋아하지 않는다</u>.

① 탁구를 좋아하는 어떤 사람은 축구를 좋아하지 않는다.
② 축구를 좋아하는 어떤 사람은 자전거를 좋아하지 않는다.
③ 탁구를 좋아하지 않는 모든 사람은 자전거도 좋아하지 않는다.
④ 자전거를 좋아하는 어떤 사람은 탁구도 좋아한다.

PART 5

혜선 쌤의 논리추론 시각화 ④

전제 1: 자전거 ∧ 배드민턴 (≡ 배드민턴 ∧ 자전거)
전제 2: 탁구 → ~축구 (≡ 축구 → ~탁구)
전제 3: ~탁구 → ~자전거 (≡ 자전거 → 탁구)

결론: 배드민턴 ∧ ~축구

혜선 쌤의 속닥속닥

전제가 3개인 경우에는
숨겨진 전제를 만들지 말고
선지를 넣어봐야 한다.
단, 선지를 넣는 '야매꼼수'를
수업을 통해 배워 보자.

논리 추론 유형 정답 및 해설

③을 기호화하면 '~탁구 → ~자전거'인데 이를 두 번째 문장의 대우명제인 '축구 → ~탁구'와 연결하면 '축구 → ~자전거'를 도출할 수 있으며 이 명제의 대우명제는 '자전거 → ~축구'이다. '자전거 → ~축구'를 첫 번째 문장인 '자전거 ∧ 배드민턴'과 연결하면 결론 '배드민턴 ∧ ~축구'를 도출하는 것이 가능하다. 따라서 전제 3은 '~탁구 → ~자전거'가 적절하다.

오답풀이

①을 기호화하면 '탁구 ∧ ~축구'인데 이는 두 번째 문장인 '탁구 → ~축구'와 함축 관계를 가진 명제이므로 전제 3으로 적절하지 않다.
②을 기호화하면 '축구 ∧ ~자전거'인데 이를 두 번째 문장의 대우명제 '축구 → ~탁구'와 연결하면 '~탁구 ∧ ~자전거'를 도출하는 것은 가능하나 결론 '배드민턴 ∧ ~축구'를 도출하는 것은 불가능하다.
④을 기호화하면 '자전거 ∧ 탁구'인데 두 번째 명제 '탁구 → ~축구'와 연결하면 '자전거 ∧ ~축구'를 도출하는 것은 가능하다. 하지만 결론 '배드민턴 ∧ ~축구'를 도출하는 것은 불가능하다.

▶ ③

뇌에 족적을 남기는 노트 논리 추론 유형 5

05 다음 글의 모든 문장이 참일 때, '결론'을 이끌어내기 위해 추가해야 할 '전제 3'으로 적절한 것은?

> 전제 1: 운동을 하는 모든 사람은 밤늦게까지 공부하지 않는다.
> 전제 2: 모든 학생은 효율적인 공부 방법을 선호한다.
> 전제 3: [　　　　　　　　　　　]
> 결론: 효율적인 공부 방법을 선호하는 어떤 사람은 밤늦게까지 공부하지 않는다.

① 운동을 하는 어떤 사람은 효율적인 공부 방법을 선호한다.
② 밤늦게까지 공부하는 어떤 사람은 학생이 아니다.
③ 운동을 하지 않는 모든 사람은 학생이 아니다.
④ 모든 학생은 밤늦게까지 공부한다.

전제 1: 운동 → ~밤늦게 (≡ 밤늦게 → ~운동)
전제 2: 학생 → 효율 (≡ ~효율 → ~학생)
전제 3: [　　　　　] 운동 ∧ 효율
결론: 효율 ∧ ~밤늦게

전제 3개 중 2개가 전칭이면
전제 3은 특칭일 확률이 높다.

논리 추론 유형 정답 및 해설

①을 기호화하면 '운동 ∧ 효율'인데 이를 전제 1의 '운동 → ~밤늦게'와 연결하면 '~밤늦게 ∧ 효율 ≡ 효율 ∧ ~밤늦게'를 결론으로 도출할 수 있다. 따라서 전제 3은 '운동 ∧ 효율'가 적절하다.

오답풀이

②을 기호화하면 '밤늦게 ∧ ~학생 (≡ ~학생 ∧ 밤늦게)'인데 이를 전제 1의 대우 관계인 '밤늦게 → ~운동'과 연결을 하면 '~학생 ∧ ~운동'이 도출될 뿐이므로 결론인 '효율 ∧ ~밤늦게'를 도출하는 것은 불가능하다.
③을 기호화하면 '~운동 → ~학생'인데 이와 연결될 수 있는 명제가 마땅하지 않으므로(매개념이 전칭의 주어에 있는 명제가 없음) 결론인 '효율 ∧ ~밤늦게'를 도출하는 것은 불가능하다.
④을 기호화하면 '학생 → 밤늦게'인데 전제 1의 대우 명제 '밤늦게 → ~운동'과 연결하면 '학생 → ~운동'이 결론으로 도출될 뿐이므로 결론인 '효율 ∧ ~밤늦게'를 도출하는 것은 불가능하다.

▶ ①

뇌에 족적을 남기는 노트 논리 추론 유형 6

06 **교장 선생님은 새로운 학급 구성을 논의하던 중, 중요한 메모에서 다음과 같은 기록을 발견하였다. 교장 선생님이 이 메모를 보고 "아, 준우가 반장으로 선정됐구나!"라고 믿기 위해 보충되어야 할 전제는?**

> 근태가 반장으로 선정되지 않는다면, 형태는 반장이다. 근태와 원태 중 한 사람만 반장이다. 원태가 반장일 경우에만, 준우가 반장이 아니다.

① 형태가 반장이다.
② 형태가 반장이 아니다.
③ 원태가 반장이다.
④ 근태가 반장이 아니다.

혜선 쌤의 논리추론 시각화 6

전제 1: ~근태 → 형태 (≡ ~형태 → 근태)
전제 2: (근태 ∧ ~원태) ∨ (~근태 ∧ 원태)
전제 3: ~준우 → 원태 (≡ ~원태 → 준우)
전제 4: ~형태

결론: 준우

혜선 쌤의 속닥속닥

원태가 반장일 경우에만(필수조건)
준우가 반장이 아니다(충분조건)
≡ ~준우 → 원태
(충분조건) (필요조건)

논리 추론 유형 정답 및 해설

②을 기호화하면 '~형태'인데 이를 전제 1의 대우와 연결하면 '근태'를 도출할 수 있다. 그러면 전제 2에 따라 '~원태'를 도출할 수 있다. 이때, 전제 3의 대우 명제인 '~원태 → 준우'에 따라 결론 '준우'가 도출된다. 따라서 전제 4는 '~형태'가 적절하다.

오답풀이

① '형태'가 추가되면 어떤 전제와도 연결이 불가능하므로 결론 '준우'를 도출하는 것은 불가능하다.
③ '원태'가 추가되면 전제 2에 의해 '~근태'가 도출된다. 그럼 전제 1 '~근태 → 형태'에 의해 '형태'가 도출된다. 하지만 결론 '준우'를 도출하는 것은 불가능하다.
④ '~근태'가 추가되면 전제 2에 의해 '원태'가 도출된다. 하지만 결론 '준우'를 도출하는 것은 불가능하다.

▶▶ ②

독해

Chapter 01 말하기 방식
Chapter 02 [작문_공문서] 개요 작성
Chapter 03 [작문_공문서] 문장 고쳐 쓰기
Chapter 04 [작문] 내용 고쳐 쓰기
Chapter 05 중심 내용 추론
Chapter 06 내용 추론 긍정 발문
Chapter 07 내용 추론 부정 발문
Chapter 08 밑줄 추론
Chapter 09 설명 방식
Chapter 10 단수 빈칸 추론
Chapter 11 복수 빈칸 추론
Chapter 12 일반 강화, 약화
Chapter 13 〈보기〉 강화, 약화
Chapter 14 순서 배열
Chapter 15 어휘 – 문맥적 의미 추론
Chapter 16 어휘 – 바꿔 쓸 수 있는 유사한 표현
Chapter 17 지시 대상 추론
Chapter 18 문학 – 현대 운문, 현대 산문
Chapter 19 문학 – 고전 운문, 고전 산문
Chapter 20 문법 – 형태론
Chapter 21 문법 – 통사론
Chapter 22 문법 – 음운론

관련교재 이론 출좋포 독해 · 문학 p.22~37
문풀 콤단문 독해 p.18~23

Chapter 01

말하기 방식 / 의견의 대립 양상

빨리 푸는 赤功 전략

1단계

긍정 발문인 경우
선지 중 3개가
틀린 선지이므로
선지 먼저 봐봤자
힌트를 얻을 수 없음
제시문을 먼저 보기

2단계

제시문을 읽을 때에는
'말하기 방식'에 초점을
두고 읽기

3단계

선지를 2 파트로
나누어 판단하기
A와 B 모두 옳은지
파악하기

족쩍노 독해 赤功 노트

❶ 중심 화제?

⋮

❷ 각 대화 참여자들의 말하기 방식

① 갑:

② 을:

③ 병:

❸ 정답을 맞힐 객관적 단서?

⋮

정답

❶ 젊은 층의 유입으로 전통 시장이 관광지가 되어 가고 있음.

❷ ① 갑: 최근 전통 시장의 근황을 알리며 화제를 제시함.
전통 시장의 정체성을 유지하고 지속 가능한 발전 방향을 찾아야 함을 주장함.
② 을: 전통 시장의 관광지화를 부정적으로 바라보며 문제를 제기함.
갑의 의견에 동의하며 지역 주민과 관광객의 요구를 절충할 수 있는 방안을 고민하자고 제안함.
③ 병: 을의 의견을 부정하며 전통 시장의 관광지화를 긍정적으로 바라봄.
전통과 현대를 절충할 수 있는 구체적 방안의 예시를 제안함.

❸ 을의 첫 번째 발화

뇌에 족적을 남기는 노트 독해 유형 1

정답 해설 p. 188

신유형 2025 버전 1

발화 주체가 나오지 않는 말하기 방식

01 다음 대화를 분석한 내용으로 적절한 것은?

> 갑: 요즘 젊은 세대가 전통 시장을 많이 찾는다고 하더라. 인스타그램에 올리기 좋은 사진 명소로 떠오르고 있다고 해.
> 을: 그런데 전통 시장이 관광지화되면서 오히려 본래의 기능을 잃어가는 건 아닐까? 시장 상인들의 생계의 역할과 지역 주민들의 일상적인 쇼핑 공간으로서의 역할이 줄어들 수 있잖아.
> 병: 나는 그렇게 생각하지 않아. 젊은 층의 유입으로 전통 시장이 활기를 되찾고 있다고 봐. 실제로 새로운 가게들도 많이 생기고 있고.
> 갑: 그래도 전통 시장 특유의 정체성을 잃지 않도록 하는 게 중요할 것 같아. 단순히 SNS 명소가 되는 것을 넘어서 지속 가능한 발전 방향을 찾아야 하지 않을까?
> 을: 맞아. 관광객들을 위한 공간과 지역 주민들을 위한 공간이 적절히 공존할 수 있는 방안을 고민해봐야 할 것 같아.
> 병: 그렇다면 전통과 현대가 조화를 이룰 수 있는 구체적인 방안을 모색해 보자. 예를 들어, 전통적인 상점가는 보존하면서 새로운 문화 공간을 추가로 조성하는 거야.

① 대화 참여자 중 한 명은 상대방의 의견에 동의하는 척하며 자신의 주장을 강화하고 있다.

② 중심 화제에 대해 부정적인 입장을 보이며 문제 제기에 대한 구체적인 근거를 대고 있는 사람이 있다.

③ 대화 참여자 중 한 명은 자신의 경험을 구체적 사례로 들며 문제 해결 방안을 제시하고 있다.

④ 대화 참여자 중 한 명은 논의 과정에서 기존의 입장을 수정하여 절충안을 제시하고 있다.

PART 6

빨리 푸는 赤功 전략

1단계

〈보기〉를 보고
전체적인 느낌을 잡는다.

‘대립한다 vs
대립하지 않는다’

‘대립=반대’

2단계

1. 갑과 을이
반대되는지 보기

2. 병을 읽고
갑과 을의 관계는
어떤지 보기

족적노 독해 赤功 노트

❶ 중심 화제?

⋮

❷ 이 글의 핵심 문장(지시어, 접속어) 뽑기

① 갑:

② 을:

③ 병:

❸ 각 대화 참여자들의 의견 대립 양상 정리하기

① 갑:

② 을:

③ 병:

정답

❶ 전쟁의 원인

❷ ① 갑: 이러한 본성은 근본적으로 변하지 않으며, 기술 발전이나 국제 기구의 노력에도 불구하고 전쟁은 인류 사회에서 계속될 것이다.

② 을: 전쟁은 인간 본성이 아닌 사회적, 문화적 구조의 산물로서 극복 가능한 현상이다.

③ 병: 이는 인간 본성이나 문화의 문제가 아니라 구조적인 문제이므로, 제도적 변화를 통해 전쟁의 원인을 제거할 수 있다.

❸ ① 갑: 인간의 근본적인 이기심으로 전쟁은 피할 수 없는 것이다.

② 을: 인간은 인간의 노력 여하에 따른 것으로 전쟁은 피할 수 있는 것이다.

③ 병: 전쟁은 구조적인 원인 때문에 일어나므로 전쟁은 피할 수 있다.

뇌에 족적을 남기는 노트 독해 유형 2

정답 해설 p. 188

신유형 2025 버전 2

의견의 대립 양상

02 갑 ~ 병의 주장을 분석한 내용으로 적절한 것만을 〈보기〉에서 모두 고르면?

갑: 전쟁은 인간 본성의 일부로서 피할 수 없는 결과이다. 인간은 본질적으로 이기적이고 경쟁적인 존재이며, 생존과 자원 확보를 위해 투쟁해 왔다. 역사적으로 볼 때, 전쟁은 인류 문명의 발전 과정에서 끊임없이 발생해 왔으며, 이는 인간의 본능적 충동과 권력 욕구에서 기인한다. 이러한 본성은 근본적으로 변하지 않으며, 기술 발전이나 국제 기구의 노력에도 불구하고 전쟁은 인류 사회에서 계속될 것이다.

을: 전쟁은 인간 본성이 아닌 사회적, 문화적 구조의 산물로서 극복 가능한 현상이다. 인간은 이성적이고 도덕적 판단을 내릴 수 있는 존재이며, 교육과 문화의 영향을 받는다. 역사적으로도 평화로운 시대와 지역이 존재했으며, 이는 협력과 상호 이해를 통해 가능했다. 현대 사회에서는 국제법과 국제 기구를 통해 분쟁을 평화적으로 해결하려는 노력이 강화되고 있다. 전쟁은 인간의 필연적 운명이 아니며, 노력 여하에 따라 지속적인 평화를 구축할 수 있다.

병: 전쟁은 경제적 이해관계와 권력 구조의 결과이며, 이는 자본주의 시스템과 제국주의적 야망에서 비롯된다. 역사적으로 많은 전쟁이 자원의 확보, 시장 확대, 경제적 이익 추구를 위해 일어났다. 강대국들은 식민지 확장과 경제적 지배를 통해 부를 축적하고 권력을 강화했다. 이러한 구조적인 문제는 불평등한 국제 질서를 형성하고, 갈등을 촉발한다. 따라서 전쟁을 근절하기 위해서는 경제 시스템과 권력 구조를 개혁하고, 공정한 국제 질서를 구축해야 한다. 이는 인간 본성이나 문화의 문제가 아니라 구조적인 문제이므로, 제도적 변화를 통해 전쟁의 원인을 제거할 수 있다.

보기

ㄱ. 갑의 주장과 을의 주장은 대립한다.
ㄴ. 을의 주장과 병의 주장은 대립하지 않는다.
ㄷ. 병의 주장과 갑의 주장은 대립하지 않는다.

① ㄱ, ㄴ
② ㄱ, ㄷ
③ ㄴ, ㄷ
④ ㄱ, ㄴ, ㄷ

관련교재
이론 출종포 독해 · 문학 p.42~47
문풀 곰단문 독해 p.34~37

Chapter 02

[작문_공문서] 개요 작성

빨리 푸는 赤功 전략

1단계

〈지침〉 첫 번째 보고
㉠ 보고
① 보기

〈지침〉 두 번째 보고
㉡ 보고
② 보기

2단계

〈지침〉에 드러난 내용이 잘 들어갔는지 확인하기

상위 항목이 하위 항목을 잘 포괄하는지 확인하기

상위 항목과 하위 항목이 1:1 대응하는지 보기

나에게 기본 상식이 잘 장착되었는지 확인하기

출.좋.포 1

개요란 간결하게 추려낸 주요 내용을 의미하는 것으로
주로 '처음(서론) – 중간(본론) – 끝(결론)'의 3단 구성의 구조로 나타난다.

지침

- 서론은 중심 소재의 개념 정의와 문제 제기를 1개의 장으로 작성할 것.
- 본론은 제목에서 밝힌 내용을 2개의 장으로 구성하되, 각 장의 하위 항목끼리 대응되도록 작성할 것.
- 결론은 기대 효과와 향후 과제(개인 · 기업 · 정부 측면)를 1개의 장으로 작성할 것.

개요

제목: 공공장소 흡연의 문제점과 해결 방안

Ⅰ. 서론
1. 공공장소 흡연의 기준
2. 공공장소 흡연의 증가 추세

Ⅱ. 공공장소 흡연의 문제점
1. 비흡연자의 간접흡연으로 인한 건강 문제
2. 흡연자와 비흡연자 사이의 갈등

Ⅲ. 공공장소 흡연 해결 방안
1. 흡연 구역 추가 마련
2. 흡연자의 바른 인식을 위한 교육 및 지원

Ⅳ. 결론
1. 간접흡연 피해 감소
2. 개인: 규정 준수와 인식 개선
기업: 기업의 SNS, 웹사이트, 사내 뉴스레터 등을 활용하여 흡연의 부정적 영향을 적극적으로 홍보
정부: 공공장소 흡연 규제 강화 및 명확한 법적 기준 마련

뇌에 족적을 남기는 노트 독해 유형 3

정답 해설 p. 188

신유형 2025 버전

[작문_공문서] 개요 작성

01 〈지침〉에 따라 〈개요〉를 작성할 때 ㉠~㉣에 들어갈 내용으로 적절하지 않은 것은?

지침

- 서론에서는 산업 폐기물 증가의 배경과 문제의 심각성을 설명할 것.
- 본론은 제목에서 밝힌 내용을 2개의 장으로 구성하되 각 장의 하위 항목끼리 대응되도록 작성할 것.
- 결론에서는 산업 폐기물 관리의 해결 방안을 개인, 사회의 측면에서 제시할 것.

개요

제목: 산업 폐기물 관리의 주요 과제와 해결 방안

Ⅰ. 서론
  1. 산업 폐기물의 증가와 처리 현황
  2. [㉠]

Ⅱ. 산업 폐기물 관리의 주요 과제
  1. [㉡]
  2. 폐기물 관리에 따른 기업의 비용 부담

Ⅲ. 산업 폐기물 관리의 해결 방안
  1. 폐기물 처리 기술 개발을 위한 정부-민간 협력
  2. [㉢]

Ⅳ. 결론
  1. [㉣]
  2. 친환경 기술 및 폐기물 처리 기술을 개발하는 기업에 세제 혜택 제공

① ㉠: 유독성 산업 폐기물로 인한 동식물 서식지 파괴
② ㉡: 재활용 기술의 낮은 효율성과 처리 비용 문제
③ ㉢: 자원 순환 체계 구축을 위한 국제 협력과 기술 공유
④ ㉣: 가정에서 나오는 산업 관련 폐기물(전자 제품, 건설 자재 등)을 올바르게 분리 배출

관련교재 (이론) 출좋포 독해 · 문학 p.54~63
(문풀) 콤단문 독해 p.41~45

Chapter 03

[작문_공문서] 문장 고쳐 쓰기

출.좋.포 2 공공 언어 바로 쓰기

❶ 올바른 문장 구조

1. 병렬 관계의 오류

01

평화 수호와 인권을 보장하는 것
⇨ 평화를 수호하고 인권을 보장하는 것, 평화 수호와 인권 보장

: '-고', '-며', '-와', '-과' 등으로 접속되는 말에는 구조가 같은 표현을 사용했어야 했다.

02

교육 목적: 한일 과거사를 극복하고 미래 지향적인 양국 간 관계 발전을 위한 전문가 양성 및 상호교류
⇨ 과거사를 극복하고 미래지향적인 양국 간 관계를 발전시키기 위한

: 접속은 같은 성분끼리 해야 한다.
'극복하고'와 '발전을 위한'이 호응하지 않으므로 '발전시키기 위한'으로 바꾼다.

03

불법 고용주는 최고 2,000만 원의 범칙금 부과 또는 형사 처벌을 받게 되고, 정상적인 외국인 고용을 제한받음.
⇨ 범칙금을 부과받거나 형사 처벌을 받게 되고

: '범칙금 부과 또는 형사 처벌을 받게 되고'는 어색하게 접속된 구문이다.
따라서 '범칙금을 부과받거나'로 고쳐서 뒤에 나오는 '형사 처벌을 받게 되고'와 대등하게 이어지도록 한다.

04

녹색 생활 분야는 녹색 교통 체계 구축, 녹색 건축물 확대, 녹색 소비 활성화, 1,000만 그루 나무 심기, 도시 생태 공원 조성 등을 시행하여 시민의 삶의 질 개선과 도시 위상 강화 방향을 추진해 나간다.
⇨ 시민의 삶의 질을 개선하고 도시 위상을 강화해 나간다

: '개선을 추진하다'와 '방향을 추진하다'가 '과'로 이어진 구조인데 호응이 맞지 않는다.
조사나 동사를 적절히 써서 문장을 다듬는다.

2. 문장 성분의 호응

05

이번 총선에서 국회의원 ○○○명을 선출되었다.
⇨ **이번 총선에서 국회의원 ○○○명을 선출하였다.**
⇨ **이번 총선에서 국회의원 ○○○명이 선출되었다.**

: 주어와 서술어의 관계를 명확하게 표현해야 한다. 능동과 피동 표현을 잘 구별해서 쓴다.

06

※ 20○○. 8. 6. 한미 정상회담 공동성명 관련 부분
– "양 정상은 한미 동맹이 공통의 가치와 신뢰를 기반으로 안보 협력뿐 아니라 정치·경제·사회·문화 협력까지 포괄하도록 협력의 범위가 확대·심화되어 나가야 하며
⇨ **협력의 범위를 확대·심화해 나가야 하며**

: 주어와 서술어의 관계를 명확하게 표현해야 한다. 능동과 피동 표현을 잘 구별해서 쓴다.

3. 문장 성분 갖추기

07

○○청은 정책의 투명성과 책임성을 제고하기 위해 7년째 시행 중이다.
⇨ **○○청은 정책의 투명성과 책임성을 높이고자 7년째 이 제도를 시행하고 있다.**

: 서술어에 호응하는 목적어가 없으므로 무엇을 시행하고 있는지를 추가한다. 또한 어려운 한자어는 쉬운 말로 쓴다.

08

또한, "해외 한식당 교육은 그 대상 지역을 점점 확대하고 정례화하는 방향으로 추진하겠다"라며 "외국의 유명 요리 학교와도 이에 대해 협력해 나가고 있다."라고 덧붙였다.
⇨ **또한, 관계자는 "해외 한식당 교육은 그 대상 지역을 점점 확대하고 정례화하는 방향으로 추진하겠다."라며 "외국의 유명 요리 학교와도 이에 대해 협력해 나가고 있다."라고 덧붙였다.**

: 전체 문장의 주어가 빠져 있으므로 '관계자는'과 같은 적절한 주어를 넣어야 한다.

4. 올바른 사동, 피동 표현 사용하기

09

○○청장은 '일하는 방식 혁신' 추진이 단순히 업무 효율성을 향상하는 데에만 그치지 않고, 적극 행정으로 국민이 체감할 수 있게 통계 서비스를 개선시킬 수 있는 방안도 같이 모색하겠다고 밝혔다.

⇨ **통계 서비스를 개선할**

: 불필요한 사동 표현인 '-시키다'는 쓰지 않는다.

10

최근 독감 의심 환자의 1/2가량은 신종 플루 감염으로 보여짐.

⇨ **보임**

: '보여지다(보이어지다)'는 피동의 뜻을 나타내는 '-이-'와 '-어지다'를 이중으로 썼기 때문에 부적절하다.

5. 수식 관계의 오류

11

5킬로그램 상당의 금 보관함

⇨ **금 5킬로그램 상당을 담은 금 보관함**
⇨ **금을 담은 5킬로그램 상당의 금 보관함**

: '5킬로그램 상당의'가 '금'을 수식할 수도 '보관함'을 수식할 수도 있으므로 수식관계가 적절하지 않다.

12

○○시는 해마다 취업 박람회를 개최하여 구인·구직자 간 만남의 장을 마련하고 취업 알선, 구직자의 채용 기회를 제공하고 있습니다.

⇨ **구직자의 취업 기회 / 기업의 채용 기회**

: '취업'은 구직자가 하고, '채용'은 기업이 하는 것이므로 '구직자'의 '채용 기회'는 적절하지 않다.

13

우리 원은 문화 예술 관련 기관·단체 소속 실무자와 예술 교육 담당자를 위한 문화 예술 전문 역량 강화를 위해 다양한 교육과정을 기획·운영하고 있습니다. ⇨ **담당자의 문화 예술 전문 역량을 강화하고자**

: 문장 전체가 '~ 위한 ~ 위해 ~' 구성이어서 자연스럽지 않으므로 '담당자를 위한'을 '담당자의'로 고치고, 명사구를 다듬는다.

6. 중의적인 문장 피하기

14

시장은 건설업계 관계자들과 시민의 안전에 관하여 논의하였다. ⇨ **건설업계 관계자들을 만나**

: 하나의 뜻으로 해석되는 문장을 사용했어야 했다. 시장이 건설업계 관계자들과 함께 '시민의 안전'에 관해 논의한 것인지, 시장이 혼자 '건설업계 관계자들과 시민의 안전'에 관해 논의한 건지 불분명하다.

7. 명사의 지나친 나열

15

20○○년 8월 부시 미 대통령 방한 시 개최된 한미 정상회담을 계기로 공동성명을 발표하여 ⇨ **대통령이 방한했을 때**

: '시(時)'를 순우리말 '때'로 바꿔 쓰고 서술어를 넣어서 쉽게 표현해야 더 적절하다.

16

악취 발생 우려 및 집중 호우 시 침출수 지하 토양 오염 우려 ⇨ **악취가 발생할 수 있고 집중 호우 시 지하 토양이 침출수로 오염될 수 있음.**

: 명사 나열형 문장은 의미를 불분명하게 한다.
적절한 조사와 어미를 활용하여 자연스러운 문장으로 쓴다.

8. 의미의 중복 피하기

17

제목: 정기 대관 신청 승인 및 계약 안내 알림 ⇨ **안내**

: '안내'와 '알림'이 비슷한 뜻이므로 둘 중 하나만 쓴다.

18

매 1년마다 같은 절차로 반복해서 감면 신청을 해야 하는 등 이용자의 불편이 컸다. ⇨ **1년마다 / 매년 / 해마다**

: '각각'을 뜻하는 '매'와 '마다'가 의미가 중복되므로 둘 중에서 하나만 쓴다.

9. 올바른 조사의 사용

19

지역 인재 유출 방지와 향토기업으로써 지역 발전에 의미를 더하는 계기가 될 것입니다. ⇨ **향토기업으로서**

: '도구, 수단'을 나타낼 때는 '로써'를 쓰고, '자격'을 나타낼 때는 '로서'를 쓴다.

20

20○○. 10. 18.(금)까지 구체적인 실천 계획을 수립하여 도지사에 보고하고, ⇨ **도지사에게**

: '에게'는 유정 명사(인간, 동물) 뒤에 쓰이는데 '도지사'는 인간이므로 '에'가 오는 것은 적절하지 않다.
'에'는 무정 명사(인간, 동물을 제외한 나머지) 뒤에 오므로 해당 문맥에 적절하지 않다.

❷ 번역 투의 표현

1. 영어 번역 투의 표현

21

조선은 태조 이성계에 의해 건국되었다. ⇨ **조선은 태조 이성계가 건국했다.**

: 우리말다운 문장이 가장 자연스러운 문장이며, 외국어 번역 투는 어순이나 문체 등이 자연스럽게 느껴지지 않을 수 있으므로 삼가야 한다.
'~에 의해 ~되다'는 어색한 피동 표현이므로 되도록 지양해야 한다.

22

현장 교원, 교수, 시민단체 등으로 구성된 규제 발굴 현장 방문단을 구성하여 현장에서 필요로 하는 자율화 과제를 상시 발굴 ⇨ **현장에서 필요한**

: '~을 필요로 하다'는 'be necessary to'를 번역한 영어식 표현이므로 우리말답게 바꿔 쓴다.

23

바닥으로부터 1.5m 이상 높이 설치 ⇨ **바닥에서**

: '으로부터'는 'from'을 번역한 영어식 표현이므로 되도록 다른 표현으로 바꾼다.

24

한편 자리를 함께한 청장은 참석자들에 대하여 감사를 전하면서 ⇨ **참석자들에게**

: '~에 대하여'는 'about'을 번역한 영어식 표현이므로 우리말답게 바꾸어 써야 한다.

25

○○시는 해마다 취업 박람회 개최 등을 통해 구인·구직자 간 만남의 장을 마련하고 ⇨ **취업 박람회를 개최하여**

: '취업 박람회' 말고 다른 행사가 없다면 굳이 '등'을 쓸 필요가 없다.
'~을 통해'는 'through'를 번역한 영어식 표현이므로 자연스러운 표현으로 바꾸어 준다.

26

□ ○○청은 28일 서울 성수동에 위치한 20 스페이스(SPACE) 카페에서 모범 사회 복무 요원들과 함께하는 토크 콘서트를 개최하였다. ⇨ **성수동에 있는 / 성수동에 자리 잡은**

: '~에 위치한'은 'be located in'을 번역한 영어식 표현이므로 우리말답게 바꾸어 써야 한다.

27

○○청(청장 김○○)은 14일 이탤리언라이그래스와 귀리 섞어 심기 2차 수확 연시회를 갖는다. ⇨ **연시회를 연다.** ⇨ **기술 시연회를 연다.**

: 어려운 한자어는 쉬운 표현으로 바꾸어 쓴다.
'회의를 갖는다'는 'have a meeting'을 번역한 영어식 표현이므로 우리말다운 서술어를 쓴다.

28

□ 분석 결과 무한○○, 행복○○ 등의 슬로건이 많이 나왔다는 점이 군정 구호였던 행복 ○○의 영향을 많이 받았음을 말해 줌. ⇨ **무한○○, 행복○○ 등 군정 구호 행복○○의 영향을 받은 구호가 많음.**

: 사물이나 추상적인 대상이 행위의 주어로 나오는 문장은 영어 번역 투이므로 삼간다.

PART 6

2. 일본 번역 투의 표현

29

우리의 목표는 조국통일에 있다. ⇨ **조국통일이다.**

: '~에 있다'는 일본어 번역 투이므로 삼가야 한다.

30

우리 부에서는 ○○광역시청 일대에 국립○○○문화전당을 건립 중에 있습니다. ⇨ **국립○○○문화전당을 건립하고 있다.**

: '~를 ~ 중에 있다'는 일본어 번역투이므로 '~를 ~하고 있다'로 바꿔야 자연스럽다.

31

평화 유지, 테러리즘, 대량 살상 무기 확산, 해적, 조직범죄, 기후변화, 인권, 에너지 안보, 전염병 등 범세계적 문제 해결 및 다자 체제에 있어서의 협력 강화 ⇨ **체제에서**

: '~에 있어(서)'는 일본어 번역투이므로 '에서'나 '의'로 바꿔 쓴다. 번역 투는 쓰지 않는 것이 좋다.

❸ 올바른 어휘 선택하기

1. 문맥에 따른 올바른 어휘 사용

32

교육 대상: 문화 행정 인력, 정부 부처・지방자치단체 공무원
※ 접수 인원이 많으면, 문화 관련 업무 담당자 우선 선정 예정
⇨ 신청

: '접수'는 문서를 작성하는 사람 쪽의 용어이고, '신청'은 문서를 읽는 사람 쪽의 용어이다.
문서를 읽는 사람의 관점에서 용어를 사용하는 것이 좋다.

33

신청 방법: E-mail 접수: ○○○○@korea.kr
⇨ 제출

: 접수는 기관에서 하는 것인데 신청은 응시자들이 하는 것이므로 '접수'가 아니라 응시자들이 '제출'하는 것으로 고쳐야 한다.

34

제출한 서류는 일체 반환하지 않습니다.
⇨ 일절

: '일체'는 '모든 것'의 뜻이다. '전혀'라는 뜻의 말은 '일체'가 아니라 '일절'이다.
'일절'은 '아주, 전혀, 절대로'의 뜻으로, 흔히 행위를 그치게 하거나 어떤 일을 하지 않을 때에 쓰는 말이다.

35

아울러, 우리 원은 귀 기관으로부터 미술품을 대여하고자 하오니 협조하여 주시기 바랍니다.
⇨ 귀 기관으로부터 미술품을 대여받고자 하오니

: '대여하다'는 '빌려주는' 것이므로 여기에서는 '대여받다'로 써야 한다.

2. 쉬운 단어로 표현하기

36

이에 따라, 감염 확산 방지에 철저를 기하여 주시기 바라며,
⇨ 감염 확산 방지를 철저히 해 주시기 바라며
⇨ 감염이 확산되지 않도록 철저히 방지해 주시기 바라며

: 어렵고 상투적인 한문 투 표현을 피하고 되도록 쉽고 자연스럽게 쓴다.

37

금일(10. 2. 수) 17:30, 시장님 주재 상황 판단 회의 시 조치 사항 보고
⇨ 오늘

: 일본식 한자어나 어려운 한자어는 쉬운 말로 다듬어 쓴다.

38 | 대변인은 도지사 지시 사항을 도내 공직자 등이 알 수 있도록 도보에 게재하여 주시기 바랍니다
⇨ 실어

: 어려운 한자어는 쉬운 말로 다듬어 쓴다.

❹ 맞춤법

1. 표준어 규정, 한글 맞춤법 잘 지켰는가

39 | 출연자는 분장을 하고 나면 로비나 외부로 출입을 삼가하여 주십시오.
⇨ 삼가 주십시오

: '몸가짐이나 언행을 조심하다'의 뜻의 동사는 '삼가다'이다.

40 | * 설치, 승인률 : 19○○년 29.0% → 20○○년 96.6% → 20○○년 100.0%
⇨ 승인율

: 모음이나 'ㄴ' 받침 뒤에서는 '율'로, 그 외의 받침 뒤에서는 '률'로 적는다.

41 | 부스 신청 갯수
⇨ 개수

: 사이시옷 표기를 올바르게 해야 한다.

42 | 이와 관련하여, 해당 실국에서는 이전 목표 년도까지
⇨ 목표 연도

: '연도(年度)'는 두음법칙에 따라 '연도'로 적어야 한다.

43 | 선거 공보 꼼꼼이 살펴보기
⇨ 꼼꼼히

: '꼼꼼하다'의 '꼼꼼'에는 부사 파생 접사 '-히'를 붙여야 한다.

2. 문장 부호의 올바른 사용

44

20○○.11.2 (월) ⇨ 20○○. 11. 2. (월)

: 연월일 뒤에 마침표를 쓸 때는 '일'을 나타내는 숫자 뒤에도 마침표를 찍는다.
연월일을 나타내는 숫자 뒤에 찍는 마침표는 각각 '연, 월, 일'이라는 말을 대신한 것이다.
따라서 각각의 마침표 뒤는 한 칸 띈다.

45

기본 재산 처분에 따른 처분금은 어느 시점부터 기본 재산으로 편입하여 관리해야 하는지 (처분 행위가 완료(소유권 이전 등기 완료)되는 시점인지, 주무관청의 처분 허가를 받은 시점인지)? ⇨ [처분 행위가 완료(소유권 이전 등기 완료)되는 시점인지, 주무관청의 처분 허가를 받은 시점인지]

: 소괄호 안에 또 소괄호가 있을 때는 바깥에 대괄호([ ])를 쓴다.

46

또한, 관계자는 "해외 한식당 교육은 그 대상 지역을 점점 확대하고 정례화하는 방향으로 추진하겠다."라며 "외국의 유명 요리 학교와도 이에 대해 협력해 나가고 있다"고 덧붙였다. ⇨ 있다."라고 / 있다"라고

: 직접 인용된 문장의 끝에도 마침표(.)를 찍는 것이 원칙이고 생략할 수도 있다.
직접 인용을 나타내는 조사는 '라고'이다.

5 띄어쓰기

1. 접사는 붙여 쓰기

47

20○○. 4. 3. 제 4차 제 1분과 군계획위원회에서는 ⇨ 제 4차 제1 분과(원칙) / 제4차 제1분과(허용)

: '제(第)-'는 접두사이므로 뒤에 나오는 말과 붙여 써야 한다. 순서를 의미하는 경우에는 뒤의 명사와 붙여 씀도 허용한다.

48

한편, ○○국제우주대회는 60여개국 3,000여명의 우주 관련 전문가와 ⇨ 60여 개국 3,000여 명

: '-여(餘)'는 접미사이므로 앞의 수 관형사(60, 3000)과 붙여 써야 한다.
단위를 나타내는 말은 앞말과 띄어 쓴다. '개국'은 나라를 세는 단위이므로 앞말과 띄어 쓰고,
'명'도 사람을 세는 단위이므로 앞말과 띄어 써야 한다.

49

공모 기간: 20○○. 7. 24.(수)~20○○. 9. 22.(일) 2개월 간 ⇨ 2개월간

: 기간을 나타내는 말 뒤에 쓰인 '-간(間)'은 '동안'의 뜻을 나타내는 접미사이므로 앞말에 붙여 써야 한다.

50

한미 양국은 20○○년 4월 캠프데이비드에서 개최된 이명박 대통령-부시 대통령간 한미 정상회담에서 ⇨ 대통령 간

: '사이'를 나타내는 '간(間)'은 앞말과 띄어 써야 한다.

PART 6

2. 어미는 붙여 쓰기

51

'20○○ 하반기 부내 정보화 교육'을 추진할 계획인 바, 이 교육의 위탁 운영을 위한 계약 체결을 아래와 같이 의뢰하오니 조치하여 주시기 바랍니다. ⇨ 계획인바

: '계획인바'는 '계획이므로'와 가까운 뜻이다. '-므로'와 같이 연결 어미인 '-ㄴ바'는 앞말에 붙여 써야 한다.

52

이 교육의 위탁 운영을 위한 계약 체결을 아래 밝힌바와 같이 의뢰하오니 조치하여 주시기 바랍니다. ⇨ 아래 밝힌 바와 같이 ⇨ 아래와 같이

: '바'가 '방법, 일, 것, 사실, 처지, 형편' 등에 가까운 뜻일 때에는 앞말과 띄어 써야 한다.
※ '바' 뒤에 조사가 결합할 수 있으면 조사이므로 앞말과 띄어 쓰고, 결합할 수 없으면, 어미이므로 앞말과 붙여 써야 한다.
: 이 문장에서는 '아래와 같이'로 바꿔 쓰는 것이 더 자연스럽다.

뇌에 족적을 남기는 노트 독해 유형 4

정답 해설 p. 189

빨리 푸는 赤功 전략

1단계

제시문의 발문에 따라 내용보다는 '어법상' 수정할 것이 있는지 판단하기

2단계

〈공문서 작성 지침〉에 초점을 맞춰 적절하지 않은 것을 고르기

3단계

〈지침〉 보고 ㉠ 보고 ① 보고 ㉡ 보고 ② 보면서 답을 찾기

신유형 2025 버전

[작문_공문서] 문장 고쳐 쓰기

01 〈공문서 작성 지침〉에 따라 〈공문서〉의 ㉠~㉣을 수정한 것으로 적절하지 않은 것은?

공문서 작성 지침

- 필수 성분이 생략되지 않도록 주의할 것.
- 대등한 것끼리 접속할 때는 구조가 같은 표현을 사용할 것.
- 주어와 서술어를 호응시킬 것.
- 올바른 사동, 피동 표현을 사용할 것.

공문서

몽골 읍장 역량강화 위탁과정 공문

수신 전국 공공기관장

(경유)

제목 몽골 읍장 역량강화 위탁과정 안내

1. ○○부 ○○인재원은 ○○진흥원과 함께 '몽골 읍장 역량강화 위탁과정'을 운영합니다. 이번 연수는 몽골 국무총리실의 요청에 따라 몽골 지방 공무원 읍장 23명을 대상으로 하며, ㉠ <u>교육비용은 전액 부담합니다</u>.
2. 몽골 정부는 읍장의 역량 강화를 위해 한국의 ㉡ <u>지방분권을 경험하고 리더십 개발 교육을 요청해왔습니다</u>. 이에 ○○인재원은 한국의 지역발전과 시사점, 읍장 행정역량 강화, 리더십 및 실행계획 수립과 컨설팅 등 ㉢ <u>맞춤형 교육과정을 구성하였습니다</u>.
3. '한국의 지역발전과 시사점' 강의에서는 지방분권과 지역발전의 상관관계를 이해하고, 이것을 몽골에 ㉣ <u>적용시키는</u> 사례를 발굴합니다.

① ㉠: 교육 비용은 전액 몽골 정부가 부담합니다

② ㉡: 지방분권을 경험하고 리더십을 개발하는 교육을 요청해왔습니다

③ ㉢: 맞춤형 교육과정이 구성되었습니다

④ ㉣: 적용하는

02 〈공공언어 바로 쓰기 원칙〉에 따라 수정한 것으로 적절하지 않은 것은?

> 공공공언어 바로 쓰기 원칙
>
> • 간결하고 명료한 문장 사용
>   - ㉠ 의미의 중복 피할 것.
>   - ㉡ 중의적인 문장을 사용하지 말 것.
>
> • 조사·어미 등 생략 시 어법 고려
>   - ㉢ 조사, 어미, '-하다' 등을 지나치게 생략하지 말 것.
>
> • 대등한 것끼리 접속
>   - 접속되는 말에는 구조가 같은 표현을 사용함.
>
> • 외국어 번역 투 삼가기
>   - ㉣ 영어, 일본어 번역 투 삼갈 것.

① '매 1년마다 같은 절차로 반복해서 감면 신청을 해야 한다.'를 ㉠에 따라 '1년마다 같은 절차로 반복해서 강연 신청을 해야 한다.'로 수정한다.

② '시장은 시민의 안전에 관하여 건설업계 관계자들과 논의하였다.'를 ㉡에 따라 '시장은 건설업계 관계자들과 시민의 안전에 관하여 논의하였다.'로 수정한다.

③ '공연 종료 후 사용 장비 및 물품은 제자리 정리 정돈이 필요합니다.'를 ㉢에 따라 '공연을 마치면 공연에 사용한 장비와 물품을 정리해 주시기 바랍니다.'로 수정한다.

④ '현장에서 필요로 하는'을 ㉣에 따라 '현장에서 필요한'으로 수정한다.

PART 6

관련교재 (이론) 출좋포 독해 · 문학 p.68~71
(문풀) 콤단문 독해 p.54~57

Chapter 04

[작문] 내용 고쳐 쓰기

빨리 푸는 赤功 전략

1단계

발문을 보고
긍정 발문이면
㉠~㉣ 중 틀린 내용이
답이 됨을 인지하고
바로 제시문 읽기

2단계

밑줄 친 ㉠~㉣이 맞는지
틀린지는 앞뒤의 단서를
통해 판단해야 함을 알기

3단계

틀린 내용을 발견하면
선지로 가서
잘 고쳤는지 확인하기

뇌에 족적을 남기는 노트 독해 유형 5

정답 해설 p. 189

신유형 2025 버전 1

[작문] 내용 고쳐 쓰기 긍정 발문

01 다음 글의 ㉠~㉣ 중 어색한 곳을 찾아 가장 적절하게 수정한 것은?

> 탈세계화 현상은 21세기 들어 점차 뚜렷해졌으며, 세계화의 정체 및 반세계화 경향이 지속되고 있다. 이는 ㉠ <u>미국 중심의 경제 구조가 강화된 상황</u>으로, 신흥국들의 경제적 부상이 주요 원인 중 하나이다. 특히, 아시아 신흥국들의 경제 성장이 세계 경제에서 차지하는 비중이 커지면서 기존의 경제 질서가 흔들리고 있다. 이와 더불어 ㉡ <u>탈세계화로 인해 다국적 기업들의 투자 및 생산 거점이 자국으로 회귀하는 현상</u>이 나타나고 있으며, 각국은 자국 산업 보호에 주력하고 있다. 이러한 변화는 국가 간 경제적 연계성을 약화시키며 자국 중심의 산업 구조를 강화하는 결과를 가져왔다. 특히, 국제사회는 코로나19 팬데믹으로 국가 간 물적 · 인적 이동의 제약을 경험하면서 ㉢ <u>세계화의 한계를 인식하게 되었다</u>. 이러한 팬데믹 상황에서 각국은 필수품 및 전략 자원을 자국 내에서 확보하려는 경향이 강해졌으며, 자국 중심의 경제 체제로의 전환이 가속화되고 있다. 이 과정에서 국가의 자원 통제력은 증가하고 있으며, 각국의 상호 의존이 축소되고 있다. 반면, ㉣ <u>경제적 불평등 문제는 이러한 변화의 부정적 결과로 대두되고 있으며</u>, 특히 신흥국의 성장에도 불구하고 여전히 선진국과의 경제적 격차가 존재한다.

① ㉠ 다극 체제로의 전환이 가속화된 상황
② ㉡ 국제사회의 협력 강화로 다국적 기업들의 진출이 활발해지는 현상
③ ㉢ 세계화의 중요성을 재인식하게 되었다
④ ㉣ 경제적 불평등 문제는 이러한 변화의 일시적 결과로 대두되고 있으며

뇌에 족적을 남기는 노트 독해 유형 6

정답 해설 p. 190

신유형 2025 버전 2

[작문] 내용 고쳐 쓰기 부정 발문

02 ㉠~㉣ 중 어색한 곳을 찾아 수정하는 방안으로 가장 적절하지 않은 것은?

192년 전 프랑스의 정치사상가 알렉시스 토크빌은 미국의 13개 주를 방면하여 9개월간 체류하며, 프랑스혁명이 민주혁명으로 진전되지 못하는 이유를 미국의 민주주의에서 찾으려 하였다. 미국은 프랑스에 비하면 신생국에 불과했고 ㉠ 여러 면에서 우월하다고 간주되었지만, 어떻게 성공적으로 민주주의가 정착할 수 있었는지 의문을 갖고 있었던 것이다. 알렉시스 토크빌은 미국 사회를 ㉡ 보편화된 평등의 조건이 가동되는 사회라고 규정하고 이것이 민주주의를 가동하는 동력이 되었다고 이해하였다. 미대륙은 영국의 입헌군주제 정치와 종교의 박해를 받았던 청교도 개척민들이 대거 이주한 곳이었다. 그들에게 민주주의란 프랑스에서처럼 문서나 계몽 사상가의 이론으로 배우는 것이 아니라 ㉢ 미지의 땅에 유럽의 정치이론을 뿌리내리기 위한 차원에서 서로 의지하면서 협력할 수밖에 없었던 공동체 생활 방식으로서의 ㉣ 이론적 민주주의였다. 또한 미국 지방 민주주의의 근간이 된 타운 미팅과 타운십 제도는 미국의 지방자치 기초로 자리 잡았기에 미국의 민주주의는 성공적으로 성장할 수 있었다.

① ㉠: 여러 면에서 부족하다고
② ㉡: 신분주의의 기초에 입각한 차등의 조건
③ ㉢: 미지의 땅에서 생존과 안전 차원
④ ㉣: 실천적 민주주의

빨리 푸는 赤功 전략

1단계

발문을 보고
부정 발문이면
㉠~㉣ 중 옳은 내용이
답이 됨을 인지하고
바로 제시문 읽기

2단계

밑줄 친 ㉠~㉣이 맞는지
틀린지는 앞뒤의 단서를
통해 판단해야 함을 알기

3단계

옳은 내용을 발견하면
선지로 가서
잘못 고쳤는지 확인하기

관련교재 이론 없음 / 문풀 콤단문 독해 p.64~67

Chapter 05 중심 내용 추론

빨리 푸는 赤功 전략

1단계

중심 내용 추론 문제는 제시문 먼저 읽기

2단계

접속어나 지시어를 중심으로 중요한 내용이 무엇인지 파악하며 읽기

3단계

선지에서 중심 내용이 바로 보이면 그것을 고르면 되지만,

그게 아니라면 소거법을 통해 푸는 것이 제일 안전!

족적노 독해 赤功 노트

❶ 중심 화제?

⋮

❷ 이 글의 구조?

⋮

❸ 이 글의 핵심 문장(지시어, 접속어)

⋮

❹ 지시어 잘 해석하기

⋮

❺ 선지 분석(출제자가 좋아하는 오답 패턴)

⋮

정답

❶ 한국과 일본의 분할연금제도의 차이점
❷ 대조 구조
❸ 전문가들은 이러한 제도 개선이 고령화 사회에서 연금 수급자들의 경제적 자립에 기여할 것이라고 전망하고 있다. 한국과 일본의 경험은 사회적 안전망을 더욱 확고히 하기 위한 중요한 비교 사례로 여겨진다.
❹ 이러한 제도 개선: 이혼 후에도 안정적 소득원을 확보하려는 요구가 증가하면서 제도적 개편의 필요성을 촉발
❺ ① 극단의 오류 ② 일부의 오류 ③ 반대의 오류

뇌에 족적을 남기는 노트 독해 유형 7

정답 해설 p. 190

신유형 2025 버전

중심 내용 추론

01 다음 글의 핵심 논지로 가장 적절한 것은?

> 한국과 일본의 분할연금제도는 두 나라의 사회적, 제도적 배경을 반영하여 발전해 왔다. 한국은 1999년 국민연금법을 개정하며 분할연금제도를 도입했고, 이후 여러 차례 개정하면서 이혼 시 연금 수급권자의 권리를 보장하려 노력해왔다. 반면, 일본은 2007년에 분할연금제도를 도입하여 이혼 시 소득 이력을 분할하는 절차를 정립했으며, 이후 혼인 기간 중 연금보험료 납부 월수를 기준으로 분할 비율을 결정하고, 분할된 소득 이력을 온전히 본인의 소득으로 인정한다. 한편, 한국에서는 분할연금 수급권이 배우자의 사망 시 상실되는 문제를 개선할 필요성이 꾸준히 제기되고 있다. 이는 이혼 후에도 안정적 소득원을 확보하려는 요구가 증가하면서 제도적 개편의 필요성을 촉발하고 있다. 일본은 이와 같은 문제를 보완하기 위해 이혼 후에도 본인의 연금 자격을 독립적으로 유지할 수 있도록 하고 있으며, 한국도 일본의 사례를 참고하여 수급권의 지속성과 독립성을 강화하는 방향으로 나아가고자 하는 움직임을 보인다. 전문가들은 이러한 제도 개선이 고령화 사회에서 연금 수급자들의 경제적 자립에 기여할 것이라고 전망하고 있다. 한국과 일본의 경험은 사회적 안전망을 더욱 확고히 하기 위한 중요한 비교 사례로 여겨진다.

① 한국과 일본의 분할연금제도는 모두 수급권 상실 문제를 보완하여 안정적 소득원을 보장하도록 운영되고 있다.
② 일본의 분할연금제도는 배우자의 사망 시 수급권 상실 문제를 보완하기 위한 정책을 강화하고 있다.
③ 한국과 일본은 이혼 후에도 경제적 자립을 위해 연금 수급권의 지속성과 독립성을 유지하려는 제도적 개선이 필요하다.
④ 한국과 일본의 분할연금제도는 동일한 방식으로 고령화 사회에서 사회적 안전망을 강화하고 있다.

관련교재 이론 출좋포 독해 · 문학 p.126~133
문풀 콤단문 독해 p.76~79

스타강사 박혜선

Chapter 06

내용 추론 긍정 발문

빨리 푸는 赤功 전략

1단계

선지의 길이 확인하기
너무 길면
제시문으로 가기

짧으면 선지를 읽되
선지에서 전체적인 느낌
파악하기

2단계

제시문을 혜선 쌤이
수업에서 알려 준
야매꼼수
방식으로 읽기

3단계

제시문을 읽을 때
선지의 초점어가
나타나면
더욱 집중해서 읽고
선지의 참 거짓을
판별하기

쪽찍노 독해 赤功 노트

❶ 중심 화제?

⋮

❷ 이 글의 구조?

⋮

❸ 지엽 OR 큼직?

⋮

❹ 출제자가 옳은 선지를 만드는 방법에 대한 것이다. 빈칸에 해당하는 정보를 제시문에서 찾으시오.

④: 두 개의 정보(1문단+3문단)를 조합하여 추론한 결과 이 선지가 적절하다.

1문단 – ______________________________

3문단 – ______________________________

❺ 출제자가 옳지 않은 선지를 만드는 방법에 대한 것이다. 각 선지가 틀린 이유를 채우시오.

①: 핵심어(하드리아누스, 아그리파가 지었다, 라틴어 명문)를 조합하여
아예 언급되지 않은 새로운 내용을 그럴듯하게 꾸며 오답 선지를 만듦.

2문단 함정: "하드리아누스 황제는 아그리파를 존중하는 의미로 팡테온의 지붕에 조각된 '아그리파가 지었다'라는 라틴어 명문을 철거하지 않고 그대로 남겨놓았다."

→ 틀린 이유: ______________________________

②: 핵심어(그의 사후, 프랑스 혁명)를 조합하여
아예 언급되지 않은 새로운 내용을 그럴듯하게 꾸며 오답 선지를 만듦.

3문단 함정: "그의 사후 프랑스 혁명이 일어났고"

→ 틀린 이유: ______________________________

③: 핵심어(국립 묘지, 로마 팡테온)를 조합하여
아예 언급되지 않은 새로운 내용을 그럴듯하게 꾸며 오답 선지를 만듦.

1문단 함정: "프랑스 국립묘지 팡테온은 1791년 프랑스의 위인들을 모신 국립묘지로 처음 개장하였다. 그리스 로마 고전 건축의 형식미를 계승한 팡테온은 그 유려한 건축미로 프랑스의 대표적 유적지로 꼽히고 있다."

→ 틀린 이유: ______________________________

뇌에 족적을 남기는 노트 독해 유형 8

정답 해설 p. 190

신유형 2025 버전

내용 추론 긍정 발문

01 다음 글에서 추론한 내용으로 적절한 것은?

프랑스 국립묘지 팡테온은 1791년 프랑스의 위인들을 모신 국립묘지로 처음 개장하였다. 그리스 로마 고전 건축의 형식미를 계승한 팡테온은 그 유려한 건축미로 프랑스의 대표적 유적지로 꼽히고 있다. 이는 팡테온의 건축가인 수플레가 로마 팡테온의 건축 형식을 참고했기 때문이다.

수플레가 참고한 로마의 팡테온은 집정관 아그리파가 건설하였으나 현재 남아 있는 건물은 하드리아누스 황제가 재건한 것이다. 하드리아누스 황제는 아그리파를 존중하는 의미로 팡테온의 지붕에 조각된 '아그리파가 지었다'라는 라틴어 명문을 철거하지 않고 그대로 남겨놓았다.

루이 15세에게 생 주느비에브 성당 건설을 명받은 수플레는 로마 유학의 경험으로 로마의 팡테온을 본뜬 건축물을 설계했지만 건물의 완공을 보지 못하고 1780년에 사망하였다. 루이 15세에게 건축을 의뢰 받은 후 오랜 시간이 지나도 건물을 완공하지 못한 것은 그의 설계를 당대 건축 기술이 뒷받침하지 못해 설계를 실현할 건축 기술을 개발하며 건축을 진행해야 했기 때문이다. 그의 사후 프랑스 혁명이 일어났고 새롭게 들어선 프랑스 혁명 정부는 수플레의 설계를 반영하면서도 건물의 용도를 성당에서 국립묘지로 바꾸어 팡테온을 완공하였다.

① 하드리아누스 황제는 '아그리파가 지었다'라는 라틴어 명문을 새겨 아그리파를 존중하였다.

② 수플레는 프랑스 혁명 정부의 방해로 팡테온의 완공을 보지 못하고 죽었다.

③ 오늘날의 팡테온은 로마 팡테온처럼 국가의 위인을 모신 국립묘지로 사용한다.

④ 수플레는 로마 고전 건축의 형식미를 계승한 아름다운 성당을 지으려 하였다.

독해노트 정답

❶ 프랑스 국립묘지 팡테온
❷ 통시적 구조
❸ 지엽적으로 읽어야 함
❹ 1문단–"이는 팡테온의 건축가인 수플레가 로마 팡테온의 건축 형식을 참고했기 때문이다."
3문단–"루이 15세에게 생 주느비에브 성당 건설을 명받은 수플레는"
❺ ① 틀린 이유: 미언급의 오류. 하드리아누스 황제는 '아그리파가 지었다' 라는 명문을 새긴 적이 없다.
② 틀린 이유: 미언급의 오류. 수플레가 먼저 죽은 후에 프랑스 혁명이 일어난 것이므로 수플레가 프랑스 혁명 정부의 방해를 받았다는 것은 적절하지 않다.
③ 틀린 이유: 미언급의 오류. '건물의 용도를 성당에서 국립묘지로 바꾸어 팡테온을 완공하였다.' 라는 구절을 보면 로마 팡테온이 국립묘지로 사용되었다는 것은 알 수 없다.

PART 6

관련교재 이론 출좋포 독해 · 문학 p.134~142
문풀 콤단문 독해 p.86~89

Chapter 07

내용 추론 부정 발문

빨리 푸는 赤功 전략

1단계

선지의 길이 확인하기
너무 길면 제시문으로 가기

짧으면 선지를 읽되 선지에서 전체적인 느낌 파악하기

2단계

제시문을 혜선 쌤이 수업에서 알려준 야매꼼수 방식으로 읽기

3단계

제시문을 읽을 때 선지의 초점어가 나타나면 더욱 집중해서 읽고 선지의 참 거짓을 판별하기

족적노 독해 赤功 노트

❶ 중심 화제?

: ________과 ________

❷ 이 글의 구조?

: ______구조, ______구조

❸ 지엽 OR 큼직?

:

❹ 출제자가 옳지 않은 선지를 만드는 방법에 대한 것이다. 빈칸을 채우시오.

②: 반대의 오류

→ 틀린 이유: '________________________________'라는 서술로 보아 순수예술과 대중예술 사이의 논쟁이 현재에도 주요한 논점으로 남아 있다고 추론하는 것은 적절하지 않음을 알 수 있다.

❺ 각 선지가 옳다고 볼 수 있는 근거를 제시문에서 찾아 채우시오.

①

③

④

정답

❶ 순수예술, 대중예술
❷ 대조, 통시적
❸ 지엽적으로 읽어야 함
❹ 현재의 시점에는 순수예술과 대중예술에 관한 논쟁은 무의미하다.
❺ ① '이러한 순수예술과 다르게 실천적이고 일상적인 삶과 관련된 대중예술은 저급한 것으로 폄훼되었고 두 예술 간의 격차는 점점 뚜렷해졌다.'
③ '하지만 19세기에 이르러 대중예술이 순수예술의 아성을 무너뜨리면서 독자적인 영역을 구축하기 시작했다.'
④ '대중예술의 수용성이 확대되고 미적 가치가 인정받고 있는 상황에서 순수예술 분야에서도 오히려 대중예술의 방법론을 수용하고자 하는 움직임이 일어나고 있다.'

뇌에 족적을 남기는 노트 독해 유형 9

정답 해설 p. 191

신유형 2025 버전

내용 추론 부정 발문

01 다음 글을 읽고 추론할 수 있는 내용으로 적절하지 않은 것은?

> 순수예술과 대중예술은 예술에 관한 논의에서 자주 등장하는 개념인데 대부분 상반된 의미로 이해된다. 18세기 중엽에 '순수'라는 개념이 등장하기 전까지만 하더라도 예술에 종사하는 사람들은 일종의 기능인에 속했다. 그러다가 순수예술 개념이 등장하고 예술이 지적이고 숭고한 것, 천재적인 재능과 관련된 것으로 간주되기 시작하였고 예술의 의미와 향유계층도 엄격하게 구분되기 시작하였다. 이러한 순수예술과 다르게 실천적이고 일상적인 삶과 관련된 대중예술은 저급한 것으로 폄훼되었고 두 예술 간의 격차는 점점 뚜렷해졌다. 하지만 19세기에 이르러 대중예술이 순수예술의 아성을 무너뜨리면서 독자적인 영역을 구축하기 시작했다. 현재의 시점에는 순수예술과 대중예술에 관한 논쟁은 무의미하다. 그럼에도 순수예술과 대중예술이라는 개념은 여전히 쓰이고 있다. 대중예술의 수용성이 확대되고 미적 가치가 인정받고 있는 상황에서 순수예술 분야에서도 오히려 대중예술의 방법론을 수용하고자 하는 움직임이 일어나고 있다.

① 예술의 의미와 관련하여 순수예술과 대중예술 사이에는 전통적으로 격차가 존재해왔다.

② 순수예술과 대중예술 사이의 논쟁은 현재에도 예술계의 주요한 논점으로 남아있다.

③ 19세기에 이르러 대중예술은 독자적인 영역을 형성하면서 발전하였다.

④ 대중예술의 미적 가치가 주목받기 시작하면서 순수예술 분야에서 대중예술의 방법론과 융합하려는 움직임이 늘어나고 있다.

PART 6

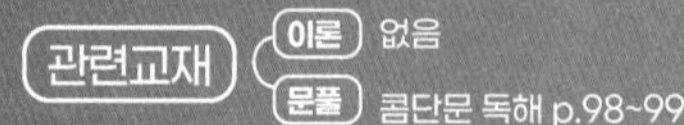

Chapter 08

밑줄 추론

빨리 푸는 赤功 전략

1단계

밑줄 추론의 경우에는 선지보다는 제시문을 먼저 읽기

2단계

밑줄 추론 제시문은 핵심 부분에 밑줄을 긋는 것이 생명!

3단계

대조 구조의 경우 ㉠, ㉡에 대해 명확하게 파악해야 추론이 가능!

4단계

선지를 보고 우선 해결할 수 있는 선지들(①, ④)은 먼저 해결하기

뇌에 족적을 남기는 노트 독해 유형 10

정답 해설 p. 191

신유형 2025 버전

밑줄 추론

01 ㉠과 ㉡을 이해한 것으로 가장 적절한 것은?

어떤 사실이나 사물의 가치에 대한 평가는 전문가들 사이에서도 완전히 일치하지 않는 경우가 많다. ㉠ 가치가 주관적으로 평가되는 것이라는 생각은 고대 소피스트들부터 현대 철학자들에 이르기까지 만연했던 것이다. '개인의 취향은 논의될 수 없다.'라는 라틴어 격언에서도 가치란 주관적인 것이라는 인식을 찾을 수 있다.

그러나 사람에 따라 가치의 평가가 달라진다는 것을 인정하면서도, ㉡ 가치란 객관적으로 존재하는 것이라고 보는 이들도 있다. 우리가 대상을 지각하는 것이 대상 자체를 만들어 내는 것이 아닌 것처럼, 인간의 주관적 평가도 가치를 파악하는 작용일 뿐, 가치 그 자체는 아니라는 것이다. 그러나 가치를 객관적으로 파악하기란 매우 어려운 일이므로, 교육을 통해 보편적 가치에 대해 합의하는 과정 또한 필요하다는 것이 이들의 주장이다. 이 과정을 통해 인간은 가치를 객관적으로 파악하고, 그것을 서열화할 수 있다는 것이다.

① ㉠을 주장하는 사람들은 개인이 서로 다른 대상의 가치를 비교하여 평가할 수 없다고 말할 것이다.
② ㉠을 주장하는 사람들과 ㉡은 모두 사람에 따라 동일한 대상에 대한 가치의 평가가 달라진다는 것을 인정할 것이다.
③ ㉡과 달리 ㉠을 주장하는 사람들은 교육을 통해서 대상의 가치를 배우는 과정이 필요하다고 말할 것이다.
④ ㉡은 가치란 상대적으로만 서열화할 수 있는 것이라고 말할 것이다.

02 다음 글을 바탕으로 ㉠에 대해 추론할 때 가장 적절한 것은?

지면의 흔들림이나 바람이 건물을 양옆으로 흔드는 힘을 횡력이라 한다. 횡력은 건물의 안전을 위협하기에 횡력 저항을 높이려 건물 중심에 코어 기둥을 세운다. 다만, 40층 이상의 고층 건물의 경우 코어 기둥만으로 횡력 저항을 높이려면 코어 기둥의 두께와 시공비가 감당할 수 없을 정도로 늘어나므로 건물 외벽과 코어 기둥을 단단히 붙들어 매주는 아웃리거를 설치하여 ㉠ 횡력 저항을 높이게 된다. 아웃리거는 코어 기둥과 외벽 사이에 건물 내부 공간을 가로지르므로 건물 내부 공간 활용 면에서 손해를 보지만 이를 설치하여 얻을 수 있는 이점이 이를 상쇄한다. 또 최근에는 아웃리거를 층과 층 사이에 설치하거나 기계실, 배수관 등의 건물의 필수 설비 공간으로 활용하여 내부 공간 활용도를 개선하는 방법도 많이 사용되고 있다.

초고층 건물의 경우, 아웃리거만으로 횡력 저항이 충분하지 않아 건물 외벽에 아웃리거와 아웃리거를 이어주는 철골 구조물인 벨트 트러스트를 설치한다. 벨트 트러스트는 코어 기둥과 연결되지는 않으나 아웃리거의 횡력 저항을 높인다.

① 40층 이하의 건물을 지을 때는 ㉠을 고려할 필요가 없다.
② 경제적 이유로 아웃리거를 추가하여 ㉠을 높이기도 한다.
③ 내부 공간 활용에 이점을 주는 요소로도 기능한다.
④ 벨트 트러스트는 코어 기둥과 연결돼 ㉠을 높인다.

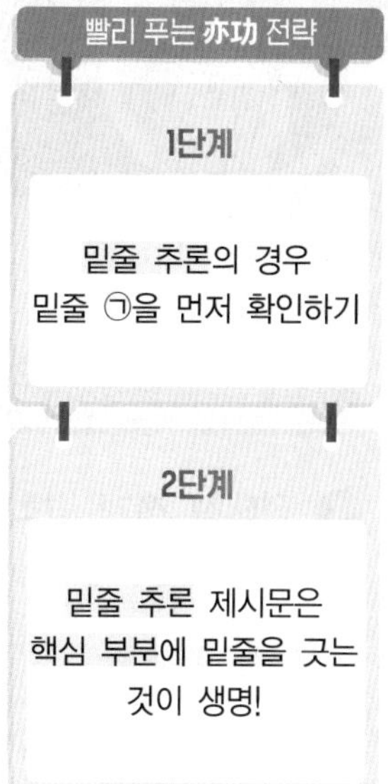

Chapter 09

설명 방식

출.좋.포 3 설명 방식

❶ 정태적 전개 방식

(1) 정의와 지정

정의(定義)	어떤 관점이나 현상에 대한 개념(뜻)을 설명하는 서술 방식 ▸A란 ~이다. ~이라는 의미가 있다. 이를 ~A라 한다. 예 소설이란 사실 또는 작가의 상상력에 바탕을 두고 허구적으로 이야기를 꾸며 나간 산문체의 문학 양식을 의미한다. 다음 세대에 자신의 모어(母語)를 전달하지 않고자 하는 행위를 '언어 자살(language suicide)'이라고 한다. 학문을 하는 목적이 자신의 내면적 성찰과 수양을 위한 것임을 강조하는 위기지학(爲己之學)은 주자(朱子)가 강조하였다.
지정(指定)	손가락으로 가리키듯, 확실하게 가리켜 정하는 것 예 저 책이 내가 말한 정말 재미있다는 소설책이야.

(2) 비교와 대조

비교(比較)	두 대상의 공통점을 서술 예 3차 흡연은 본인이 직접 담배를 피우지 않고도 흡연 효과를 갖는다는 점에서 2차 흡연과 같다.
대조(對照)	두 대상의 차이점을 서술 예 1809년에 발표된 라마르크의 진화론은 생물체가 단순한 형태에서 복잡한 형태로 진화한다고 했다. 여기에는 다윈의 진화론과 달리 선택 개념이 없다.

(3) 분류와 분석

분류(分類)	구분(區分)	(종류) 상위 항목을 하위 항목으로 나누는 서술 방식 예 자동차에는 크기에 따라 소형차, 중형차, 대형차가 있다. 미술 작품에 등장하는 동물은 그 성격에 따라 나누어 보면 종교적·주술적인 동물, 신을 위한 동물, 인간을 위한 동물로 구분할 수 있다.
	분류(分類)	(종류) 하위 항목을 상위 항목으로 묶는 서술 방식 예 시, 소설, 수필 등을 문학이라고 한다.
분석(分析)		(구성이나 구조) 전체를 부분으로 나누어 설명하는 것 예 자동차는 타이어, 핸들, 차체 등으로 구성되어 있다. 곤충은 머리, 가슴, 배로 나눌 수 있다.

(4) 유추

유추(類推)	유사한 점에 기초하여 다른 개념을 더 쉽게 설명함. ▶ 처럼, 듯이, 인 양, -같다, 마찬가지이다. 예 이성을 이해하는 것은 배를 항해하는 것과 같습니다. 바다 위를 떠다니는 배는 목적지에 도착하기 위해 방향을 제대로 잡아야 하고, 그 방향을 유지하는 데에는 나침반이 필수적입니다. 이성은 우리 마음의 나침반과도 같아서, 우리가 어떤 상황에서든 올바른 판단을 내리고 그 판단에 따라 행동할 수 있게 도와줍니다.

(5) 예시

예시(例示)	어떤 내용에 구체적인 예를 드는 서술 방식 예 주자학에는 태극 이론, 음양(陰陽), 이기(理氣), 심성론(心性論) 등 어려운 용어가 많이 나온다. 예 어떤 사물을 역사적 인물처럼 의인화하여 그 가계와 생애 및 개인적 성품, 공과(功過)를 기록하는 전기(傳記) 형식의 글을 가전이라고 한다. 거북·대나무·지팡이·술·돈 따위의 동물이나 식물, 생활에 필요한 물건 같은 사물을 의인화해 그 생애를 서술한다.

(6) 묘사

묘사(描寫)	어떤 대상을 시각, 청각, 촉각 등을 사용하여 있는 그대로 생생하게 그림을 그리듯이 서술하는 방식 예 이지러는 졌으나 보름을 가제 지난 달은 부드러운 빛을 흐뭇이 흘리고 있다. 대화까지는 칠십 리의 밤길, 고개를 둘이나 넘고 개울을 하나 건너고, 벌판과 산길을 걸어야 된다. 길은 지금 긴 산허리에 걸려 있다. 밤중을 지난 무렵인지 죽은 듯이 고요한 속에서 짐승 같은 달의 숨소리가 손에 잡힐 듯이 들리며, 콩 포기와 옥수수 잎새가 한층 달에 푸르게 젖었다. - 2022 지방직 9급

(7) 문답

문답(問答)	중심 대상에 대해 질문하고 그에 대한 답을 서술하는 방식 예 그러면 말과 생각이 얼마만큼 깊은 관계를 가지고 있을까? 이 문제를 놓고 사람들은 오랫동안 여러 가지 생각을 하였다. 그 가운데 가장 두드러진 것이 두 가지 있다. 그 하나는 말과 생각이 서로 꼭 달라붙은 쌍둥이인데 한 놈은 생각이 되어 속에 감추어져 있고 다른 한 놈은 말이 되어 사람 귀에 들리는 것이라는 생각이다. 다른 하나는 생각이 큰 그릇이고 말은 생각 속에 들어가는 작은 그릇이어서 생각에는 말 이외에도 다른 것이 더 있다는 생각이다.

(8) 문제 해결

문제 해결(問題 解決)	어떤 현상에 대한 문제점의 원인을 파악하고 문제를 해결하는 서술 방식

❷ 동태적 전개 방식

(1) 서사

서사(敍事)	시간의 흐름에 따라 어떤 사건이나 일을 서술하는 방식 보통 소설에서 많이 보인다. 예 다음날도 찬호는 학교 담을 따라 돌았다. **그리고** 고무신을 벗어 한 손에 한 짝씩 쥐고는 고양이 걸음으로 보초의 뒤를 빠져 팽이처럼 교문 안으로 뛰어들었다.

(2) 인과

인과(因果)	원인과 결과를 서술하는 설명 방식 예 한국의 자연환경은 사계(四季)의 구분이 뚜렷한 전형적인 온대지역이며, 지형 또한 노년기의 완만한 구릉 지대여서 선율적이고 곡선이 많다. **따라서** 자연에 도전하기보다는 자연의 질서에 순응하며 살아왔으며, 이러한 자연환경은 한국인의 자연에 대한 애호와 순응성을 기르는 데 도움을 주었고, 성품 형성에 크게 작용하였다.

(3) 과정

과정(過程)	일련의 행동, 변화, 기능, 단계, 작용 등에 초점을 두는 서술 방식 예 먼저 물을 담고 물을 끓인다. 물이 끓으면 스프를 넣는다. 그 다음 면을 넣는다.

뇌에 족적을 남기는 노트 독해 유형 11

정답 해설 p. 191

기존 출제 유지 2024 버전

설명 방식

01 다음 글의 전개 방식에 대한 설명으로 적절한 것은?

> 게임은 텍스트 문학 속으로 들어와 게임 판타지라는 새로운 서사로 자리 잡게 되었다. 이러한 게임 판타지의 발달을 이해하기 위해서는 게임 문화의 발달 과정을 확인해야 한다. 1970~1980년대 들어 일본에서 전자식 비디오 아케이드 게임이 수입되기 시작하였다. 이 시기 빵집, 다방 등에 등장한 게임기는 새로운 문물이었다. 다만 비디오 게임은 '왜색'을 지닌 것이라 하여 직접적인 유통이 금지되어 있었고 음지에서의 유통이 이루어졌다. 1980년대 중후반 이후 가정용 PC가 보급되기 시작함에 따라 PC 게이머 문화가 태동하였다. 이 시기 RPG 게임들도 대거 등장하였는데 <울티마>, <위저드리>, <마이트 앤 매직> 시리즈가 대표적이다. 게임 문화와 함께 PC통신의 공간에서 초창기 판타지 소설들이 잉태되었다. 당시 10~20대 청년들은 게임에서 경험한 이국적 체험을 서사의 형태로 재현하고자 했다. 이경영 작가는 중학생 시절 플레이한 게임의 감각을 소설로 구현하고자 <가즈나이트>를 집필하였으며 이상균 작가는 <울티마>의 체험을 재현하여 <하얀 로냐프 강>을 창작하였다. 초기 판타지 소설의 발달을 돌아보면 이렇듯, 게임을 토대로 한 장르 판타지 제작이 이루어졌음을 이해할 수 있다.

① 전문 용어의 뜻을 쉽게 풀이하여 독자의 이해를 돕고 있다.
② 이론적 근거를 토대로 논지의 신뢰성을 강화하고 있다.
③ 시대적 변천 양상을 살피면서 중심 제재를 소개하고 있다.
④ 중심 제재의 발달 과정을 통계적 수치를 활용하여 소개하고 있다.

빨리 푸는 赤功 전략

1단계

설명 방식 문제는 선지를 먼저 보기 (단, 선지가 복잡하면 제시문 먼저 보기)

2단계

혜선 쌤이 수업에서 알려준 야매 꼼수를 꼭 적용해서 문제 풀기!

3단계

야매꼼수로 빨리 풀어야 하는 시간 절약 유형임을 알기

Chapter 10

단수 빈칸 추론

빨리 푸는 赤功 전략

1단계

빈칸의 위치를 파악하고 빈칸이 포함된 문장을 읽고 단서 추론하기

2단계

빈칸을 추론할 수 있는 핵심 정보에 밑줄을 긋기

3단계

핵심 정보를 통해 빈칸을 스스로 예측한 후 가장 비슷한 내용을 가진 선지를 고르기

뇌에 족적을 남기는 노트 독해 유형 12

정답 해설 p. 192

신유형 2025 버전

단수 빈칸 추론

01 다음 빈칸 ㉠에 들어갈 말로 가장 적절한 것은?

> 한국어에서는 전통적으로 문장 속에서 일정한 문법적 기능을 수행하는 구성 요소들을 문장 성분이라고 불러왔다. 문장 성분의 세부적 체계에 관해서는 연구자에 따라 견해의 차이가 있지만, 일반적으로는 문장 성분을 문장 성립에 필수적으로 필요한 주성분, 문장 성립에 필수적이지 않은 부속 성분, 다른 성분과 직접적 관계가 없는 독립 성분으로 나누고 있다. 주성분과 부속 성분에 대해서는 범주의 정의 및 범위, 특징에 관한 많은 연구가 있었지만 독립 성분인 독립어에 대한 논의는 미진한 실정이다. 이는 독립어의 중요성이 다른 문장 성분에 비해 상대적으로 약하다는 점, 독립어는 구어성이 강하다는 특징에서 기인한 것일 수 있다. 일부 연구자들은 독립어가 실제로 필요한지 의문을 제기하기도 하였는데 (㉠). 기존에 독립어로 다루어지던 것 중 일부는 독립어가 아니라 인접한 범주인 부사 혹은 소형문에 속하는 것으로 다루어지기 시작했다. 하지만 부사나 소형문은 범주가 공유하는 명확한 특징이 있지만, 독립어는 이들과 다소 이질적인 측면이 있어서 독립어의 범주를 완전히 없애는 것도 쉽지 않은 일이다.

① 독립어 범주의 모호성이 해소되지 않았기 때문이다
② 독립어는 단독으로 연구된 적이 없기 때문이다
③ 독립어와 인접 범주의 차이가 점점 분명해지고 있기 때문이다
④ 독립어는 문어적 특성이 강해서 일상 언어에서 쓰이지 않기 때문이다

02 다음 빈칸 ㉠에 들어갈 말로 가장 적절한 것은?

세계시민주의는 크게 두 가지 측면에서 이해될 수 있다. 하나는 우리가 가족, 친구, 같은 국적을 가진 사람들을 넘어 모든 인류에 대한 의무를 지닌다는 생각이다. 다른 하나는 인류의 보편적 가치뿐만 아니라 개별 문화의 고유한 관습과 신념을 존중해야 한다는 믿음이다. 이는 문화적 차이를 인정하고 존중하며, 세계의 다양성이 인류의 집단적 경험을 풍요롭게 한다는 것을 의미한다.

그러나 이러한 두 이상, 즉 보편적 관심과 정당한 차이에 대한 존중은 때때로 충돌할 수 있다. 예를 들어, 빈곤국 지원의 필요성에는 동의하더라도 부유한 국가들은 무역이나 이민 정책과 같은 국내 우선순위와의 균형을 맞추는 데 어려움을 겪는다. 더욱이 세계시민주의는 지역적 정체성으로부터의 유리를 초래한다는 비판을 받아왔다. 에드먼드 버크는 세계시민주의자들이 가족이나 공동체에 대한 직접적인 책임은 소홀히 한 채 '인류를 사랑한다'고 말할 수 있다고 지적했다. 이러한 도전 속에서 '뿌리 내린 세계시민주의'라는 더 균형 잡힌 접근이 등장했다. 이는 개인과 사회의 특수한 문화적, 국가적 정체성을 기반으로 하면서도 보편적 인류 가치를 수용하는 것이다. 따라서 세계시민주의의 이상을 실현하기 위해서는 (㉠)

① 지역적 정체성과 전통적 가치를 완전히 극복하고 보편적 인류애를 중심으로 한 새로운 질서를 구축해야 한다.

② 문화적 차이를 인정하되 인류 보편의 가치를 우선시하여 글로벌 시대에 걸맞은 윤리 체계를 확립해야 한다.

③ 국가와 지역의 고유한 이익을 최우선으로 고려하여 세계화 시대의 부작용을 최소화하도록 해야 한다.

④ 보편적 가치와 지역적 특수성 사이의 조화로운 균형을 통해 실천 가능한 세계시민주의를 구현해야 한다.

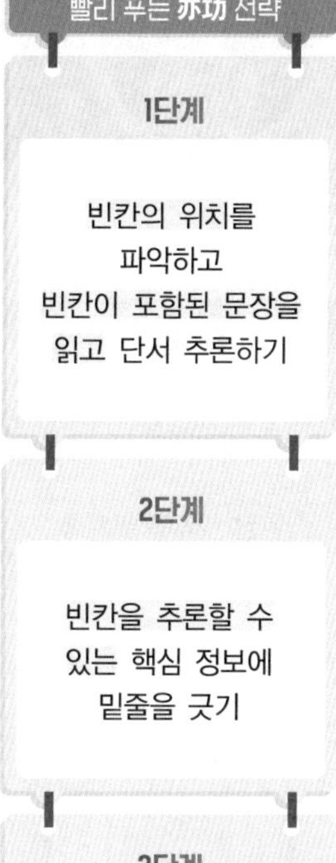

PART 6

스타강사 박혜선

Chapter 11

복수 빈칸 추론

빨리 푸는 亦功 전략

1단계

빈칸 (가)의 위치를 파악하고

(가)의 빈칸을 추론할 수 있는 핵심 정보에 밑줄을 긋기

2단계

빈칸 (가)의 접속어를 스스로 예측하기

(가)에 알맞은 접속어의 선택지는 살리고 맞지 않은 선지는 소거하기

3단계

살린 선지의 (나)를 커닝하고 둘 중 어떤 내용이 둘째 빈칸에 맞는지 확인 후 답을 고르기

뇌에 족적을 남기는 노트 독해 유형 13

정답 해설 p. 192

기존 출제 유지 2024 버전

복수 빈칸 추론 : 접속어

01 다음 글의 ㉠~㉢에 들어갈 접속 부사로 가장 적절한 것은?

영국과 미국 등 서구 열강은 아라비아반도와 이란 등 걸프 지역에서 20세기 전반에 걸쳐 정치적, 군사적 패권을 확립해 나갔다. 1953년 미국과 영국이 미국 중앙정보부를 동원한 쿠데타로 이란의 정권을 축출하고 석유 이권을 강탈한 사례는 강대국이 군사력을 동원하여 자원을 강탈한 가장 노골적인 사례이다. (㉠) 이러한 사례는 미국의 대중동정책에서 석유 자원의 지위가 얼마나 중요한지를 보여주는 지표가 된다. (㉡) 미국은 2차 세계대전 전후 복구와 경제성장을 위하여 세계석유무역에서 지배적 지위를 장악하는 것이 최우선 과제라고 선언하였다. 이렇게 미국의 국익에 매우 중요했던 걸프 지역에서, 1990년 사담 후세인은 전 세계 석유매장량 20%를 장악할 기회를 얻었다. 독립 국가의 영토를 무력으로 침공할 수 없다는 국제적 합의가 있었지만, 국제 사회는 걸프 지역의 석유 패권을 유지하는 동시에 국제적 합의를 심각하게 훼손할 수 있는 '침략자' 후세인을 공격하는 데에 동의했다. (㉢) 미국은 소련을 포함한 강대국들의 지지를 얻어 대규모 전쟁을 시작할 수 있었다.

	㉠	㉡	㉢
①	그러나	결국	따라서
②	그러나	그런데	하지만
③	그리고	결국	따라서
④	그리고	그런데	하지만

뇌에 족적을 남기는 노트 독해 유형 14

정답 해설 p. 193

신유형 2025 버전

복수 빈칸 추론

02 다음 글의 맥락을 고려할 때 빈칸에 들어갈 말로 가장 적절한 것은?

> 러다이트 운동은 영국의 산업 혁명 초기에 새로운 기계의 도입에 저항하기 위해 섬유 노동자들이 벌인 운동이다. 당대 방직공장의 노동자들은 새로운 기계가 자신들의 일자리를 위협한다고 생각했기 때문에 기계를 파괴하는 운동을 벌인 것으로 알려져 있다. 하지만 유의해야 할 사실은 러다이트 운동을 벌인 사람들이 ((가)) 러다이트 운동의 주역 중 많은 사람들은 기계를 전문적으로 다룰 수 있는 이들이었으며, 이들 대부분은 초창기에는 작업의 효율을 높여주는 새로운 장비의 도입을 환영했다. 하지만 공장주들은 전문적 노동자들을 지원하는 방법이 아니라, ((나)) 기계를 활용했다. 조작이 간단한 새로운 기계들이 등장하면서 공장주들은 어린이 노동자들을 고용하기 시작했다. 방직기계로 만든 천은 품질이 조악했지만 원가가 매우 저렴했고 양이 많았기 때문에 공장주들은 이익을 낼 수 있었다.

① (가) : 처음부터 기계 찬성론자는 아니었다는 것이다.
   (나) : 값비싼 고숙련 노동자들을 해고하기 위해
② (가) : 처음부터 기계 찬성론자는 아니었다는 것이다.
   (나) : 값싼 저숙련 노동자들을 부리기 위해
③ (가) : 처음부터 기계 반대론자는 아니었다는 것이다.
   (나) : 값비싼 고숙련 노동자들을 해고하기 위해
④ (가) : 처음부터 기계 반대론자는 아니었다는 것이다.
   (나) : 값싼 저숙련 노동자들을 부리기 위해

빨리 푸는 赤功 전략

1단계

빈칸 (가)의 위치를 파악하고 빈칸 (가)를 스스로 예측하기

2단계

(가)의 빈칸을 추론할 수 있는 핵심 정보에 밑줄을 긋기

(가)에 알맞은 내용의 선택지는 살리고 맞지 않은 선지는 소거하기

3단계

살린 선지의 (나)를 먼저 보고 둘 중 어떤 내용이 둘째 빈칸에 맞는지 확인 후 답을 고르기

Chapter 12 일반 강화, 약화

빨리 푸는 赤功 전략

1단계

선지를 먼저 읽고 힌트를 얻기 [해밀턴의 주장, 재퍼슨의 주장]

2단계

'해밀턴, 재퍼슨의 주장'을 설명한 대조 구조의 제시문 읽기 (단, 일정한 기준에 따라 차이점을 정리하면서 읽기)

3단계

선택지를 2파트로 나누고

① 특정 사례가 이 이론을 뒷받침하면 강화,

② 반대로 뒷받침하면 약화

③ 특정 사례가 이론과 관련이 없는 경우에 '강화, 약화'라고 판단을 내리는 것은 잘못된 것임에 유의하기

족적노 독해 赤功 노트

❶ 글의 구조?

: ______구조

❷ '해밀턴'의 주장에서 꼭 확인해야 하는 정보

: ______________________

❸ '해밀턴'의 주장과 관련된 강화, 약화 분석

1) ①이 틀린 이유

> 2008년 금융위기 당시 미국 정부는 구제금융 프로그램을 통해 대규모 자금을 투입했으나
> (중앙 정부의 개입 있었음)
> 일반 가정과 중소기업은 주택 압류와 실업 등 경제적 어려움을 겪었다.(실패함)

→ 이는 해밀턴의 주장을 ❶ ______하는 것이지, ❷ ______하는 것이 아니므로 ❸ ______의 오류이다.

2) ②이 틀린 이유

> 제2차 세계대전 이후 독일은 미국의 마셜 플랜으로부터 경제 원조를 받아
> (중앙 정부의 개입과 무관함)
> 경제 성장을 이루어냈다.

→ 이는 해밀턴의 주장을 ❹ ______하지도 ❺ ______하지도 않는 사례이므로 ❻ ______의 오류이다.

❹ '재퍼슨'의 주장에서 꼭 확인해야 하는 정보

: ______________________

❺ '재퍼슨'의 주장과 관련된 강화, 약화 분석

1) ③이 틀린 이유

> 일본의 지방 분권화 이후 (지방 분권화를 실시)
> 오사카부는 관광, 의료, 첨단 기술 산업을 육성하여 경제의 활력을 불어넣었다.
> (경제적으로 성공함. 그러나 민주주의와는 무관함.)

→ 이는 재퍼슨의 주장을 ❼ ______하지도 ❽ ______하지도 않는 사례이므로 ❾ ______의 오류이다.

2) ④이 맞는 이유

> 1995년 한국은 지방자치제를 본격적으로 도입하여 (지방 분권화를 실시)
> 지역별 특성과 요구에 맞춘 도시 재생이 이루어졌다.
> (중앙 정부의 개입이 적은 각 지역에 맞는 민주적인 체제 성공)

→ 이는 재퍼슨의 주장을 ❿ ______하는 사례로 적절하다.

뇌에 족적을 남기는 노트 독해 유형 15

정답 해설 p. 193

신유형 2025 버전 1

일반 강화·약화

01 다음 글을 읽고 평가한 내용으로 적절한 것은?

> 미국의 건국 초기는 서로 다른 의견을 가진 정치가들이 첨예하게 대립하던 시대였다. 알렉산더 해밀턴과 토머스 재퍼슨은 모두 미국의 독립과 발전을 위해 헌신한 정치가였으나, 국가의 방향과 정부의 역할에 대해서는 상반된 입장을 보였다. 연방주의자였던 알렉산더 해밀턴은 강력한 중앙정부의 필요성을 역설하였다. 그는 산업 발전과 상업적 발전이 국가 번영을 위한 핵심 요소로 보았고, 이를 위해서 연방정부가 적극적으로 경제에 개입하고 지원해야 한다고 믿었다. 그는 중앙은행의 설립과 국가 부채의 체계적 관리를 통해 금융 시스템을 안정시키고, 산업화를 촉진하여 미국을 경제 강국으로 만들고자 했다.
>
> 반면 민주공화주의자였던 토머스 재퍼슨은 개인의 자유와 농업 중심의 자급자족 경제를 이상적인 국가 모델로 삼았다. 그는 중앙정부의 권력이 너무 강해질 경우 개인의 자유가 침해될 것을 우려하여 지방 자치와 분권화를 중시하였다. 재퍼슨은 소규모 농부와 자영업자들이 미국 민주주의의 기초를 이루어야 한다고 보았고, 이들이 독립적이고 자주적인 삶을 영위할 수 있도록 정부의 간섭을 최소화해야 한다고 주장했다. 그의 사상은 주로 농업 지역과 서부 개척민들로부터 큰 지지를 받았다.

① 2008년 금융위기 당시 미국 정부는 구제금융 프로그램을 통해 대규모 자금을 투입했으나 일반 가정과 중소기업은 주택 압류와 실업 등 경제적 어려움을 겪었다면 이는 해밀턴의 주장을 강화한다.

② 제2차 세계대전 이후 독일은 미국의 마셜 플랜으로부터 경제 원조를 받아 경제 성장을 이루어냈다면, 이는 해밀턴의 주장을 강화한다.

③ 일본의 지방 분권화 이후 오사카부는 관광, 의료, 첨단 기술 산업을 육성하여 경제의 활력을 불어넣었다면 이는 재퍼슨의 주장을 약화한다.

④ 1995년 한국은 지방자치제를 본격적으로 도입하여 지역별 특성과 요구에 맞춘 도시 재생이 이루어졌다면, 이는 재퍼슨의 주장을 강화한다.

❶ 대조

❷ 강력한 중앙정부의 필요성을 역설함. 그는 중앙은행의 설립과 국가 부채의 체계적 관리를 통해 금융 시스템을 안정시키고, 산업화를 촉진하여 미국을 경제 강국으로 만들고자 함.

❸ 1) ❶ 약화 ❷ 강화 ❸ 반대
2) ❹ 강화 ❺ 약화 ❻ 무관

❹ 개인의 자유와 농업 중심의 자급자족 경제를 이상적인 국가 모델로 삼음. 지방 자치와 분권화를 중시함. 소규모 농부와 자영업자들이 미국 민주주의의 기초를 이루어야 함. 정부의 간섭을 최소화해야 함.

❺ 1) ❼ 강화 ❽ 약화 ❾ 무관
2) ❿ 강화

빨리 푸는 赤功 전략

1단계

제시문의
밑줄 친 ㉠을 읽되
발문에서는 '약화'하는
입장을 물어보므로

㉠과 반대되는 학자들의
입장에 더 초점을
두고 읽기

2단계

선택지를 2파트로 나누고
㉠과 반대되는 학자들의
입장을 강화하는 사례를
정답으로 고르기

쪽쩍노 독해 赤功 노트

❶ 이 글의 구조?

: _____ 구조

❷ 밑줄 친 '㉠'의 주장에서 꼭 확인해야 하는 정보

: ______________________________

❸ 밑줄 친 '㉠'과 반대되는 입장인 '일부 경제학자'들의 주장에서 꼭 확인해야 하는 정보

: ______________________________

❹ 이에 따른 선지의 강화, 약화 분석

1) ①이 틀린 이유

> 라틴아메리카 국가들은 전통적으로 극심한 소득 불평등을 겪어왔으며(불평등),
> 이는 경제 위기 때 더욱 심화되었다는 연구 결과가 발표된 사례
> (경제적 불평등이 심화)

→ 주어진 사례는 경제적 불평등이 경제 성장에 부정적 영향을 미친다는 내용이므로 ㉠을 강화하는 것이지 약화하는 것이 아니므로 ❶ _________의 오류이다.

2) ②이 맞는 이유

> 영국의 산업 혁명 시기에 경제적 불평등이(불평등),
> 자본가와 노동자 모두에게 경제적 동기를 제공하며 산업화와 기술 혁신을 가속화
> (오히려 경제적 동기 부여와 효율성을 촉진함)

→ 주어진 사례는 경제적 불평등이 경제 성장에 오히려 도움이 된다는 내용이므로 ㉠의 주장을 약화하는 것으로 적절하다.
참고로 이는 밑줄 친 '㉠'과 ❷ _________되는 입장인 '❸ _______________'들의 주장을 강화하는 사례이기도 하다.

3) ③이 틀린 이유

> 남아프리카공화국은 아파르트헤이트 이후에도 경제적 불평등이 극심하여 (불평등), 강도, 살인,
> 성폭력 등 주요 범죄율이 세계 최고 수준이 된 사례 (사회적 갈등과 불안정성이 증가)

→ 주어진 사례는 불평등이 사회적 불안정성을 증가시킨다는 주장을 뒷받침하므로 ㉠을 강화하는 것이지 약화하는 것이 아니므로 ❹ _________의 오류이다.

4) ④이 틀린 이유

> 코로나19 팬데믹은 전 세계적으로 저소득층의 소득 감소를 초래하여 (불평등),
> 저소득층의 소비 여력이 급감한 사례 (저소득층의 소비 여력이 감소)

→ 주어진 사례는 경제적 불평등이 경제 성장에 부정적 영향을 미친다는 주장을 뒷받침하므로 ㉠을 강화하는 것이지 약화하는 것이 아니므로 ❺ _________의 오류이다.

뇌에 족적을 남기는 노트 독해 유형 16

정답 해설 p. 193

신유형 2025 버전 2

밑줄 강화·약화

02 ㉠의 입장을 약화하는 근거로 적절한 것은?

> 경제적 불평등이란 소득이나 부의 분배가 사회 내에서 균등하게 이루어지지 않는 현상이다. ㉠ 어떤 경제학자들은 불평등이 경제 성장과 사회 안정을 저해할 수 있다고 경고한다. 이들은 경제적 불평등이 심화되면 저소득층의 소비 여력이 감소하여 경제 전반의 수요가 위축될 수 있다고 본다. 또한 불평등이 심화될수록 사회적 갈등과 불안정성이 증가할 가능성도 높아진다고 주장한다. 소득 격차가 커질수록 사회 계층 간의 갈등은 심화되고, 이것이 정치적 불안정으로 이어질 수 있으므로 이를 해결하기 위한 재분배 정책이 필요하다는 주장이 힘을 얻고 있다. 그런데 일부 경제학자들은 불평등이 어느 정도 필요하다고 주장한다. 그들은 불평등이 경제적 동기 부여와 효율성을 촉진할 수 있다고 본다. 높은 소득을 얻기 위한 경쟁이 혁신과 생산성을 증가시키며, 이는 경제 성장의 원동력이 될 수 있다는 것이다. 이러한 관점에서는 불평등을 줄이기 위한 과도한 재분배 정책이 오히려 경제적 효율성을 저해할 수 있다는 우려가 제기될 수 있다.

① 라틴아메리카 국가들은 전통적으로 극심한 소득 불평등을 겪어왔으며, 이는 경제 위기 때 더욱 심화되었다는 연구 결과가 발표된 사례
② 영국의 산업 혁명 시기에 경제적 불평등이 자본가와 노동자 모두에게 경제적 동기를 제공하며 산업화와 기술 혁신을 가속화한 사례
③ 남아프리카공화국은 아파르트헤이트 이후에도 경제적 불평등이 극심하여 강도, 살인, 성폭력 등 주요 범죄율이 세계 최고 수준이 된 사례
④ 코로나19 팬데믹은 전 세계적으로 저소득층의 소득 감소를 초래하여 저소득층의 소비 여력이 급감한 사례

독해노트 정답

❶ 대조
❷ 불평등이 경제 성장과 사회 안정을 저해할 수 있음. 경제적 불평등이 심화되면 저소득층의 소비 여력이 감소하여 경제 전반의 수요가 위축됨. 사회적 갈등과 불안정성이 증가, 사회 계층 간 갈등 심화, 정치적 불안정으로 이어질 수 있음. 따라서 재분배 정책이 필요함.
❸ 불평등이 어느 정도 필요함. 불평등은 경제적 동기 부여와 효율성을 촉진함. 혁신과 생산성을 증가하고 경제 성장의 원동력이 됨. 따라서 과도한 재분배 정책이 오히려 경제적 효율성을 저해할 수 있음.
❹ 1) ❶ 반대
2) ❷ 반대
❸ 일부 경제학자
3) ❹ 반대
4) ❺ 반대

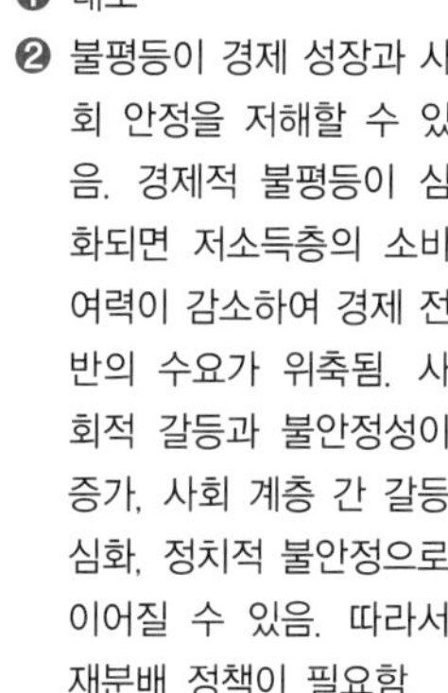

PART 6

스타강사 박혜선

Chapter 13

<보기> 강화, 약화

빨리 푸는 亦功 전략

1단계

발문에 밑줄 친 ㉠이 무엇인지 확인하고 제시문의 ㉠의 핵심 정보에 밑줄 긋기

2단계

㉠의 핵심 정보에서 강화하는 원리에 번호를 매기기

3단계

번호 매긴 조건들을 잘 지킨 것을 〈보기〉에서 찾기

족적노 독해 亦功 노트

❶ 이 글의 구조?

: ______구조

❷ 밑줄 친 '㉠'의 주장에서 꼭 확인해야 하는 정보

: ______________________________

❸ 밑줄 친 '㉠'과 반대되는 입장인 '어떤 사람들'의 주장에서 꼭 확인해야 하는 정보

: ______________________________

❹ 이에 따른 선지의 강화, 약화 분석

1) 선지 ㄱ.이 맞는 이유

> 특정 산업에서 남성과 여성의 승진 기회가 비슷하다고 하더라도,
> 여성이 높은 직급으로 올라가는 데 지속적으로 어려움을 겪는다
> (여성들이 높은 직급으로 갈 수 없는 장벽이 있음)

→ 직장 내 보이지 않는 장벽이 여전히 존재함을 시사하므로, ㉠을 ❶ ______하는 것으로 적절하다.

2) 선지 ㄴ.이 맞는 이유

> 여성들이 동일한 업무 능력과 자격을 가지고도
> 고위직 승진에서 지속적으로 배제된다는 연구 결과가 발표된다.
> (여성들이 높은 직급으로 갈 수 없는 장벽이 있음)

→ 주어진 선지는 여성들이 자격을 갖추고 있음에도 불구하고 승진하지 못하는 사례를 통해 유리천장이 실제로 존재함을 보여준 것이라고 할 수 있으므로 ㉠을 비판하는 측의 주장을 ❷ ______하는 사례로 적절하다.

3) 선지 ㄷ.이 틀린 이유

> 여성의 승진을 방해하는 요인이 가정 내 성역할 분담과 밀접하게 관련되어 있다.
> (여성들이 승진을 못하는 이유를 '가정 내 성역할 분담'으로 들고 있음)

→ 유리천장 이론은 가정 내의 성역할 분담이 직장에서의 성취와 관련이 있음을 시사한다. 따라서 주어진 선지는 ㉠을 ❸ ______하는 것이지 ❹ ______하는 것이 아니므로 ❺ ______의 오류이다.

뇌에 족적을 남기는 노트 독해 유형 17

정답 해설 p. 193

신유형 2025 버전

<보기> 강화·약화

01 ㉠을 평가한 내용으로 적절한 것만을 〈보기〉에서 모두 고르면?

> ㉠ 유리천장 이론이란 여성들이 직장 내에서 더 높은 위치로 올라가려 할 때 보이지 않는 장벽에 부딪히는 현상을 의미한다. 이 용어는 여성들이 특정 직급 이상으로 승진하지 못하게 만드는 사회적, 문화적, 구조적 장벽을 지칭하는 데 사용된다. 유리천장은 성별에 따른 고정관념, 직장 내 성차별, 가정 내 성역할 분담 등 다양한 요인에 의해 형성된다. 유리천장을 깨기 위해서는 여성의 직장 내 진출 확대, 성평등한 육아 휴직 정책, 그리고 성차별을 철폐하려는 조직 문화의 변화 등이 필요하다.
>
> 반면, 어떤 사람들은 유리천장이란 개념이 실제보다 과장되었거나, 특정 산업에만 국한된 현상이라고 비판한다. 이들은 여성의 승진이 제한되는 이유가 단순한 성별 차별보다는 개별 능력, 산업 특성, 선택의 문제에 더 큰 영향을 받는다고 주장한다. 또한, 이들은 성별에 관계없이 실력과 자격에 따라 승진이 이루어져야 한다고 강조하며, 유리천장이라는 개념이 오히려 여성의 성취를 과소평가할 위험이 있다고 본다.

보기

ㄱ. 특정 산업에서 남성과 여성의 승진 기회가 비슷하다고 하더라도, 여성이 높은 직급으로 올라가는 데 지속적으로 어려움을 겪는다는 연구가 발표된다면, 이는 ㉠을 강화한다.

ㄴ. 여성들이 동일한 업무 능력과 자격을 가지고도 고위직 승진에서 지속적으로 배제된다는 연구 결과가 발표된다면, 이는 ㉠을 비판하는 측의 주장을 약화한다.

ㄷ. 여성의 승진을 방해하는 요인이 가정 내 성역할 분담과 밀접하게 관련되어 있다는 연구 결과가 나온다면, 이는 ㉠을 약화한다.

① ㄱ, ㄴ　　② ㄱ, ㄷ
③ ㄴ, ㄷ　　④ ㄱ, ㄴ, ㄷ

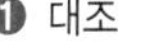

독해노트 정답

❶ 대조
❷ 여성들이 직장 내에서 더 높은 위치로 올라가려 할 때 보이지 않는 사회적, 문화적, 구조적 장벽에 부딪히는 현상을 의미함. 유리천장은 성별에 따른 고정관념, 직장 내 성차별, 가정 내 성역할 분담 등 다양한 요인에 의해 형성됨.
❸ 유리천장이란 개념이 실제보다 과장되었거나, 특정 산업에만 국한된 현상임. 여성의 승진이 제한되는 이유는 개별 능력, 산업 특성, 선택의 문제 때문임. 유리천장이라는 개념이 오히려 여성의 성취를 과소평가할 위험이 있음.
❹ 1) ❶ 강화
2) ❷ 약화
3) ❸ 강화 ❹ 약화 ❺ 반대

PART 6

관련교재 이론 출좋포 독해 · 문학 p.170~178
문풀 콤단문 독해 p.160~163

Chapter 14

순서 배열

빨리 푸는 **赤功** 전략

1단계

'다음 문장'을 분석하는 것에 몰빵하기

2단계

'다음 문장'을 분석할 때에는 혜선 쌤이 알려주는 야매 꼼수를 적극적으로 활용하기 (꿀팁은 강의 필수 참고)

3단계

'다음 문장' 앞에 들어갈 내용이 무엇인지 예측한 후에 정답 선지를 고르기

뇌에 쪽쩍을 남기는 노트 독해 유형 18

정답 해설 p. 194

기존 출제 유지 2024 버전

문장 삽입

01 다음 〈보기〉의 문장이 들어갈 곳으로 가장 적절한 것은?

최근 두바이에서는 제28차 유엔기후변화협약 당사국총회 COP28이 개최되었다. 이 협약에서 각 국가는 2050년 탄소중립을 실천하기 위해 2030년까지 당사국들은 질서 있고 윤리적인 방식으로 화석 연료로부터 에너지 전환을 추진할 것을 합의하였다. ① 앞으로 몇 년 안에 우리는 화석 연료의 정점을 지나게 될 것이다. 어쩌면 이미 그런 일이 일어났을 지도 모른다. 이는 세계가 석탄, 석유, 가스의 최대 사용에 도달했으며 수요가 감소하기 시작했음을 의미하는 것이다. ② 화석 연료 의존도가 떨어진다는 것은 인류가 이룩한 놀라운 성과이며 축하받아 마땅한 일일 수 있다. ③ 어떤 학자는 이러한 전환은 쉽게 일어날 수 없다는 회의적인 시각을 내비친다. 인류는 존재해온 30만 년 중 29만 9천 년 동안 빈곤과 노동에 얼룩진 삶을 살아왔고 화석 연료를 사용하기 시작한 이후에야 이러한 빈곤에서 벗어날 수 있었다. ④ 인류가 이런 이점을 버리고 불편함을 감수하며 청정 에너지로 전환할 수 있을지는 미지수다.

보기

그런데 정말 중요한 질문이 남아 있다. 새로운 청정 에너지 시스템으로의 전환이 빠르게 이루어질 수 있을까?

①
②
③
④

뇌에 족적을 남기는 노트 독해 유형 19

정답 해설 p. 194

신유형 2025 버전

순서 배열

02 다음 글의 전개 순서로 가장 자연스러운 것은? 2020. 지방직 9급

ㄱ. 1700년대 중반에 이미 미국 이주민들의 평균 소득은 영국인들의 평균 소득을 넘어섰다.
ㄴ. 그러나 미국은 사실 그러한 분야에서는 다른 산업 국가들에 비해 특별한 우위를 갖고 있지 않았다.
ㄷ. 미국 이주민들의 평균 소득이 높아지게 된 배경에는 좋은 환경으로부터 비롯된 낙관성과 자신감이 있었다. 이후로도 다소 불안정하기는 했지만 미국인들의 소득은 계속해서 크게 증가했다.
ㄹ. 대부분의 미국인들은 남북 전쟁 이후 급속히 경제가 성장한 이유를 농업적 환경뿐만 아니라 19세기의 과학적, 기술적 대전환, 기업가 정신과 규제가 없는 시장 경제 때문이라고 단순하게 생각하는 경향이 있다.
ㅁ. 미국인들이 이처럼 초기 정착기에 풍요로움을 누릴 수 있었던 것은 비옥한 토지, 풍부한 천연자원, 흑인 노동력에 힘입은 농산물 수출 덕분이었다.

① ㄱ－ㄷ－ㅁ－ㄹ－ㄴ
② ㄱ－ㄹ－ㄷ－ㄴ－ㅁ
③ ㄹ－ㄴ－ㅁ－ㄱ－ㄷ
④ ㄹ－ㅁ－ㄴ－ㄷ－ㄱ

빨리 푸는 赤功 전략

1단계
선지에서
첫 문단에 올 가능성이 있는
문단을 확인하기
ㄱ 혹은 ㄹ

2단계
첫 문단을 찾았으면
표면적 연결,
이면적 연결을
확인하면서
문단을 배열하기
(꿀팁은 강의 필수 참고)

3단계
자의적이거나
주관적인 방법이 아니라
반드시 혜선 쌤이
일러 준 방법을 사용하기

PART 6

관련교재 이론 출종포 독해 · 문학 p.180~187
문풀 콤단문 독해 p.174~175

Chapter 15

어휘 - 문맥적 의미 추론

빨리 푸는 赤功 전략

1단계

어휘의 문맥적 의미를 추론하는 문제를 먼저 풀고 나서

강화 약화 문제를 풀기

2단계

어휘의 문맥적 의미 추론 문제는

㉠을 다른 어휘로 바꾸기

그 다른 어휘가 들어갈 수 있는 선지의 어휘를 찾기

필요하다면 선지의 밑줄도 다른 어휘로 바꾸기

3단계

㉠과 호응하는 단어의 성격과 비슷한 단어를 가진 것이 정답!

쪽적노 독해 赤功 노트

❶ 선구제 후회수 방안에서 꼭 확인해야 하는 정보?

: ____________________

❷ 지문의 '선구제 후회수' 방안을 지지하는 주장에서 꼭 확인해야 하는 정보

: ____________________

____

❸ 이에 따른 선지의 강화, 약화 분석

1) 선지 ①

> 정부가 전세사기 피해를 입은 개인들에게 구제금 지원을 한 뒤,
> (선구제 후회수 방안을 실행했지만)
> 사기범에게서 이 금액을 회수하지 못한 사례들이 다수 보고되었다. (회수를 못하고 있음)

→ 구제금 지원 후 사기범에게서 금액을 회수하지 못한 사례는 '선구제 후회수' 방안의 실효성에 의문을 제기하므로, '선구제 후회수' 방안을 ❶ ______하는 근거이다.

2) 선지 ②

> 주택도시기금이 점차 고갈되고 있다는 분석이 나오면서,
> 이 기금을 사용하는 방식으로는 전세사기 피해자들을 구제하기 어렵다.
> (주택도시기금으로 구제하기 어려움)

→ 주택도시기금이 고갈되고 있다는 분석은 전세사기 피해자 구제 방안이 장기적으로 지속 가능하지 않을 수 있음을 지적하며, '선구제 후회수' 방안을 ❷ ______하는 근거이다.

3) 선지 ③

> 정부가 부동산 PF 지원을 통해 건설업체의 부실을 막았다는 사례를 바탕으로,
> (성공적인 정부의 개입 사례를 제시)
> 서민들의 주거안정을 위해 정부가 전세사기 피해자들을 구제해야 한다는 주장이 제기되었다. (마찬가지로 구제할 수 있다는 내용)

→ 이 사례는 정부가 특정 집단의 경제적 위기를 해결하기 위해 개입한 전례를 근거로 하여, 서민층의 주거 문제 해결에도 정부의 개입이 필요하다는 논리를 뒷받침하므로 '선구제 후회수' 방안을 ❸ ______하는 근거이다.

4) 선지 ④

> 주택도시기금을 통해 전세사기 피해자들에게 먼저 지원하고, (선구제 후회수 방안을 실시함)
> 나중에 이를 회수하는 방식이 장기적인 국가 재정에 부담을 줄 수 있다는 경고가 나왔다.
> (국가 재정에 부담을 주면 이 방안을 오래 지속할 수 없음)

→ 주택도시기금 사용이 국가 재정에 부담을 줄 수 있다는 경고는 '선구제 후회수' 방안이 재정적으로 위험할 수 있음을 강조하므로 '선구제 후회수' 방안을 ❹ ______하는 근거이다.

뇌에 족적을 남기는 노트 독해 유형 20

정답 해설 p. 194

신유형 2025 버전

세트형 독해 - 강화 약화 + 어휘의 문맥적 의미

[1~2] 다음 글을 읽고 물음에 답하시오.

전세사기 문제는 최근 한국 사회에서 큰 사회적 이슈로 ㉠ <u>떠올랐다</u>. 전세사기는 주로 경제적으로 취약한 서민층을 대상으로 발생하며, 이로 인해 피해자들은 전 재산을 잃거나 심지어 생명을 잃는 경우도 발생하고 있다. 이러한 전세사기 피해자들을 보호하기 위해 정부가 피해액을 대신 변제하고 이후에 가해자들에게 구제 비용을 회수하는 '선구제 후회수'라는 방안을 추진하려 했지만, 이는 여러 논란을 불러일으켰다.

찬성 측은 주택이 인간 생존의 필수 요소이자 기본 권리이므로, 정부가 나서서 전세사기 피해자들을 구제해야 한다고 주장한다. 이들은 전세사기가 단순한 개인 간의 문제가 아니라, 정부와 시장의 실패로 인한 사회적 문제라고 보고 있다. 특히 금융 감독 당국이 대출 관리 감독을 제대로 하지 않아 발생한 문제라면, 정부가 그 책임을 져야 한다는 입장이다. 또한, 기업에 대한 금융 지원과 같은 방식으로 서민들의 주거 문제도 해결해야 한다고 강조한다.

반대 측은 개인 간의 계약에 따른 피해를 정부가 일일이 보상해주는 것은 불가능하며, 형평성에 맞지 않다고 주장한다. 사기 피해자에 대한 보상은 어디까지나 개인의 책임이라는 것이다. 또한, 정부가 주택도시기금을 사용해 피해자들을 구제하는 방안은 주거복지 사업에 차질을 빚을 수 있으며, 결국 국가 재정에 부담을 줄 것이라고 경고한다. 이들은 '선구제 후회수'가 불가능하거나 회수 불가능한 부실채권을 만들 가능성이 크다는 점을 지적하며, 포퓰리즘적 정책이라고 비판하고 있다.

01 윗글에서 정부의 '선구제 후회수' 방안을 지지하는 주장을 강화하는 것으로 적절한 것은?

① 정부가 전세사기 피해를 입은 개인들에게 구제금 지원을 한 뒤, 사기범에게서 이 금액을 회수하지 못한 사례들이 다수 보고되었다.
② 주택도시기금이 점차 고갈되고 있다는 분석이 나오면서, 이 기금을 사용하는 방식으로는 전세사기 피해자들을 구제하기 어렵다는 입장이 제시되었다.
③ 정부가 부동산 PF 지원을 통해 건설업체의 부실을 막았다는 사례를 바탕으로, 서민들의 주거안정을 위해 정부가 전세사기 피해자들을 구제해야 한다는 주장이 제기되었다.
④ 주택도시기금을 통해 전세사기 피해자들에게 먼저 지원하고, 나중에 이를 회수하는 방식이 장기적인 국가 재정에 부담을 줄 수 있다는 경고가 나왔다.

02 문맥상 ㉠의 의미와 가장 가까운 것은?

① 석 달 만에 돌아온 아버지를 보자 어머니의 얼굴에는 반가운 빛이 <u>떠올랐다</u>.
② 신출귀몰한 탈주범에 대한 이야기가 장안의 화젯거리로 <u>떠오르고</u> 있다.
③ 곤란한 상황에서 마침 좋은 생각이 머리에 <u>떠올랐다</u>.
④ 서산에 해가 지면 동산에 달이 <u>떠오른다</u>.

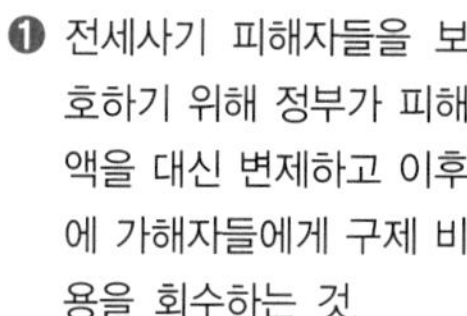

PART 6

❶ 전세사기 피해자들을 보호하기 위해 정부가 피해액을 대신 변제하고 이후에 가해자들에게 구제 비용을 회수하는 것.
❷ 전세사기는 정부와 시장의 실패로 인한 사회적 문제이므로 정부가 나서서 전세사기 피해자들을 구제해야 함. 금융 감독 당국이 대출 관리 감독을 제대로 하지 않아 발생한 문제라면, 정부가 그 책임을 져야 함. 기업에 대한 금융 지원과 같은 방식으로 서민들의 주거 문제도 해결해야 함.
❸ 1) ❶ 약화
2) ❷ 약화
3) ❸ 강화
4) ❹ 약화

Chapter 16 어휘 - 바꿔 쓸 수 있는 유사한 표현

빨리 푸는 赤功 전략

1단계

한자어 → 고유어로 바꾸는 문제 유형은 옆에 괄호의 한자를 잘 읽어내는 것이 핵심이다.

2단계

한자를 다 읽어낼 필요는 없고, 아는 한자 한 놈만 조진다!

뇌에 족적을 남기는 노트 독해 유형 21

정답 해설 p. 195

신유형 2025 버전 1

세트형 독해 - (내용 추론 + 한자어 ⇨ 고유어)

[1~2] 다음 글을 읽고 물음에 답하시오.

규칙중심가설에 따르면, 모든 언어는 규칙으로 ㉠ 환원(還元)된다. 반면 단어중심가설에 따르면, 모든 언어는 단어로 환원된다. 만약 언어가 규칙으로 환원된다면, 사람들은 규칙을 학습한다. 반면 언어가 단어로 환원된다면, 사람들은 언어의 모듈을 통째로 암기하며 학습한다. 그럼 우리는 어떻게 언어를 학습할까? 다음 두 문장을 예로 생각해보자.

(가) 방 안이 넓다[널따]
(나) 철수이 낙엽을 밟다[밥 : 따]

위의 두 문장 모두 조사 '이'가 사용되었지만, (나)에서 사용된 것은 어색한 사용임이 바로 느껴진다. 이는 우리가 ㉡ 의식(意識)하지 않는 상태에서, 조사 '이'는 받침이 있는 명사 뒤에 붙는다는 규칙을 알게 모르게 학습한다는 사실을 뒷받침한다. 조사가 붙은 모듈을 통째로 암기하며 학습한다는 것은 생각하기 어렵다. 지나치게 ㉢ 비효율적(非效率的)이기 때문이다. 한편, (가)와 (나)의 동사를 비교해 보자. 둘 다 받침에 동일한 겹자음이 사용되었으나, (가)에서는 ㅂ이 탈락되고 ㄹ로만 발음되며, (나)에서는 ㄹ이 탈락되고 ㅂ으로만 발음된다. 이러한 동사들의 활용은 모듈을 통째로 암기하며 학습하는 경우지, 언어의 규칙을 학습하는 경우라고 볼 수 없다. 언어학자 핑커는 이러한 예를 근거로, 언어의 모듈을 통째로 암기하며 학습하지 않는 경우도 존재하며, 언어의 규칙을 학습하지 않는 경우도 존재한다고 주장한다. 그는 규칙중심가설과 단어중심가설 모두 부분적으로만 ㉣ 타당(妥當)하다는 결론을 내렸다.

01 윗글에서 추론한 내용으로 가장 적절한 것은?

① 규칙중심가설에 따르면 언어는 의식적인 학습과 적용을 통해 규칙으로 환원된다.
② 단어중심가설에 따르면 암기가 비효율적이지 않다면, 언어는 단어로 환원된다.
③ 핑커에 따르면 언어가 단어로 환원되는 경우는 없고, 규칙으로 환원되는 경우도 없다.
④ 핑커에 따르면 언어가 단어로 환원되지 않은 경우도 있고, 규칙으로 환원되지 않는 경우도 있다.

02 윗글에서 밑줄 친 ㉠~㉣과 바꿔 쓸 수 있는 유사한 표현으로 적절하지 않은 것은?

① ㉠: 뜯어 고쳐진다
② ㉡: 두드러지게 느끼지
③ ㉢: 노력 대비 낮은 성과가 있기
④ ㉣: 이치에 마땅하다

뇌에 족적을 남기는 노트 독해 유형 22

정답 해설 p. 195

신유형 2025 버전 2

세트형 독해 - (강화 약화 + 고유어 ⇨ 한자어)

[3~4] 다음 글을 읽고 물음에 답하시오.

로렌츠는 혼돈 이론의 창시자로, 기후 시스템의 예측 불가능성과 복잡성을 강조하였다. 그는 초기 조건의 민감성, 즉 나비 효과를 설명하면서 작은 변화가 시스템 전체에 큰 영향을 미칠 수 있다고 주장하였다. 로렌츠의 연구는 기후 모델링과 예측에서 불확실성을 이해하는 데 중요한 기초를 제공하였다. 그의 연구는 컴퓨터 시뮬레이션을 통해 복잡한 시스템의 동작을 ㉠ 미리 가늠하려는 시도와도 밀접하게 관련되어 있다. 이로 인해 기상 예보의 정확도를 높이고, 장기적인 기후 변화를 이해하는 데 ㉡ 이바지하였다.

제임스 러브록은 가이아 이론을 제안하였다. 이 이론은 지구를 하나의 생명체로 ㉢ 여기며, 생명체와 환경이 상호작용하여 지구의 환경을 조절하고 안정화한다고 주장한다. 러브록은 대기 구성, 해양 화학, 그리고 생물권의 변화를 통해 지구가 자정 능력을 가지고 있다고 설명하였다. 그는 지구 시스템의 복잡성과 통합성을 강조하며, 인간 활동이 이러한 균형을 깨뜨릴 수 있다고 경고하였다. 러브록의 가이아 이론은 환경 보호와 지속 가능한 발전의 중요성을 강조하는 데 큰 영향을 미쳤다. 또한, 그는 기후 변화가 가속화되는 현재의 상황에서 지구의 자정 능력이 한계에 ㉣ 이를 수 있다고 경고하며, 전 세계적으로 환경 보호 노력을 강화할 필요성을 주장하였다

03 윗글을 읽고 평가한 내용으로 가장 적절한 것은?

① 단순한 모델로도 정확한 기후 예측이 가능하다는 연구가 발표된다면, 이는 로렌츠의 주장을 강화한다.
② 최근 연구에서 기후 모델의 초기 조건에 따라 기후 예측이 크게 달라지는 사례가 발견된다면, 이는 로렌츠의 주장을 약화한다.
③ 지구 시스템의 통합성이 기후 변화 대응에 중요한 역할을 한다는 분석이 발표된다면, 이는 러브록의 주장을 강화한다.
④ 생명체가 대기 구성에 영향을 미쳐 지구 환경을 조절한다는 구체적인 사례가 발견된다면, 이는 러브록의 주장을 약화한다.

04 ㉠~㉣과 바꿔 쓸 수 있는 유사한 표현으로 적절하지 않은 것은?

① ㉠: 예측하려는
② ㉡: 기여하였다
③ ㉢: 간주하며
④ ㉣: 도착할

빨리 푸는 **赤功** 전략

1단계

고유어 → 한자어로 바꾸는 문제 유형은 해당 고유어에 한자어를 넣어서 자연스러운지 확인하는 것이 핵심이다.

2단계

만약 애매하다면 해당 한자어로 내가 스스로 말을 만들어 본다!

Chapter
17 지시 대상 추론

빨리 푸는 **赤功** 전략

1단계

강화 · 약화 문제를
먼저 풀고 나서
지시 대상 문제를 풀거나

내용 추론 문제와
지시 대상 문제를
동시에 풀기

2단계

지시어를 기준으로
앞의 대상 중 어떤 대상을
가리키는 것인지
앞뒤 단서를 근거 삼아
확인하기

뇌에 쪽쩍을 남기는 노트 독해 유형 23

정답 해설 p. 196

신유형 2025 버전 1

세트형 독해 : 일반 강화·약화 + 같은 지시대상 찾기

[1~2] 다음 글을 읽고 물음에 답하시오.

지능은 인간의 인지 능력을 설명하는 중요한 개념으로, 다양한 관점에서 정의되어 왔다. (가) 전통적인 인지심리학에서는 지능을 논리적 사고, 문제 해결 능력, 그리고 학습 능력으로 정의해 왔다. 이러한 ㉠ 관점에 따르면 지능은 경험을 통해 축적된 정보를 활용하여 문제에 대처하는 능력이다. 따라서 인공지능은 입력된 데이터가 있어야 특정 문제를 분석할 수 있다. 하지만 최근의 연구에서는 ㉡ 지능의 개념을 확장하여 인공지능의 역할을 포함하고자 하는 시도가 이어지고 있다. 인공지능은 데이터 분석과 패턴 인식을 통해 인간이 해결할 수 없는 복잡한 문제를 해결하는 데 기여하고 있다. (나) 최근의 연구를 지지하는 학자들은 이러한 기술적 지능도 인간의 지능과 유사한 역할을 한다고 본다. 하지만 ㉢ 기존의 지능 개념을 지지하는 학자들은 인공지능은 인간의 감정과 창의력, 그리고 사회적 맥락을 이해하지 못한다는 한계가 있음을 지적한다. ㉣ 이들은 기술적 도구로서의 인공지능이 가지는 한계를 강조하면서, 인공지능이 인간의 지능을 완전히 대체할 수 없음을 강조한다. 그렇지만 종합적으로 볼 때 인간의 지능과 인공지능의 역할은 상호 보완적일 수 있다는 주장도 대두되고 있다. 이들은 인공지능이 강력한 계산 능력과 예측 모델을 통해 인간의 의사 결정을 지원하는 동시에, 인간은 창의적 사고와 감정적 요소를 더하여 더욱 발전된 결과를 이끌어낼 수 있음을 강조한다.

01 윗글을 읽고 평가한 내용으로 가장 적절한 것은?

① 자율주행차가 새로운 사고 상황에서 보행자와 탑승자 중 누구를 보호해야 하는지 일관된 결정을 내리지 못한다면, 이는 (가)를 약화한다.
② 마이크로소프트의 AI 챗봇 “Tay”는 사용자들의 악의적인 데이터를 학습해 인종차별적이고 혐오적인 발언을 한다면, (가)를 약화한다.
③ 교사가 모든 학생에게 동일한 수준의 개별 지도를 제공하기 어려운 상황에서, AI는 학습 격차를 줄이는 데 기여했다면, 이는 (나)를 강화한다.
④ 인공지능이 예술적 창의성이나 음악 작곡 등에서 인간의 역할을 보완하는 데 성공한다면, 이는 (나)를 약화한다.

02 윗글의 ㉠~㉣ 중 지시하는 바가 같은 것끼리 짝 지은 것은?

① ㉠, ㉡
② ㉠, ㉡, ㉢
③ ㉠, ㉡, ㉣
④ ㉠, ㉢, ㉣

뇌에 족적을 남기는 노트 독해 유형 24

정답 해설 p. 196

빨리 푸는 赤功 전략

1단계

내용 추론 문제를 먼저 풀고 나서 지시 대상 문제를 풀거나

내용 추론 문제와 지시 대상 문제를 동시에 풀기

2단계

지시어를 기준으로 앞의 대상 중 어떤 대상을 가리키는 것인지 앞뒤 단서를 근거 삼아 확인하기

신유형 2025 버전 2

내용 추론 부정 발문 + 지시 대상이 다른 하나

[3~4] 다음 글을 읽고 물음에 답하시오.

여성문학의 범주는 어떻게 결정할 수 있을까? 통상적으로 (가) 여성문학은 여성 작가가 창작한 작품을 지칭하는 좁은 의미로 국한하여 사용된다. 그렇지만 관점에 따라 여성문학사를 규정하는 기준은 달라질 수 있다. 여성 작가가 창작한 작품만을 ㉠ 여성문학으로 규정하는 것은 협의의 여성문학이며, 광의의 여성문학은 작가의 성별이나 작품 주제의 지향성과 관계없이 여성에 관련된 문학을 지칭하는 의미로도 쓰일 수 있다. 후자의 여성문학은 전자의 여성문학과는 달리 여성의 목소리를 통해 가부장제 사회에서의 억압과 도전, 그리고 자아실현의 과정을 탐구하는 ㉡ 여성문학이다. 하지만 고전 문학의 맥락에서 보면 ㉢ 여성문학이란 사대부 남성 중심이었던 한문 사회에서 여성에 의해 창작된 작품을 지칭하는 용어가 된다. 이런 관점은 유교 전통이 지배하던 사회에서 목소리를 내기 어려웠던 ㉣ 여성들의 문학에게 주목하기 위한 것이다. 따라서 국문학계에서는 '고전여성문학사'를 규명할 때는 20세기 초까지 여성 작가들이 쓴 작품들을 대상으로 삼는다. 그런데 고전여성문학사를 연구한 자료는 아직 충분하지 않은 실정이며 『한국문학통사』, 『한국고전여성시사』 외에 문학사를 다룬 연구는 더디게 발간되고 있어 고전여성문학에 대한 관심이 필요하다.

03 윗글에서 추론한 내용으로 적절하지 않은 것은?

① 여성문학을 규정하는 기준은 작가의 성별과 작품의 주제에 따라 달라질 수 있다.
② 여성문학은 통상적으로 여성 작가가 창작한 작품을 지칭하기 위해 사용하는 개념이다.
③ 고전여성문학사 연구는 충분하지 않은 실정이며 관련 연구나 서적도 많지 않다.
④ 고전 문학에서의 여성문학은 남성 작가가 여성의 입장에서 쓴 것도 포함한다.

04 ㉠~㉣ 중 문맥상 (가)에 해당하는 의미로 사용되지 않은 것은?

① ㉠　　② ㉡
③ ㉢　　④ ㉣

PART 6

Chapter 18

문학 - 현대 운문, 현대 산문

빨리 푸는 赤功 전략

1단계

선택지 길이를 보고 무엇을 먼저 볼 것인지 판단하기

2단계

선택지를 분석해서 참 거짓을 판별하기

3단계

만약 확실히 모르겠다면 출제자들이 좋아하는 오답 패턴을 떠올려 보기

쪽적노 독해 赤功 노트

❶ 중심 화제?

: ______________________

❷ 지엽 OR 큼직

: ______________________

❸ 출제자가 옳은 선지를 만드는 방법에 대한 것이다. 빈칸에 해당하는 정보를 제시문에서 찾으시오.

옳은 선지: ③

옳은 이유에 해당하는 정보를 찾으시오.

: ______________________

____

❹ 출제자가 옳지 않은 선지를 만드는 방법에 대한 것이다. 각 선지가 틀린 이유를 채우시오.

①: 반대의 오류

→ 틀린 이유: '______________________'라는 서술로 보아 두 사건은 분절된 것이 아니라 연결되는 것으로 인식되었을 것임을 알 수 있다.

②: 미언급의 오류

→ 틀린 이유: '______________________' 라고 하였다. 따라서 신동엽이 이 작품을 창작한 맥락도 민족주의적이고 역사적인 관점 위에 있을 것임을 추론할 수 있다.

④: 미언급의 오류

→ 틀린 이유: '______________________' 라고 하였다. 작가는 한국 전쟁의 이념 대립을 극복하기를 바라는 의도를 드러냈을 뿐 동족상잔의 비극을 긍정적으로 해석하려고 시도한 것은 아니므로 적절하지 않다.

뇌에 족적을 남기는 노트 독해 유형 25

정답 해설 p. 196

신유형 2025 버전 1

유명 현대 운문 작가의 작품과 특성

01 다음 글을 읽고 추론한 내용으로 적절한 것은?

문학은 사회적, 역사적 삶의 맥락과 깊은 관련이 있다. 문학은 개인의 삶만이 아닌 특정한 시대의 삶과 관련되기도 하고 역사적으로는 유기체적인 관계를 보이기도 한다. 신동엽의 <껍데기는 가라>는 6.25 전쟁과 4.19 혁명, 5.16 군사정변 등 다양한 역사적 사건의 영향을 받은 작품이다. 그런데 이 작품에는 현대사의 핵심적인 사건 외에도 민족주의의 효시라고 평가받는 동학 농민 운동도 등장한다. 4월의 혁명을 이야기한 후 곧바로 동학 농민 운동을 연결하는 것은 일종의 비약으로 보일 수 있지만, 1960년대의 시대적 배경을 생각해 보면 이를 이해할 수 있다. 동학 농민 운동은 민중 중심의 역사관이 논의되던 당시 조선 후기 이후 민중의식의 발전을 가장 잘 표현하는 사건으로 재발견되었고, 4월 혁명은 동학 농민 운동의 위대함을 입증하는 사건처럼 인식되었다. 신동엽이 4월 혁명과 동학 농민 운동을 연계한 것은 시인이 작품을 통해 민중의 자기 인식 확대 및 발전 과정을 드러내고자 했음을 보여 준다. 또한 우리 민족은 서로 다른 이념을 가졌다는 이유로 한민족을 죽여야만 했던 전쟁을 치르면서 인간의 본질과 삶에 대한 회의를 갖게 되었는데, 신동엽은 '아사달과 아사녀가 / 중립의 초례청 앞에 서서 / 부끄럼 빛내며 / 맞절할지니'라는 표현을 통해 이념 대립을 극복한 상황을 이야기하고자 하였다.

① 〈껍데기는 가라〉는 4월 혁명과 동학 농민 운동을 분절된 사건으로 인식하는 태도가 드러난 작품이다.

② 신동엽은 민족주의보다는 개인주의적 관점에서 역사의 비극에 주목하였다.

③ 신동엽의 작품에서 동학 농민 운동과 4월 혁명의 연계는 민중의 자기 인식을 표현하고자 한 시인의 의도를 보여준다.

④ 신동엽은 〈껍데기는 가라〉를 통해 동족상잔의 비극을 긍정적으로 해석하고자 하는 의지를 드러냈다.

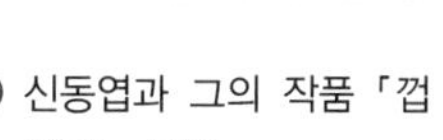

❶ 신동엽과 그의 작품 「껍데기는 가라」
❷ 지엽적으로 읽어야 함
❸ '신동엽이 4월 혁명과 동학 농민 운동을 연계한 것은 시인이 작품을 통해 민중의 자기 인식 확대 및 발전 과정을 드러내고자 했음을 보여준다.'
❹ ① '4월 혁명은 동학 농민 운동의 위대함을 입증하는 사건처럼 인식되었다.'
② '문학은 개인의 삶만이 아닌 특정한 시대의 삶과 관련되기도 하고 역사적으로는 유기체적인 관계를 보이기도 한다.'
④ '우리 민족은 서로 다른 이념을 가졌다는 이유로 한민족을 죽여야만 했던 전쟁을 치르면서 인간의 본질과 삶에 대한 회의를 갖게 되었는데'

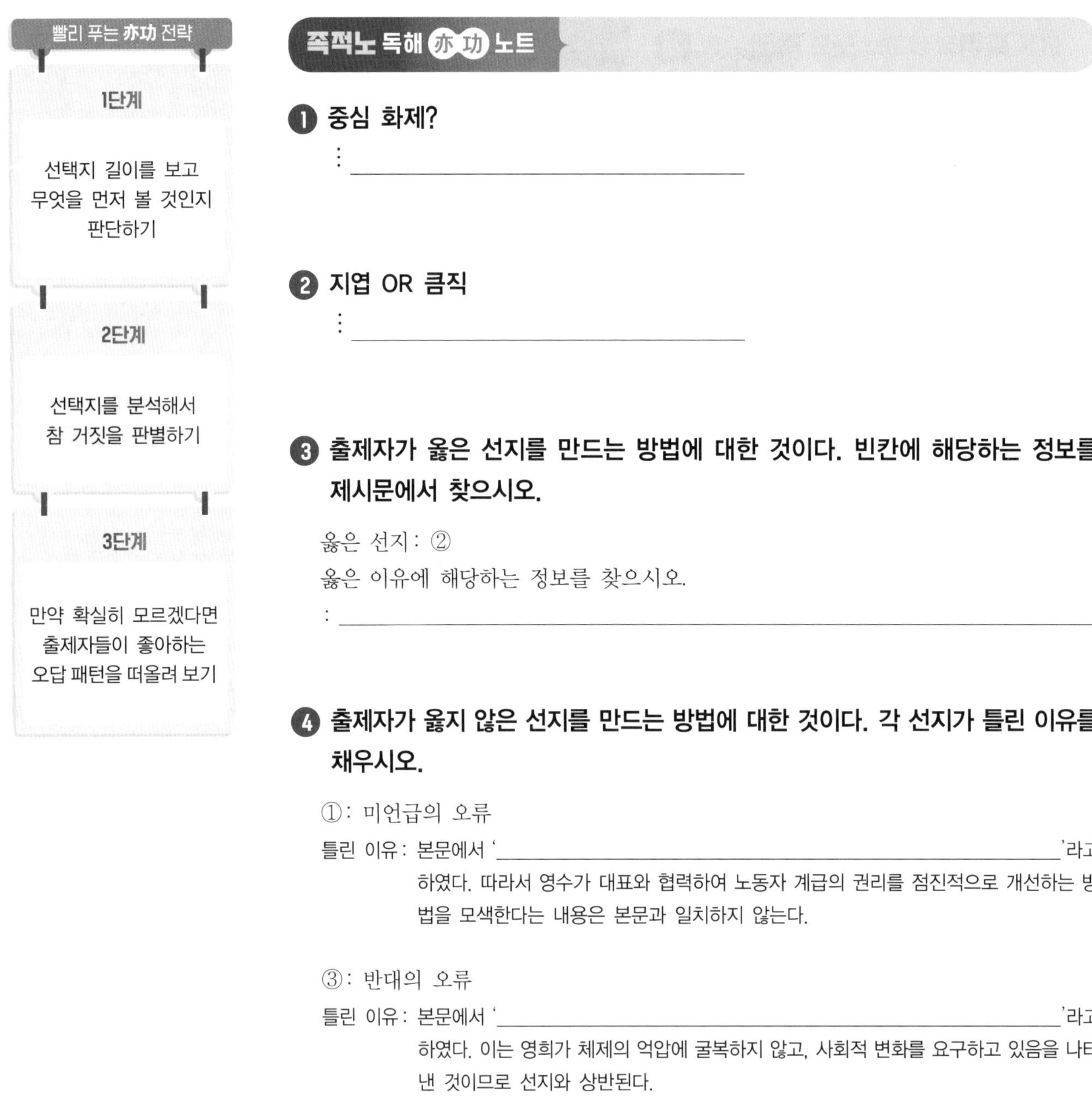

빨리 푸는 赤功 전략

1단계

선택지 길이를 보고 무엇을 먼저 볼 것인지 판단하기

2단계

선택지를 분석해서 참 거짓을 판별하기

3단계

만약 확실히 모르겠다면 출제자들이 좋아하는 오답 패턴을 떠올려 보기

쪽쩍노 독해 赤 功 노트

❶ 중심 화제?

: ______________________

❷ 지엽 OR 큼직

: ______________________

❸ 출제자가 옳은 선지를 만드는 방법에 대한 것이다. 빈칸에 해당하는 정보를 제시문에서 찾으시오.

옳은 선지 : ②

옳은 이유에 해당하는 정보를 찾으시오.

: ______________________

❹ 출제자가 옳지 않은 선지를 만드는 방법에 대한 것이다. 각 선지가 틀린 이유를 채우시오.

① : 미언급의 오류

틀린 이유 : 본문에서 '______________________'라고 하였다. 따라서 영수가 대표와 협력하여 노동자 계급의 권리를 점진적으로 개선하는 방법을 모색한다는 내용은 본문과 일치하지 않는다.

③ : 반대의 오류

틀린 이유 : 본문에서 '______________________'라고 하였다. 이는 영희가 체제의 억압에 굴복하지 않고, 사회적 변화를 요구하고 있음을 나타낸 것이므로 선지와 상반된다.

④ : 미언급의 오류

틀린 이유 : 본문에서 '______________________'라고 하였다. 이는 계급 투쟁의 긍정적 결말을 낙관적으로 제시하는 것이 아니라, 사회의 불공정성을 비판하고 변화의 필요성을 강조하는 것이므로 주어진 선지는 본문과 합치하지 않는다.

뇌에 족적을 남기는 노트 독해 유형 26

정답 해설 p. 197

신유형 2025 버전 2

유명 현대 산문 작가의 작품과 특성

02 다음 글을 이해한 내용으로 적절한 것은?

> 1970년대 한국 사회는 농촌의 분화와 도시화의 급속한 진행으로 인해 도시 빈민층과 저임금 노동자가 급증하는 변화를 겪었다. 조세희의 소설 <난장이가 쏘아올린 작은 공>은 이러한 사회적 현실 속에서 계급적 분열과 불평등을 문학적으로 형상화한 작품이다. 작품에서 난장이 가족은 삶의 터전을 빼앗기고 공장 지대의 연기가 가득한 곳으로 이주하면서 분열과 해체의 과정을 겪는다. 가족 구성원 각각의 선택은 고통과 분노 속에서 이루어지며, 그들의 이야기는 빈곤이 초래하는 절망감과 계급투쟁의 필요성을 부각시킨다. 예컨대, 영희는 아버지를 잃은 뒤 아버지를 죽음으로 몰아넣은 악당들과 싸우라고 오빠에게 요구하며, 자신 역시 체제의 억압에 맞서려는 의지를 보인다. 또한, 영수는 노동운동을 탄압하는 은강그룹의 대표에게 반발하여 살인을 저지르고, 그로 인해 법정에서 사형 선고를 받는다. 이러한 극단적 선택은 사회 구조의 불공정성과 계급적 억압을 폭로하는 동시에, 독자들에게 새로운 사회를 향한 집단적 행동의 필요성을 환기한다. 이 작품은 "모두가 잘살 수 있다"는 거짓 희망을 비판하고, 경제 성장 속에서도 여전히 불안정한 중산층과 절망적인 노동자 계급 사이의 갈등을 드러낸 수작으로 평가받는다.

① 영수는 은강그룹의 대표와 협력하여 노동자 계급의 권리를 점진적으로 개선하는 방법을 모색한다.

② 난장이 가족이 삶의 터전을 잃고 공장 지대로 이주하는 과정은 당시 급속한 도시화와 산업화로 인해 희생된 빈민층의 현실을 대변한다.

③ 영희는 아버지의 죽음 이후 체제의 억압에 굴복하며 순응하는 태도를 보이며, 사회적 변화를 요구하지 않는다.

④ 〈난장이가 쏘아올린 작은 공〉은 노동운동의 구체적인 성공 사례를 바탕으로 계급 투쟁의 긍정적 결말을 낙관적으로 제시한다.

독해노트 정답

❶ 조세희와 「난장이가 쏘아올린 작은 공」
❷ 지엽적으로 읽어야 함
❸ '난장이 가족은 삶의 터전을 빼앗기고 공장 지대의 연기가 가득한 곳으로 이주하면서 분열과 해체의 과정을 겪는다'
❹ ① '영수는 노동운동을 탄압하는 은강그룹의 대표에게 반발하여 살인을 저지르고, 그로 인해 법정에서 사형 선고를 받는다'
③ '영희는 아버지를 잃은 뒤 아버지를 죽음으로 몰아넣은 악당들과 싸우라고 오빠에게 요구하며, 자신 역시 체제의 억압에 맞서려는 의지를 보인다'
④ '이러한 극단적 선택은 사회 구조의 불공정성과 계급적 억압을 폭로하는 동시에, 독자들에게 새로운 사회를 향한 집단적 행동의 필요성을 환기한다'

Chapter 19

문학 - 고전 운문, 고전 산문

빨리 푸는 赤功 전략

1단계

선택지 길이를 보고
무엇을 먼저 볼 것인지
판단하기

2단계

선택지를 분석해서
참 거짓을 판별하기

3단계

만약 확실히 모르겠다면
출제자들이 좋아하는
오답 패턴을 떠올려 보기

족적노 독해 赤功 노트

❶ 중심 화제?

: ______________________

❷ 지엽 OR 큼직

: ______________________

❸ 출제자가 옳지 않은 선지를 만드는 방법에 대한 것이다. 빈칸에 해당하는 정보를 제시문에서 찾으시오.

틀린 선지 : ②

옳지 않은 이유에 해당하는 정보를 찾으시오.

: ❶__________ (❷__________의 오류)

: '❸______________________'라고 서술된 내용을 보면, 창귀는 계층 간의 문제를 다루는 데 중요한 역할을 하고 있음을 알 수 있다. 따라서 창귀를 '개인의 욕망을 강조하는 존재'로만 묘사했다고 보기는 어렵다.

❹ 출제자가 옳은 선지를 만드는 방법에 대한 것이다. 각 선지가 옳은 이유를 채우시오.

① 본문에서 '______________________' 라고 하였다. 따라서 적절한 선지이다.

③ 본문에서 '______________________' 라고 하였다. 이를 통해 창귀와 범의 대화가 단순히 허구적 서사로 머무르지 않고, 풍자적 장치로 기능했음을 알 수 있다. 따라서 적절한 선지이다.

④ 본문에서 '______________________' 라고 하였다. 이는 창귀가 범의 권위 아래 의지를 상실하면서도 인간의 내적 모순을 비추는 역할을 수행했음을 보여준다. 따라서 적절한 선지이다.

뇌에 족적을 남기는 노트 독해 유형 27

정답 해설 p. 197

신유형 2025 버전 1

유명 고전 산문 작가의 작품과 특성

01 다음 글을 이해한 내용으로 적절하지 않은 것은?

> 『호질』은 조선 후기 실학자 박지원의 대표적인 풍자 문학 작품으로, 창귀를 통해 당대 사회의 부조리와 위선을 신랄하게 비판한다. 창귀는 범에게 먹혀 노예가 된 인간의 영혼으로, 범의 길잡이 역할을 하며 인간 사회의 위선적 행태를 상징한다. 창귀와 범의 대화는 단순한 허구적 설정을 넘어, 의원, 무당, 유학자 등 다양한 계층의 위선과 탐욕을 드러내며, 겉과 속이 다른 인간의 모습을 적나라하게 묘사한다. 창귀는 조선 후기 민간에서 구전되던 야담과 신화적 상상력을 바탕으로 한 상징적 존재로, 『호질』에서는 이러한 신화적 요소를 문학적으로 변주하여 당대의 사회적 현실과 맞닿게 한다. 특히 창귀는 범의 권위 아래 자신의 의지를 상실한 채 행동하지만, 그 존재 자체로 인간 본성의 어두운 면을 비추는 거울 역할을 한다. 이를 통해 박지원은 유교적 도덕을 표방하면서도 실질적으로는 위선을 저지르는 당시 양반 사회를 비판하고, 민중의 고통을 상징적으로 형상화하였다.
>
> 『호질』에서 창귀는 단순히 범의 하수인이 아니라, 인간의 내적 모순과 허위를 드러내는 중요한 서사적 장치로 작용한다. 박지원은 창귀와 범의 관계를 통해 인간 사회의 부조리를 풍자하며, 작품의 풍자성을 극대화하였다. 이러한 창귀의 활용은 『호질』이 단순한 고전 문학이 아니라, 당시 사회적 비판과 인간 본성에 대한 성찰을 담아낸 걸작으로 자리 잡게 한 주요 요인이다.

① 『호질』에서 창귀는 민간 야담과 신화적 상상력을 바탕으로 한 존재로, 문학적으로 변주되어 사회 현실을 비판하는 데 기여한다.

② 『호질』에서 창귀는 당대 계층 간의 문제를 다루기보다는, 개인의 욕망을 강조하는 존재로 묘사된다.

③ 창귀와 범의 대화는 단순히 허구적 서사로 머물지 않고, 조선 후기 사회의 부조리를 비판하는 풍자적 장치로 기능한다.

④ 창귀는 범의 권위 아래 자신의 의지를 상실한 채 행동하지만, 동시에 인간의 내적 모순을 비추는 거울 역할을 한다.

독해노트 정답

❶ 「호질」
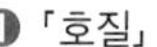
❷ 지엽적으로 읽어야 함

❸ ❶ 미언급 ❷ 비교 미언급

❸ '의원, 무당, 유학자 등 다양한 계층의 위선과 탐욕을 드러내며'

❹ ① '창귀는 조선 후기 민간에서 구전되던 야담과 신화적 상상력을 바탕으로 한 상징적 존재로, 『호질』에서는 이러한 신화적 요소를 문학적으로 변주하여 당대의 사회적 현실과 맞닿게 한다'

③ '창귀와 범의 대화는 단순한 허구적 설정을 넘어, 의원, 무당, 유학자 등 다양한 계층의 위선과 탐욕을 드러내며'

④ '특히 창귀는 범의 권위 아래 자신의 의지를 상실한 채 행동하지만, 그 존재 자체로 인간 본성의 어두운 면을 비추는 거울 역할을 한다'

빨리 푸는 赤功 전략

1단계

선택지 길이를 보고
무엇을 먼저 볼 것인지
판단하기

2단계

선택지를 분석해서
참 거짓을 판별하기

3단계

만약 확실히 모르겠다면
출제자들이 좋아하는
오답 패턴을 떠올려 보기

쪽짝노 독해 赤功 노트

❶ 중심 화제?

: ______________________________

❷ 지엽 OR 큼직

: ______________________________

❸ 출제자가 옳지 않은 선지를 만드는 방법에 대한 것이다. 빈칸에 해당하는 정보를 제시문에서 찾으시오.

틀린 선지: ③

옳지 않은 이유에 해당하는 정보를 찾으시오.

: ❶__________ (❷__________의 오류)

: '❸______________________________

_____'이라는 서술을 고려할 때, 평민 소설의 색채가 두드러진다고 보기는 어려움을 알 수 있다.

❹ 출제자가 옳은 선지를 만드는 방법에 대한 것이다. 각 선지가 옳은 이유를 채우시오.

① 본문에서 '______________________________'라는 서술을 참고할 때 적절한 선지임을 알 수 있다.

③ 본문에서 '______________________________
______________'라는 서술을 참고할 때 이 작품이 불교적 사상을 바탕으로 하고 있음을 알 수 있다.

④ 본문에서 '______________________________'라는 서술을 참고할 때, 이 작품의 작가가 어머니를 생각하는 마음에서 작품을 창작했음을 알 수 있다.

뇌에 족적을 남기는 노트 독해 유형 28

정답 해설 p. 197

신유형 2025 버전 2

고전 문학 작품이 유통되는 과정

02 다음 글을 읽고 추론할 수 있는 내용으로 적절하지 않은 것은?

김만중의 <구운몽>은 한글로 쓰여진 국문 소설로 현실과 꿈, 현실로 이어지는 이원적 환몽 구조 몽자류 소설의 효시로 꼽힌다. 이러한 환몽 구조는 삼국유사의 조신 설화에서 영향을 받은 것으로 알려져 있다. <구운몽>은 전기성과 우연성에 의존하여 이야기가 전개되는 것이 특징인데 불교의 공(空) 사상이 중심이 되는 것이 독특하다고 평할 만하다. 불제자인 성진은 하룻밤의 꿈속에서 부귀영화를 맛보고 깨어난 뒤에 인간세계의 부귀영화란 일장춘몽에 불과하다는 것을 깨달아 불법에 귀의하는 선택을 한다. 이는 <옥루몽>, <옥련몽>과 같은 몽자류 소설의 효시에 해당하며, 구성이나 문체는 고전 소설의 전범(典範)이라 평할 만하다. 또한 작가 김만중이 유배지에서 어머니를 위로하기 위해 국문으로 창작한 것이기에, 당대 사회에 널리 퍼져나갈 수 있었다. 이 작품은 조선 중기의 전형적인 양반 사회의 이상을 반영했다는 한계가 있다는 비판을 받기도 하지만, 양반 소설과 평민 소설을 잇는 가교 역할을 수행했다는 점에서 높이 평가받을 만하다.

① 〈구운몽〉에는 삼국유사의 조신 설화에서 영향을 받은 환몽 구조가 드러나 있다.
② 성진이 꿈에서 부귀영화를 경험한 후 일장춘몽임을 깨닫고 불법에 귀의하는 데서 불교적 사상이 드러난다.
③ 〈구운몽〉은 양반 소설의 색채보다는 평민 소설의 색채가 두드러지는 작품이다.
④ 〈구운몽〉의 창작 동기를 통해 작가의 효심을 짐작할 수 있다.

독해노트 정답

❶ 김만중의 「구운몽」
❷ 지엽적으로 읽기
❸ ❶ 미언급 ❷ 비교 미언급 ❸ '이 작품은 조선 중기의 전형적인 양반 사회의 이상을 반영했다는 한계가 있다는 비판을 받기도 하지만'
❹ ① '이러한 환몽 구조는 삼국유사의 조신 설화에서 영향을 받은 것으로 알려져 있다.'
③ '불교의 공(空) 사상이 중심이 되는 것이 독특하다고 평할 만하다.', '불법에 귀의하는 선택을 한다.'
④ '작가인 김만중이 유배지에서 어머니를 위로하기 위해 국문으로 창작한 것이기에'

관련교재 이론 출좋포 독해·문학 p.226~233
문풀 콤단문 독해 p.212~217

Chapter 20

문법 - 형태론

빨리 푸는 赤功 전략

1단계

일반 사례 추론은 제시문에서 다루는 문법 중심 화제가 무엇인지 정도만 체크

2단계

선지를 분석해서 참 거짓을 스스로 판별하기

3단계

만약 선지만으로 판단이 안 되는 경우에는 제시문으로 가서 해당 부분을 발췌하여 선지를 판단한다.

뇌에 족적을 남기는 노트 독해 유형 29

정답 해설 p. 198

신유형 2025 버전

일반 사례 추론

01 **다음 글에서 추론한 내용으로 적절하지 않은 것은?**

> 합성어는 그 형성 과정이 국어의 정상적인 단어 배열법을 따르는 통사적 합성어와 이를 따르지 않는 비통사적 합성어로 나뉜다. 가령, '명사+명사'의 구조로 이루어진 '콩밥', '관형사+관형사'의 구조로 이루어진 '한두', '용언의 관형사형+명사'의 구조로 이루어진 '큰집', '용언의 연결형+용언 어간'의 구조로 이루어진 '돌아보다'와 같은 합성어들은 국어 문장에서의 일반적인 단어 배열법을 보이므로 통사적 합성어이다.
>
> 그러나 '용언 어간+명사'의 구조로 이루어진 '덮밥', '용언 어간+용언 어간'의 구조로 이루어진 '뛰놀다', '불규칙 어근+명사'의 구조로 이루어진 '부슬비' 등은 국어의 일반적인 문장 구조에 어긋나는 단어 배열법을 보이고 있으므로 비통사적 합성어이다.
>
> 한편, 합성어는 결합하는 어근들의 의미 관계에 따라 대등 합성어와 종속 합성어, 융합 합성어로도 나눌 수 있다. 대등 합성어는 '잘못'처럼 결합하는 두 어근의 의미 관계가 대등한 합성어를 말한다. 종속 합성어는 한 어근이 결합하는 어근에 종속되어 수식하는 합성어로, '책가방'의 예를 들 수 있다. 융합 합성어는 어근끼리의 결합 과정에서 새로운 의미가 만들어지는 합성어로, '바늘방석' 등이 있다.

① '검붉다'는 비통사적 합성어이자 대등 합성어겠군.
② '춘추'는 통사적 합성어이자 융합 합성어겠군.
③ '늙은이'는 통사적 합성어이자 종속 합성어겠군.
④ '새해'는 비통사적 합성어이자 대등 합성어겠군.

02 다음 글을 읽고 추론한 내용으로 옳지 않은 것은?

> 동사는 움직임이나 작용을 나타내는 말이며, 형용사는 성질이나 상태를 나타내는 말이다. 동사와 형용사는 모두 '-다'의 형태로 끝나기 때문에 형태상으로 구별이 쉽지 않다. 따라서 의미로 구별하거나, 문법적인 구별이 필요하다. 동사와 형용사를 구별하는 방법으로 현재 시제 선어말 어미 '-는-/-ㄴ-'을 결합시키는 방법이 있다. 동사에는 현재 시제 선어말 어미가 결합할 수 있지만 형용사에는 결합이 불가하다.
>
> 예를 들어 보자. 동사 '먹다'는 어간 '먹-'에 현재 시제 선어말 어미 '-는-'을 결합하여 '먹는다'의 형태로 쓸 수 있다. 따라서 '나는 지금 밥을 먹는다'는 어색하지 않다. 하지만 형용사 '아름답다'의 어간 '아름답-'에 동일하게 현재 시제 선어말 어미 '-는-'을 결합할 경우, '아름답는다'가 되는데 이는 어색한 표현이다. '그녀는 아름답는다'로 쓸 수 없기 때문이다. 이를 통해 동사는 현재 시제 선어말 어미로 시제 표현이 가능하지만, 형용사의 경우 본래 기본형이 현재 시제를 포함하고 있음을 알 수 있다.

① '이 날씨에는 옥수수가 잘 큰다.'에서 '크다'에 현재 시제 선어말 어미가 결합되므로 '크다'는 동사이다.

② '철수는 오늘 회의가 있었다'에서 '있다'에 현재 시제 선어말 어미가 결합될 수 있으므로 '있다'는 동사이다.

③ '부족한 살림에도 행복하게 살았다.'에서 '부족하다'는 현재 시제 선어말 어미가 결합될 수 없으므로 '부족하다'는 형용사이다.

④ '철수는 이익을 고르게 분배하였다'에서 현재 시제 선어말 어미가 결합될 수 없으므로 '고르다'는 형용사이다.

빨리 푸는 赤功 전략

1단계

일반 사례 추론은 제시문에서 다루는 **문법 중심 화제가 무엇인지 정도만 체크**

2단계

선지를 분석해서 참 거짓을 스스로 판별하기

3단계

만약 선지만으로 판단이 안 되는 경우에는 제시문으로 가서 해당 부분을 발췌하여 선지를 판단한다.

PART 6

Chapter
21 문법 - 통사론

빨리 푸는 赤功 전략

1단계

일반 사례 추론은 제시문에서 다루는 문법 중심 화제가 무엇인지 정도만 체크

2단계

선지를 분석해서 참 거짓을 스스로 판별하기

3단계

만약 선지만으로 판단이 안 되는 경우에는 제시문으로 가서 해당 부분을 발췌하여 선지를 판단한다.

뇌에 족적을 남기는 노트 독해 유형 30 정답 해설 p. 198

신유형 2025 버전

일반 사례 추론

01 다음을 읽고 추론한 내용으로 옳지 않은 것은?

사동은 주체가 객체에게 어떠한 행동을 하도록 시키는 것으로, 주체가 무엇인가를 직접 하는 주동의 반대 개념이다. 사동형 문장을 만들기 위해서는 서술어의 변형이 필요한데, 용언에 사동 접미사 '-이-, -히-, -리-, -기-, -우-, -구-, -추-'나 '-이우-', 혹은 '-시키다'와 같은 사동형 접미사를 결합하는 파생적 사동과 보조 용언 '-게 하다'를 결합하는 통사적 사동의 방식이 있다. 예를 들어, '아이가 옷을 입다'의 경우, 용언 '입다'의 어간 '입-'에 사동 접미사 '-히-'를 결합하여 '입히다'가 되면 사동의 의미를 지니게 된다. '-시키다'의 경우 동사 파생 접미사 '-하다'가 붙어 이루어진 동사에만 적용되는 접미사이다. 예를 들어 '학생이 공부하다'의 경우, '공부하다'는 어근 '공부'에 접미사 '-하다'가 결합하여 동사 '공부하다'가 된 것이다. 따라서 이런 경우에는 '-하다'를 '-시키다'로 교체하여 '공부시키다'로 만들면 사동의 의미를 지니게 된다. 따라서 '선생님이 학생에게 공부시키다' 따위의 문장으로 만들 수 있다. 다만, 주어가 시키는 의미가 없다면 '-시키다'의 경우에는 남용해서는 안 된다. 또한 통사적 사동 표현인 보조 용언 '-게 하다'를 결합하여 '선생님이 학생에게 공부하게 하다' 등으로 만들면 사동의 의미를 지니게 된다.

① '양 정상은 한미 동맹의 미래지향적 발전 방향을 구체화시켰다'의 '구체화시키다'는 '구체화하다'로 고쳐야 한다.
② '그는 다른 사람이 듣지 못하도록 목소리를 낮추어 말했다.'의 '낮추다'는 사동사이다.
③ '니체의 철학은 특히 철학과 학생에게 많이 읽히는 편이다.'의 '읽히다'는 사동사이다.
④ '엄마가 아이에게 밥을 먹게 하였다'의 경우, 통사적 사동 표현이 쓰였다.

02 다음 글을 읽고 추론한 내용으로 적절하지 않은 것은?

> 부사어란 문법에서 다른 요소를 꾸며 주는 수식어의 하나로서 용언의 내용을 한정하는 문법 성분에 해당한다. 부사어는 부사(잘, 매우, 아주), 체언+부사격 조사(학교에, 학교로), 용언의 활용형(예쁘게) 등으로 실현될 수 있다. 이러한 부사어로는 부사어, 관형어, 서술어 등을 수식할 수 있다. 예를 들어 '기차가 간다.'라는 문장에서 서술어 '간다'를 수식하기 위하여 부사 '빠르게'를 부사어로 쓰면 '기차가 빠르게 간다.'가 된다. 이렇게 부사어는 주로 다른 말을 꾸며 주는 성분의 하나이므로 대개 문장을 구성하는 데에 꼭 필요하지는 않다. 그런데 어떤 서술어는 부사어를 반드시 요구하기도 하는데, 이처럼 문장의 성립에 반드시 필요한 부사어를 '필수적 부사어'라고 부른다. 이를 생략하면 말이 되지 않기 때문이다. 해당 문장의 서술어가 무엇이냐에 따라서 부사어가 반드시 필요할 때도 있고 그렇지 않을 때도 있다. 가령 '엄마는 필릭스를 사위로 삼았다'의 경우에 '사위로'는 생략이 불가능한 필수 부사어이다. 이 경우 이 문장의 필수 성분은 '주어-목적어-부사어-서술어'의 4개임을 알 수 있다.

① '언니는 선물을 쓰레기통에 넣었다.'라는 문장에서 '쓰레기통에'는 생략이 불가능하므로 필수 부사어이다.

② '그들은 몽둥이로 멧돼지를 잡았다.'라는 문장에서 '몽둥이로'는 생략이 가능하므로 필수적 부사어가 아니다.

③ '나는 학교에서 친구와 싸웠습니다.'라는 문장에서 '친구와'는 생략이 불가능하므로 필수 부사어이다.

④ '영희는 철수를 범인으로 간주했다.'라는 문장의 필수 성분은 3개이다.

빨리 푸는 赤功 전략

1단계

일반 사례 추론은 제시문에서 다루는 문법 중심 화제가 무엇인지 정도만 체크

2단계

선지를 분석해서 참 거짓을 스스로 판별하기

3단계

만약 선지만으로 판단이 안 되는 경우에는 제시문으로 가서 해당 부분을 발췌하여 선지를 판단한다.

관련교재 이론 출좋포 독해 · 문학 p.242~247
문풀 콤단문 독해 p.231~235

Chapter 22

문법 - 음운론

빨리 푸는 赤功 전략

1단계

일반 사례 추론은 제시문에서 다루는 문법 중심 화제가 무엇인지 정도만 체크

2단계

선지를 분석해서 참 거짓을 스스로 판별하기

3단계

만약 선지만으로 판단이 안 되는 경우에는 제시문으로 가서 해당 부분을 발췌하여 선지를 판단한다.

뇌에 족적을 남기는 노트 독해 유형 31

정답 해설 p. 199

신유형 2025 버전 1

일반 사례 추론

01 다음 글에 대한 추론으로 적절하지 않은 것은?

음운 변동이란 어떤 음운이 위치나 환경에 따라서 소리가 변하는 현상을 말한다. 음운 변동에는 네 가지 현상이 있는데, 교체, 탈락, 첨가, 축약이다. 음운 교체의 경우 한 음운이 다른 음운으로 바뀌는 현상이므로 음운의 개수가 바뀌지 않는다. 예를 들어, '국물'의 경우, 교체 현상이 발생하여 [궁물]로 발음할 때 음운 변동 전과 후의 음운 개수는 동일하게 6개이다. 첨가의 경우 음운의 개수가 한 개 늘어난다. '솜이불'의 경우, 첨가 현상이 발생하여 [솜니불]로 발음한다. 이 경우, 음운 변동 전에는 음운의 개수가 총 7개였지만, 음운 변동 후에는 8개가 된다. 축약과 탈락은 음운의 개수가 동일하게 1개씩 줄어든다.

하지만 축약은 탈락과 다르게 음운 변동 후에 새로운 음운이 나타난다. 예를 들어, '닭'은 음운 탈락 현상이 발생하여 [닥]이라 발음한다. 따라서 음운 변동 전 음운의 개수는 4개이고, 음운 변동 후에는 3개가 된다. '좋다'의 경우, 축약 현상이 발생하여 [조타]가 되는데, 이 경우에도 음운의 개수는 1개 줄어든다. 하지만 음운 변동 이전에는 없었던 음운 'ㅌ'이 생겨났으므로 이는 축약 현상이다.

① '신라'의 경우, 교체 현상이 발생하여 [실라]로 발음할 때 음운 변동 전과 후의 음운 개수는 동일하다.
② '식용유[시공뉴]'는 첨가로 음운이 1개 늘어난다.
③ '삯[삭]은 탈락으로 음운이 1개 줄어들었다.
④ '급행[그팽]'은 음운의 개수가 줄어들었으므로 탈락 현상이다.

뇌에 족적을 남기는 노트 독해 유형 32

정답 해설 p. 199

신유형 2025 버전 2

밑줄 사례 추론

02 다음 글의 ㉠의 사례가 포함되어 있지 않은 것은?

> ㉠ ㄴ 첨가란 앞말이 자음으로 끝나고 뒷말이 '이, 야, 여, 요, 유'로 시작하는 경우에는 뒷말의 초성 자리에 'ㄴ' 소리가 첨가되는 현상을 의미한다. 가령, '내복약'은 '내복+약'의 단어 구성을 보이는데 '내복'이 자음으로 끝나고 뒷말이 '약'로 시작하므로 [내복냑]으로 ㄴ이 첨가된다. 이후 첨가된 'ㄴ'이 앞의 'ㄱ'을 자기와 비슷한 비음 [ㅇ]으로 교체시키게 되어 [내봉냑]으로 발음이 완성된다.

① 부엌일[부엉닐]
② 툇마루[퇸마루]
③ 각막염[강망념]
④ 알약[알략]

빨리 푸는 赤功 전략

1단계

밑줄 사례 추론은 제시문의 밑줄을 먼저 확인해서 문법 중심 화제가 무엇인지 정도만 체크

2단계

선지를 분석해서 참 거짓을 스스로 판별하기

3단계

만약 선지만으로 판단이 안 되는 경우에는 제시문으로 가서 해당 부분을 발췌하여 선지를 판단한다.

박혜선 국어 족집게 적중노트

정답 및 해설

뇌에 **족적**을 남기는 **노**트 **독해** 유형

Chapter 01 말하기 방식
Chapter 02 [작문_공문서] 개요 작성
Chapter 03 [작문_공문서] 문장 고쳐 쓰기
Chapter 04 [작문] 내용 고쳐 쓰기
Chapter 05 중심 내용 추론
Chapter 06 내용 추론 긍정 발문
Chapter 07 내용 추론 부정 발문
Chapter 08 밑줄 추론
Chapter 09 설명 방식
Chapter 10 단수 빈칸 추론
Chapter 11 복수 빈칸 추론
Chapter 12 일반 강화, 약화
Chapter 13 〈보기〉 강화, 약화
Chapter 14 순서 배열
Chapter 15 어휘 – 문맥적 의미 추론
Chapter 16 어휘 – 바꿔 쓸 수 있는 유사한 표현
Chapter 17 지시 대상 추론
Chapter 18 문학 – 현대 운문, 현대 산문
Chapter 19 문학 – 고전 운문, 고전 산문
Chapter 20 문법 – 형태론
Chapter 21 문법 – 통사론
Chapter 22 문법 – 음운론

PART 06 독해

CHAPTER 01 말하기 방식 / 의견의 대립 양상

뇌에 족적을 남기는 노트 독해 유형 1

신유형 2025 버전 1

p.123

01 ▶ ②

'그런데 전통 시장이 관광지화되면서 오히려 본래의 기능을 잃어 가는 건 아닐까?'의 을의 발화를 보면 이 선지가 적절함을 알 수 있다. 을은 전통 시장의 관광지화를 부정적으로 바라보며 문제를 제기하고 있다. 그러면서 그것에 대한 구체적인 이유를 '시장 상인들의 생계의 역할과 지역 주민들의 일상적인 쇼핑 공간으로서의 역할이 줄어들 수 있잖아.'라고 들고 있으므로 적절하다.

오답풀이

① 대화 참여자들은 모두 진정성 있게 의견을 교환하고 있다. 상대방의 의견에 동의하는 척하며 자신의 주장을 강화하는 모습은 나타나지 않으므로 적절하지 않다.

③ 대화 참여자들은 일반적인 현상에 대해 논의하고 있을 뿐, 개인의 구체적인 경험을 사례로 제시하는 참여자는 없으므로 적절하지 않다.

④ 대화 참여자들은 처음부터 각자의 관점에서 일관된 입장을 유지하며 논의를 발전시키고 있다. 전통과 현대가 조화를 이룰 수 있도록 하는 절충안을 제시하고는 있으나 기존 입장을 수정하는 사람은 나오지 않고 있다.

뇌에 족적을 남기는 노트 독해 유형 2

신유형 2025 버전 2

p.125

02 ▶ ①

ㄱ. 갑은 '전쟁은 인간 본성의 일부로서 피할 수 없는 결과'라고 주장하여, 전쟁이 인간의 이기적이고 경쟁적인 본성 때문에 필연적으로 발생한다고 보고 있다. 반면 을은 '전쟁은 인간 본성이 아닌 사회적, 문화적 구조의 산물로서 극복 가능한 현상'이라고 주장하여, 전쟁이 인간의 본성이 아니라 사회적 구조에 기인하며, 노력에 따라 극복할 수 있다고 본다. 따라서 전쟁의 원인과 필연성에 대한 관점에서 갑과 을의 주장은 상호 대립하는 관점이라고 보는 것이 옳다.

ㄴ. 을은 '전쟁은 사회적, 문화적 구조의 산물로서 극복 가능한 현상'이라고 주장한다. 병도 '전쟁은 경제적 이해관계와 권력 구조의 결과'라고 주장하여, 전쟁의 원인을 사회적 구조에서 찾고 있다. 두 사람 모두 전쟁이 구조적인 문제이며, 극복 가능하다는 입장을 취하고 있다. 따라서 을과 병의 주장은 대립하지 않는다고 볼 수 있다.

오답풀이

ㄷ. 병은 '전쟁은 경제적 이해관계와 권력 구조의 결과이며, 제도적 변화를 통해 전쟁의 원인을 제거할 수 있다'고 본다. 반면 갑은 '전쟁은 인간 본성의 일부로서 피할 수 없는 결과'라고 주장하여, 전쟁의 원인을 인간의 본성에서 찾고 있다. 따라서 전쟁의 원인에 대해 상반된 입장을 취하고 있으므로, 병과 갑의 주장은 대립한다고 보는 것이 적절하다.

CHAPTER 02 [작문_공문서] 개요 작성

뇌에 족적을 남기는 노트 독해 유형 3

신유형 2025 버전

p.127

01 ▶ ③

'㉢'은 두 번째 지침에 따라 'Ⅱ. 2. 폐기물 관리에 따른 기업의 비용 부담'에 대응하는 해결 방안이 오는 것이 적절했다. 하지만 '자원 순환 체계 구축을 위한 국제 협력과 기술 공유'는 이에 대응하는 해결 방안이 아니므로 적절하지 않다. 차라리 ㉢에는 '산업 폐기물 감축을 위한 기업 인센티브 제공'이 오는 것이 적절하다.

오답풀이

① 첫 번째 지침에서 '산업 폐기물 문제의 심각성'을 설명하라고 했으므로 '유독성 산업 폐기물로 인한 동식물 서식지 파괴.'는 산업 폐기물로 인한 환경오염의 심각성을 얘기한 것이므로 적절하다.

② 'Ⅱ. 산업 폐기물 관리의 주요 과제'의 하위 항목으로 '재활용 기술의 낮은 효율성과 처리 비용 문제'는 잘 포괄되므로 적절하다. 산업 폐기물 재활용 기술이 비용만 많이 들고 이익은 없

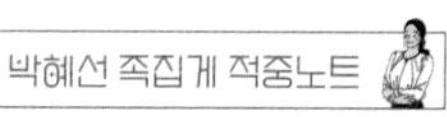

는 낮은 효율성이 있다면 이는 극복해야 할 과제로 적절하다. 또한 이는 'Ⅲ. 1. 폐기물 처리 기술 개발을 위한 정부-민간 협력'이라는 산업 폐기물 관리의 해결 방안과도 대응이 잘 이루어진다.

④ 세 번째 지침에 따라 '산업 폐기물 관리의 해결 방안'을 개인의 측면에서 제시해야 하므로 ㉣에 '가정에서 나오는 산업 관련 폐기물(전자제품, 건설 자재 등)을 올바르게 분리배출'이라는 내용이 오는 것은 적절하다.

CHAPTER 03 [작문_공문서] 문장 고쳐 쓰기

뇌에 족적을 남기는 노트 독해 유형 4

신유형 2025 버전 p.138

01 ▶ ③

'주어와 서술어를 호응시킬 것.'이라는 〈공문서 작성 지침〉에 따라 '구성하였습니다'에 호응하는 주어는 'OO인재원은'으로 이미 잘 호응됨을 알 수 있다. 따라서 이 올바른 표현을 굳이 'OO인재원은~맞춤형 교육과정이 구성되었습니다.'로 고치는 것은 오히려 주어와 서술어의 호응을 틀리게 고친 것이므로 적절하지 않다.

오답풀이

① '필수 성분이 생략되지 않도록 주의할 것.'이라는 〈공문서 작성 지침〉에 따라 '부담합니다'의 주체가 없으므로 주어 '몽골 정부가'를 추가하는 것은 적절하다.

② '대등한 것끼리 접속할 때는 구조가 같은 표현을 사용할 것.'이라는 〈공문서 작성 지침〉에 따라 보면 '지방분권을(목적어) 경험하고(서술어) / 리더십(명사) 개발(명사)'은 문장 구조가 같지 않으므로 적절하지 않다. 따라서 '지방분권을(목적어) 경험하고(서술어) / 리더십을(목적어) 개발하는(서술어) 교육을 요청해왔습니다.'로 '목적어-서술어'의 문장 구조로 같게 고치는 것은 적절하다.

④ '올바른 사동, 피동 표현을 사용할 것.'이라는 〈공문서 작성 지침〉에 따라 '적용시키는'은 사동 접미사 '-시키-'를 남용한 것이므로 '-하-'로 고쳐 '적용하는'으로 고치는 것은 적절하다.

02 ▶ ②

㉡의 '중의적인 문장'이란 문장이 2가지 이상의 뜻으로 해석되는 문장을 의미한다. 애초에 "시장은 시민의 안전에 관하여 건설업계 관계자들과 논의하였다."는 올바른 문장이므로 '㉡ 중의적인 문장을 사용하지 않음.'을 적용할 필요가 없으므로 ㉡에 따라 수정해야 한다는 것은 적절하지 않다. 오히려 "시장은 건설업계 관계자들과 시민의 안전에 관하여 논의하였다."로 수정하게 되면 '1) 시장은 '건설업계 관계자들과 시민의 안전'이라는 주제에 대해 논의하였다. 2) 시장은 건설업계 관계자들을 만나 시민의 안전에 관하여 논의하였다.'라는 중의성을 띠게 되므로 오히려 틀린 표현이 된다.

오답풀이

① '각각'을 뜻하는 '매'와 '마다'가 겹쳐 쓰였으므로 ㉠에 따라 둘 중에서 하나만 쓴 것은 적절하다.

③ '공연 종료 후 사용 장비 및 물품은 제자리 정리 정돈이 필요합니다.'는 조사와 어미를 지나치게 생략하고 명사를 계속 나열하여 자연스럽지 않은 문장이다. 이를 ㉢에 따라 공연을 마치면 공연에 사용한 장비와 물품을 정리해 주시기 바랍니다.'로 수정한다는 것은 적절하다.

④ '~을 필요로 하다'는 영어 번역 투 표현이므로, ㉣에 따라 '현장에서 필요한'으로 수정해야 우리말다운 표현이다.

CHAPTER 04 [작문_공문서] 내용 고쳐 쓰기

뇌에 족적을 남기는 노트 독해 유형 5

신유형 2025 버전 1 p.140

01 ▶ ①

"미국 중심의 경제 구조가 강화된 상황"이라는 표현은 본문의 내용과 맞지 않는다. 본문에서는 탈세계화가 진행되며 신흥국들이 부상하면서 기존 경제 질서가 흔들리고 있는 상황을 설명하고 있어, "다극 체제로의 전환이 가속화된 상황"으로 수정하는 것이 적절하다.

오답풀이

② "국제사회의 협력 강화로 다국적 기업들의 진출이 활발해지는 현상"이라는 표현은 본문과 일치하지 않는다. 본문에서는 탈세계화로 인해 다국적 기업들이 자국으로 회귀하고 있으며, 각국이 자국 산업 보호에 주력하고 있다고 설명하고 있다. 따라서 국제 협력 강화나 다국적 기업의 활발한 진출과는 상반되는 내용이므로 기존 표현을 유지하는 것이 적절하다.

③ 본문에서는 코로나19 팬데믹으로 인해 국가 간 이동이 제한되면서 세계화의 한계를 인식하게 되었다고 설명하고 있어, 세계화의 중요성에 대한 긍정적 재인식과는 반대된다. 따라서 기존 표현을 유지하는 것이 적절하다.

④ "경제적 불평등 문제는 이러한 변화의 일시적 결과로 대두되고 있으며"는 본문의 논조와 상반된다. 본문에서는 경제적 불

평등이 탈세계화의 부정적 결과로 대두되고 있으며, 이는 구조적인 문제로 묘사되고 있다. 따라서 일시적 결과로 설명하는 것은 부적절하다.

뇌에 쪽적을 남기는 노트 독해 유형 6

신유형 2025 버전 2 p.141

02 ▶ ②

미국 대륙은 '입헌군주제 정치와 종교의 박해를 받았던 청교도 개척민들이 대거 이주한 곳'이다. 또한 '민주주의를 가동하는 동력'이라는 표현이 나오고 있다. 따라서 이들은 신분주의보다는 보편적 평등을 추구했을 것임을 짐작할 수 있으므로 기존 서술을 유지하는 것이 옳았으므로 '신분주의의 기초에 입각한 차등의 조건'으로 고치는 것은 적절하지 않다.

오답풀이

① '미국은 프랑스에 비하면 신생국에 불과했고'라는 표현으로 보아, 미국은 프랑스보다 열악한 국가로 여겨졌을 것임을 짐작할 수 있으므로 '여러 면에서 부족하다고'로 고치는 것은 적절하다.

③ 이 글은 프랑스의 정치사상가가 미국에 민주주의가 정착할 수 있었던 배경을 연구한 내용이다. '프랑스에서처럼 문서나 계몽사상가의 이론으로 배우는 것이 아니라'라는 서술을 참고할 때, 미국의 민주주의는 정치이론보다는 생존과 안전 차원에서 발전하였을 것임을 추론할 수 있다. 따라서 '미지의 땅에서 생존과 안전 차원'으로 고치는 것은 적절하다.

④ '프랑스에서처럼 문서나 계몽 사상가의 이론으로 배우는 것이 아니라'라는 서술로 미루어 보아, 이론적 민주주의가 아닌 실천적 민주주의가 자리 잡았을 것임을 추론할 수 있다. 따라서 '실천적 민주주의'로 고치는 것은 적절하다.

CHAPTER 05 중심 내용 추론

뇌에 쪽적을 남기는 노트 독해 유형 7

신유형 2025 버전 p.143

01 ▶ ③

본문에서 한국과 일본 모두 이혼 후에도 경제적 자립을 위해 연금 수급권의 지속성과 독립성을 보장해야 할 필요성을 느끼고 제도 개선을 추진 중이라고 언급하고 있다. 특히, 한국은 일본의 사례를 참고하여 개선을 논의하고 있는 상황을 설명하므로, 한국과 일본 모두 경제적 자립을 위해 지속성과 독립성을 유지하려는 개선이 필요하다는 내용이 중심 논지로 적절하다.

오답풀이

① 한국에서는 여전히 수급권 상실 문제가 남아 있으며, 개선 필요성이 논의되고 있으므로 적절하지 않다.

② 일본은 수급권 상실 문제를 보완하고 있으나, 이는 핵심 논지의 일부에 해당할 뿐, 중심 논지를 포괄하지는 못한다.

④ 두 나라가 동일한 방식으로 사회적 안전망을 강화하는 것이 아니라, 각국의 제도와 상황에 맞춰 개선 방향이 다르다는 점이 강조되었으므로 적절하지 않다.

CHAPTER 06 내용 추론 긍정 발문

뇌에 쪽적을 남기는 노트 독해 유형 8

신유형 2025 버전 p.145

01 ▶ ④

1문단에서 팡테온은 로마 고전 건축의 형식미를 계승하였다고 했다. 또 루이 15세는 그에게 성당 건설을 명했으므로 수플레가 로마 건축을 본딴 성당을 지으려 했음을 알 수 있다.

오답풀이

① "하드리아누스 황제는 아그리파를 존중하는 의미로 팡테온의 지붕에 조각된 '아그리파가 지었다'라는 라틴어 명문을 철거하지 않고 그대로 남겨놓았다."를 통해 하드리아누스 황제는 라틴어 명문을 철거하지 않음으로써 아그리파를 존중했음을 알 수 있다. 하드리아누스 황제가 라틴어 명문을 새긴 주체가 아니므로 이 선지는 옳지 않다.

② 수플레의 사후 프랑스 혁명이 일어났으며, 팡테온의 건설이 늦어진 것은 건설 기술 개발 때문이다.

③ 로마 팡테온이 국가 위인을 모신 국립묘지로 사용되는지 알 수 없으므로 적절하지 않다.

CHAPTER 07 내용 추론 부정 발문

뇌에 족적을 남기는 노트 독해 유형 9

신유형 2025 버전 p.147

01 ▶ ②

'현재의 시점에는 순수예술과 대중예술에 관한 논쟁은 무의미하다.'라는 서술로 보아 순수예술과 대중예술 사이의 논쟁이 현재에도 주요한 논점으로 남아 있다고 추론하는 것은 적절하지 않음을 알 수 있다.

오답풀이

① '이러한 순수예술과 다르게 실천적이고 일상적인 삶과 관련된 대중예술은 저급한 것으로 폄훼되었고 두 예술 간의 격차는 점점 뚜렷해졌다.'라는 서술로 보아 순수예술과 대중예술 사이의 격차가 존재해왔음을 알 수 있다.

③ '하지만 19세기에 이르러 대중예술이 순수예술의 아성을 무너뜨리면서 독자적인 영역을 구축하기 시작했다.'라는 서술로 보아 대중예술이 독자적 영역을 형성하며 발전했음을 알 수 있다.

④ '대중예술의 수용성이 확대되고 미적 가치가 인정받고 있는 상황에서 순수예술 분야에서도 오히려 대중예술의 방법론을 수용하고자 하는 움직임이 일어나고 있다.'라는 서술로 보아 순수예술과 대중예술을 융합하려는 시도가 늘어나고 있음을 추론할 수 있다.

CHAPTER 08 밑줄 추론

뇌에 족적을 남기는 노트 독해 유형 10

신유형 2025 버전 p.148

01 ▶ ②

가치란 주관적인 것이라고 보는 입장(㉠을 주장하는 사람들)은 동일한 대상의 가치가 사람에 따라 달라진다고 보는 입장이며, ㉡은 '사람에 따라 동일한 대상에 대한 가치의 평가가 달라진다는 것을 인정'한다고 하였다. 따라서 ㉠과 ㉡ 모두 '사람에 따라 동일한 대상에 대한 가치의 평가가 달라진다는 것을 인정'할 것이다.

오답풀이

① ㉠을 주장하는 사람들은 개인이 서로 다른 대상의 가치를 비교하여 평가하는 것이 불가능하다고 보지 않는다. 다만, '서로 다른 대상의 가치를 비교하여 평가'한 내용이 개인마다 다를 것이라고 본다.

③ '교육을 통해서 대상의 가치를 배우는 과정이 필요하다'라고 주장하는 쪽은 '가치를 객관적으로 파악하기란 매우 어려운 일이므로, 교육을 통해 보편적 가치에 대해 합의하는 과정 또한 필요하다.'라고 주장한 ㉡이다. 오히려 ㉠을 주장하는 사람들은 대상의 가치는 그것을 보는 사람에 따라 달라진다고 보는 입장이므로, 가치를 배울 수 있다는 것에 대해 ㉡보다 회의적인 입장일 것이다.

④ ㉡은 가치란 객관적으로 파악하여 서열화할 수 있다고 보는 입장이므로, 가치를 '상대적으로만' 서열화할 수 있다고 말하지 않을 것이다.

02 ▶ ②

'다만, 40층 이상의 고층 건물의 경우 ~ 시공비가 감당할 수 없을 정도로 늘어나므로 ~ 아웃리거를 설치하여 ㉠ 횡력 저항을 높이게 된다.'의 서술을 통해 공간 활용과 경제적 이유로 아웃리거를 사용함을 알 수 있다. 따라서 경제적 이유로 횡력 저항을 높이기 위해 아웃리거를 사용한다라는 서술은 적절하다.

오답풀이

① 40층 이상의 고층 건물에서 아웃리거를 사용하지만 그 이하의 건물에서도 코어 기둥을 통해 횡력 저항을 확보한다. 따라서 '40층 이하에서 횡력 저항을 고려할 필요가 없다'라는 서술은 부적절하다.

③ 횡력 저항을 높이는 요소인 아웃리거는 내부 공간 활용도 면에서 손해를 보게 된다고 하였으므로 부적절하다.

④ '벨트 트러스트는 코어 기둥과 연결되지는 않으나'라는 부분이 있으므로 벨트 트러스트는 코어 기둥과 연결된다는 것은 옳지 않다.

CHAPTER 09 설명 방식

뇌에 족적을 남기는 노트 독해 유형 11

기존 출제 유지 2024 버전 p.153

01 ▶ ③

설명 방식 문제를 풀 때에는 시간 표현에 유의하고, 반복적으로 등장하는 키워드를 확인하는 것이 좋다. 본문에 1970~1980년대, 1980년대 중후반 이후라는 시간 표현이 등장하므로 시대적 변천 양상이 드러나 있음을 알 수 있다. 또한 게임과 판타지라는 표현이 반복적으로 등장하므로 중심 제재를 시대 변화에 따라 소개하고 있음을 알 수 있다.

오답풀이

① 전문 용어의 뜻을 쉽게 풀이한 부분은 등장하지 않으므로 적절하지 않다.

② '논지'란 논하는 말이나 글의 취지에 해당하는 것이다. 이 글에서 구체적인 사례는 소개하고 있으나 이론적 근거를 제시하지는 않았다. 따라서 적절하지 않다.

④ 구체적 수치가 등장하지 않았으므로 적절하지 않다.

CHAPTER 10 단수 빈칸 추론

뇌에 족적을 남기는 노트 독해 유형 ⑫

신유형 2025 버전

p.154

01 ▶ ①

본문 전체 맥락을 파악한 후 빈칸 주변의 핵심어를 확인하면 풀 수 있는 문제이다. 본문은 독립어, 즉 독립 성분에 대한 논의가 미진하다는 내용을 바탕으로 독립어의 필요성에 대한 의문이 제기되었음을 이야기하고 있다. 또한 빈칸 뒤에는 '기존에 독립어로 다루어지던 것 중 일부는 독립어가 아니라', '독립어는 이들과 다소 이질적인 측면이 있어서'라는 표현이 나오는데 이를 통해 독립어가 명확히 정립되지 않았음을 짐작할 수 있다. 따라서 '독립어 범주의 모호성이 해소되지 않았기 때문이다.'가 오는 것이 가장 적절하다.

오답풀이

② 본문에서 확인할 수 없는 내용이다. '독립 성분인 독립어에 대한 논의는 미진한 실정'이라는 표현이 나오기는 하지만 이것이 독립어가 연구된 적이 없다는 주장의 근거가 되기는 어렵다.

③ '기존에 독립어로 다루어지던 것 중 일부는 독립어가 아니라 인접한 범주인 부사 혹은 소형문에 속하는 것으로 다루어지기 시작했다.'를 통해 적절하지 않은 선지임을 확인할 수 있다. 독립어와 인접 범주의 차이는 점점 분명해지는 것이 아니라 점점 모호해지는 것으로 보는 것이 적절하다.

④ '독립어는 구어성이 강하다는 특징에서 기인한 것일 수 있다.'를 통해 독립어는 문어(文語)적 특성보다는 구어(口語)적 특성이 강함을 확인할 수 있다.

02 ▶ ④

지문에서는 세계시민주의의 두 가지 측면인 '보편적 관심과 정당한 차이에 대한 존중'이 충돌할 수 있음을 지적하면서, 이를 해결하기 위한 방안으로 '뿌리 내린 세계시민주의'라는 더 균형 잡힌 접근을 제시하고 있다. 이는 '개인과 사회의 특수한 문화적, 국가적 정체성을 기반으로 하면서도 보편적 인류 가치를 수용하는 것'이라고 설명하고 있다. 따라서 보편적 가치와 지역적 특수성의 조화를 통해 실천 가능한 세계시민주의를 구현해야 한다는 ④가 가장 적절하다.

오답풀이

① 지문에서는 '지역적 정체성으로부터의 유리를 초래한다는 비판'을 받아왔다고 언급하며, 오히려 지역적 정체성을 기반으로 해야 함을 강조하고 있으므로 적절하지 않다.

② 지문에서는 '보편적 관심과 정당한 차이에 대한 존중'이 모두 중요하다고 설명하고 있으므로, 보편적 가치를 우선시해야 한다는 주장은 적절하지 않다.

③ 지문에서는 국가와 지역의 이익만을 고려하는 것이 아니라, '글로벌 책임과 지역적 충성심의 조화'를 이루어야 한다고 설명하고 있으므로 적절하지 않다.

CHAPTER 11 복수 빈칸 추론

뇌에 족적을 남기는 노트 독해 유형 ⑬

기존 출제 유지 2024 버전

p.156

01 ▶ ③

㉠ 뒤에 앞의 사례가 '미국의 대중동정책에서 석유자원의 지위가 얼마나 중요한지를 보여주는 지표'라는 서술이 나오므로 유사성을 의미하는 연결어가 나와야 한다. 그러므로 '그리고'가 들어가는 것이 적절하다. ㉡의 앞에서는 미국의 석유자원이 중요하다는 서술이 등장하고, 뒤에는 '세계석유무역에서 지배적 지위를 장악하는 것이 최우선 과제'라고 하였으므로 '결국'이 오는 것이 '반면'에 비해 적절하다. ㉢ 앞에서 국제사회가 침략자 후세인을 공격하는 데에 동의했다고 하였으며, 뒤에서 미국은 대규모 전쟁을 시작할 수 있었다고 했으므로 전후 맥락이 유사함을 의미하는 '따라서'가 와야 한다.

뇌에 족적을 남기는 노트 독해 유형 14

신유형 2025 버전

p.157

02 ▶ ④

이 글은 영국의 러다이트 운동을 다루고 있다. (가) 앞에는 '하지만'이라는 역접 접속사가 나오므로 앞의 문장과 반대되는 내용이 오는 것이 적절하다. 따라서 '처음부터 기계 반대론자는 아니었다는 것이다.'가 (가)에 들어갈 말로 적절하다. 또한 (나) 뒤에는 공장주들이 어린이 노동자들을 고용하기 시작했다는 이야기가 나오므로, '값싼 저숙련 노동자들을 부리기 위해'가 (나)에 들어갈 말로 적절하다.

CHAPTER 12 일반 강화, 약화

뇌에 족적을 남기는 노트 독해 유형 15

신유형 2025 버전 1

p.159

01 ▶ ④

재퍼슨은 '지방 자치와 분권화'를 중시하며 이를 통해 독립적이고 자주적인 삶을 영위할 수 있도록 해야 한다고 했다. 따라서 1995년 한국이 지방자치제를 본격적으로 도입하여 지역별 특성과 요구에 맞춘 도시 재생이 이루어졌다면, 이는 재퍼슨의 주장을 강화한다.

오답풀이

① 2008년 금융위기 당시 미국 정부가 적극적으로 개입했음에도 경제적 어려움이 있었으므로 이는 해밀턴의 주장을 약화하는 것이지, 강화하는 것이 아니다.
② 제2차 세계대전 이후 독일은 자국의 중앙 정부가 아닌 외부 국가인 미국의 도움을 받은 것일 뿐이므로 이는 해밀턴의 주장과 무관하다. 따라서 해밀턴의 주장을 강화하지도 약화하지도 않는 사례이다.
③ 재퍼슨은 지방 자치와 분권화를 통해 개인의 자유와 민주를 보장해야 한다고는 했으나 지방 자치와 분권화를 통해 경제 활성화를 할 수 있다는 내용은 언급하지 않았다. 따라서 일본의 지방 분권화 이후 경제의 활력이 생겼다는 것은 재퍼슨의 주장과 무관하다. 따라서 재퍼슨의 주장을 강화하지도 약화하지도 않는 사례이다.

뇌에 족적을 남기는 노트 독해 유형 16

신유형 2025 버전 2

p.161

02 ▶ ②

제시된 사례는 경제적 불평등이 경제 성장에 오히려 도움이 된다는 내용이므로 ㉠의 주장을 약화하는 것으로 적절하다.

오답풀이

① 주어진 사례는 경제적 불평등이 경제 성장에 부정적 영향을 미친다는 내용이므로 ㉠을 강화하는 근거이다.
③ 주어진 사례는 경제적 불평등이 사회적 불안정성을 증가시킨다는 주장을 뒷받침하므로 ㉠을 강화하는 근거이다.
④ 주어진 사례는 경제적 불평등이 경제 성장에 부정적 영향을 미친다는 주장을 뒷받침하므로 ㉠을 강화하는 근거이다.

CHAPTER 13 <보기> 강화, 약화

뇌에 족적을 남기는 노트 독해 유형 17

신유형 2025 버전

p.163

01 ▶ ①

ㄱ. 특정 산업에서 남성과 여성의 승진 기회가 비슷하다고 하더라도, 여성이 높은 직급으로 올라가는 데 지속적으로 어려움을 겪는다는 연구가 발표된다면, 이는 직장 내 보이지 않는 장벽이 여전히 존재함을 시사하므로, ㉠을 강화하는 것으로 적절하다.
ㄴ. 주어진 선지는 여성들이 자격을 갖추고 있음에도 불구하고 승진하지 못하는 사례를 통해 유리천장이 실제로 존재함을 보여준 것이라고 할 수 있으므로 ㉠을 비판하는 측의 주장을 약화하는 사례로 적절하다.

오답풀이

ㄷ. 유리천장 이론은 가정 내의 성역할 분담이 직장에서의 성취와 관련이 있음을 시사한다. 따라서 주어진 선지는 ㉠을 강화하는 것이지 약화하는 것이 아니므로 적절하지 않다.

CHAPTER 14 순서 배열

뇌에 족적을 남기는 노트 독해 유형 18

기존 출제 유지 2024 버전 p.164

01 ▶ ③

〈보기〉의 '그런데'라는 접속어와 '새로운 청정 에너지 시스템으로의 전환이 빠르게 이루어질 수 있을까?'라는 질문을 통해 앞에 새로운 청정 에너지 시스템으로의 빠른 전환이 필요한 배경이 나와야 함을 예측할 수 있다. 이때, 가장 적절한 위치는 ③이다. 앞에서는 화석 연료가 떨어지는 것이 긍정적인 변화임을 알려 주고 있는데 이를 〈보기〉에서 '그런데'로 전환하면서 같은 화제이지만 새로운 내용을 질문으로 도출해 주고 있다. 또한 그 뒤에도 '이러한 전환'이라는 지시어가 앞의 〈보기〉 문장을 잘 받아주고 있기 때문에 〈보기〉의 문장의 위치는 ③이 적절하다.

뇌에 족적을 남기는 노트 독해 유형 19

신유형 2025 버전 p.165

02 ▶ ①

먼저, 선택지를 보면 'ㄱ' 혹은 'ㄹ'이 맨 처음에 옴을 알 수 있다. ㄱ에서는 1700년대 중반 미국 이주민들의 평균 소득이 영국 이주민들의 평균 소득을 넘었다는 내용이 나온다. 눈으로 보았을 때, 평균 소득에 대해 이야기하는 것은 ㄷ이다. ㄷ에서는 미국 이주민들의 평균 소득이 높아지게 된 배경에 대해 이야기하고 있다. ㄱ과 ㄷ은 인접해 있을 것이라고 예상할 수 있다. (ㄱ이 먼저인지 ㄷ이 먼저인지는 알기 힘들다.) ㄱ과 ㄷ이 인접해있지 않은 ②는 답에서 제외할 수 있다. ㄴ을 보면 "그러나" 미국은 사실 "그러한 분야"에서는 다른 산업 국가들에 비해 특별한 우위를 갖고 있지 않았다고 한다. 여기에서 살펴 볼 수 있는 단서는 '그러나'와 '그러한 분야'이다. 따라서 ㄴ 앞에는 그러한 분야가 나와야 한다. 살펴보니 ㄹ에 농업과 과학, 기술에 대한 분야가 나오므로 ㄹ – ㄴ이 된다. 따라서 ㄹ – ㄴ이 아닌 ④도 답에서 제외된다. ㅁ은 "이처럼"이라는 접속 부사를 활용하여 초창기에 미국인들의 풍요로움에 대해 이야기하므로 앞에는 미국인들의 풍요로움에 대한 내용이 나와야 하는데, 바로 ㄱ, ㄷ이 미국인의 높은 평균 소득에 대해 이야기하고 있다. 따라서 ㅁ은 ㄱ, ㄷ 뒤에 나와야 한다. 답으로 남은 ③은 ㅁ이 ㄱ, ㄷ 앞에 있으므로 답이 될 수 없으므로 답은 'ㄱ – ㄷ – ㅁ – ㄹ – ㄴ'이 된다.

CHAPTER 15 어휘 - 문맥적 의미 추론

뇌에 족적을 남기는 노트 독해 유형 20

신유형 2025 버전 p.167

01 ▶ ③

정부가 부동산 PF 지원을 통해 건설업체의 부실을 막았다는 사례를 바탕으로, 서민들의 주거안정을 위해 정부가 전세사기 피해자들을 구제해야 한다는 주장이 제기된 것은 '선구제 후회수' 방안을 지지하는 주장을 강화하는 적절한 근거이다. 이 사례는 정부가 특정 집단의 경제적 위기를 해결하기 위해 개입한 전례를 근거로 하여, 서민층의 주거 문제 해결에도 정부의 개입이 필요하다는 논리를 뒷받침한다.

오답풀이

① 구제금 지원 후 사기범에게서 금액을 회수하지 못한 사례는 '선구제 후회수' 방안의 실효성에 의문을 제기하므로, '선구제 후회수' 방안을 약화하는 근거이다.
② 주택도시기금이 고갈되고 있다는 분석은 전세사기 피해자 구제 방안이 장기적으로 지속 가능하지 않을 수 있음을 지적하며, '선구제 후회수' 방안을 약화하는 근거이다.
④ 주택도시기금 사용이 국가 재정에 부담을 줄 수 있다는 경고는 '선구제 후회수' 방안이 재정적으로 위험할 수 있음을 강조하며, 해당 방안을 약화하는 근거이다.

02 ▶ ②

'㉠ 떠오르다'는 '2 1. 관심의 대상이 되어 나타나다.'를 의미한다. 이와 같은 문맥적 의미를 가진 문장은 '신출귀몰한 탈주범에 대한 이야기가 장안의 화젯거리로 떠오르고 있다.'이다.

오답풀이

① 얼굴에 어떠한 표정이 나타나다.
③ 기억이 되살아나거나 잘 구상되지 않던 생각이 나다.
④ 솟아서 위로 오르다.

CHAPTER 16 어휘 - 바꿔 쓸 수 있는 유사한 표현

뇌에 족적을 남기는 노트 독해 유형 21

신유형 2025 버전 1

p.168

01 ▶ ④

만약 언어가 규칙으로 환원된다면, 사람들은 언어의 규칙을 학습한다. 언어가 단어로 환원된다면, 사람들은 언어의 모듈을 통째로 암기하며 학습한다. 언어학자 핑커는 언어의 모듈을 통째로 암기하며 학습하지 않는 경우도 존재하며, 언어의 규칙을 학습하지 않는 경우도 존재한다고 주장한다. 다시 말해, 즉 핑커는 두 가지 가설이 적용되지 않는 경우들이 있다는 주장을 하는 것이다. 따라서 핑커에 따르면 언어가 단어로 환원되지 않은 경우도 있고, 규칙으로 환원되지 않는 경우도 있다는 추론이 가능하다.

오답풀이

① 우리가 의식하지 않는 상태에서 조사의 규칙을 알게 모르게 학습한다고 한다. 언어는 의식적인 학습과 적용을 통해 규칙으로 환원되는지는 추론할 수 없다.
② 언어가 단어로 환언되면 사람들은 모듈을 통째로 학습하게 되는데 이 경우에는 조사가 붙은 모듈을 통째로 암기하는 경우의 예를 통해 보았을 때, 비효율적일 수 있다. 따라서 암기가 비효율적이지 않다면, 언어는 단어로 환원된다는 내용은 제시문의 내용으로 추론할 수 없다.
③ 핑커에 따르면 언어가 단어로 환원되는 경우는 없고, 규칙으로 환원되는 경우도 없다는 선지의 내용은 모든 경우에 언어가 단어로 환원되지 않고, 모든 경우에 규칙으로 환원되지 않음을 의미한다. 그러나 제시문에 따르면 두 가지 가설이 각각 적용되는 경우들이 분명히 있다. 따라서 선지의 내용은 극단적인 내용으로 적절하지 않은 추론이다.

02 ▶ ①

'환원되다'는 '본디의 상태로 되돌아감. 또는 그렇게 되게 함'을 의미하므로 '뜯어 고쳐진다'는 적절하지 않다. '뜯어 고쳐진다.'와 관련된 것은 '개혁하다'이다.

오답풀이

나머지는 모두 옳다.

뇌에 족적을 남기는 노트 독해 유형 22

신유형 2025 버전 2

p.169

03 ▶ ③

러브록은 지구를 하나의 생명체로 간주하고, 지구 시스템의 통합성이 기후 변화와 환경 조절에 중요한 역할을 한다고 주장하였다. 따라서 지구 시스템의 통합성이 기후 변화 대응에 중요한 역할을 한다는 분석은 러브록의 주장을 강화한다.

오답풀이

① 로렌츠는 기후 시스템의 예측 불가능성과 복잡성을 강조하였기 때문에, 단순한 모델로도 정확한 기후 예측이 가능하다는 연구는 그의 주장을 약화하는 결과이다. 로렌츠는 초기 조건의 민감성(나비 효과) 때문에 기후 예측이 어려움을 주장하였다.
② 이는 로렌츠의 주장을 강화하는 내용이다. 로렌츠는 초기 조건의 작은 변화가 시스템 전체에 큰 영향을 미칠 수 있다는 나비 효과를 주장하였다. 따라서 이러한 사례가 발견되면 로렌츠의 주장을 강화하게 된다.
④ 이는 러브록의 주장을 강화하는 내용이다. 러브록은 생명체와 환경이 상호작용하여 지구의 환경을 조절한다고 주장하였기 때문에, 생명체가 대기 구성에 영향을 미쳐 지구 환경을 조절한다는 사례는 그의 주장을 강화한다.

04 ▶ ④

'이르다'는 '어떤 정도나 범위에 미치다.'의 뜻으로, '목적한 곳에 다다르다.'의 뜻인 '도착(到 이를 도 着 붙을 착)하다'로 바꿔 쓰기에는 적절하지 않다. '목적한 곳이나 수준에 다다르다.'의 뜻인 '도달(到 이를 도 達 통달할 달)하다'로 바꿔 쓸 수 있다.

오답풀이

① '가늠하다'는 '사물을 어림잡아 헤아리다.'의 뜻으로, '미리 헤아려 짐작하다.'의 뜻인 '예측(豫 미리 예 測 헤아릴 측)하다'로 바꿔 쓸 수 있다.
② '이바지하다'는 '도움이 되게 하다.'의 뜻으로, '도움이 되도록 이바지하다.'의 뜻인 '기여(寄 부칠 기 與 더불 여)하다'로 바꿔 쓸 수 있다.
③ '여기다'는 '마음속으로 그러하다고 인정하거나 생각하다.'의 뜻으로, '상태, 모양, 성질 따위가 그와 같다고 보거나 그렇다고 여기다.'의 뜻인 '간주(看 볼 간 做 지을 주)하다'로 바꿔 쓸 수 있다.

CHAPTER 17 지시 대상 추론

뇌에 족적을 남기는 노트 독해 유형 23

신유형 2025 버전 1 p.170

01 ▶ ③

(나)는 인공지능이 데이터 분석과 패턴 인식을 통해 인간이 해결할 수 없는 복잡한 문제를 해결하는 데 기여한다고 하였다. 교사가 모든 학생에게 동일한 수준의 개별 지도를 제공하는 것은 인간이 해결할 수 없는 문제인데 이를 인공지능이 해냈다면 이는 (나)를 강화하는 사례라고 볼 수 있다.

오답풀이

① (가)는 전통적 인지심리학의 입장으로 인공지능은 입력된 데이터가 있어야 특정 문제를 분석할 수 있다고 보므로 새로운 상황에서 판단을 못하는 인공지능의 사례는 (가)를 강화하는 근거로 적절하다. 따라서 약화한다는 것은 적절하지 않다.
② (가)는 인공지능이 악의적인 데이터를 학습하는 상황에 대해서는 언급하고 있지 않으므로 선지의 사례는 (가)의 입장과는 무관한 사례이다. 따라서 (가)를 강화하지도 약화하지도 않는다.
④ (나)는 인공지능의 역할을 지지하며, 인공지능이 인간의 지능을 보완하고 유사한 역할을 할 수 있다고 주장한다. 만약 인공지능이 예술적 창의성이나 음악 작곡에서 인간의 역할을 보완하는 데 성공한다면 이는 (나)를 약화하는 것이 아니라 강화하는 근거가 되어야 한다.

02 ▶ ④

㉠, ㉢, ㉣은 전통적인 인지심리학의 관점이고 ㉡은 지능의 개념을 확장하고자 하는 관점이다.

㉠ '전통적인 인지심리학에서는 지능을 논리적 사고, 문제 해결 능력, 그리고 학습 능력으로 정의해 왔다.'라는 표현을 재지칭하는 표현이므로 전통적 인지심리학을 가리키는 표현이다.
㉢ '최근의 연구를 지지하는 학자들'과 대비되는 개념이므로 전통적인 인지심리학을 가리키는 표현이다.
㉣ '기술적 도구로서의 인공지능이 가지는 한계를 강조'한다고 하였으므로 전통적인 인지심리학을 지칭하는 표현이다.

뇌에 족적을 남기는 노트 독해 유형 24

신유형 2025 버전 2 p.171

03 ▶ ④

본문의 '하지만 고전 문학의 맥락에서 보면 여성문학이란 사대부 남성 중심이었던 한문 사회에서 여성에 의해 창작된 작품을 지칭하는 용어가 된다.'라는 서술로 보아 적절하지 않은 선지임을 알 수 있다.

오답풀이

① '광의의 여성문학은 작가의 성별이나 작품 주제의 지향성과 관계없이 여성에 관련된 문학을 지칭하는 의미로도 쓰일 수 있다.'라는 서술로 보아 적절하다.
② '통상적으로 여성문학은 여성 작가가 창작한 작품을 지칭하는 좁은 의미로 국한하여 사용된다.'라는 서술로 보아 적절함을 알 수 있다.
③ '그런데 고전여성문학사를 연구한 자료는 아직 충분하지 않은 실정이며'라는 서술로 보아 적절함을 알 수 있다.

04 ▶ ②

'(가) 여성문학'은 여성 작가가 창작한 작품을 지칭하는 좁은 의미로 국한하여 사용된다. 따라서 '㉠, ㉢, ㉣'은 (가)의 의미와 동일하다. 그러나 '㉡ 여성문학'은 후자의 여성문학으로 작가의 성별이나 작품 주제의 지향성과 관계없이 여성에 관련된 문학을 지칭하는 것이므로 (가)의 의미와는 다르다.

CHAPTER 18 문학 - 현대 운문, 현대 산문

뇌에 족적을 남기는 노트 독해 유형 25

신유형 2025 버전 1 p.173

01 ▶ ③

'신동엽이 4월 혁명과 동학 농민 운동을 연계한 것은 시인이 작품을 통해 민중의 자기 인식 확대 및 발전 과정을 드러내고자 했음을 보여 준다.'라는 서술로 보아 적절함을 알 수 있다.

오답풀이

① '4월 혁명은 동학 농민 운동의 위대함을 입증하는 사건처럼 인식되었다.'라는 서술로 보아 두 사건은 분절된 것이 아니라 연결되는 것으로 인식되었을 것임을 알 수 있다.

② '문학은 개인의 삶만이 아닌 특정한 시대의 삶과 관련되기도 하고 역사적으로는 유기체적인 관계를 보이기도 한다.'라고 하였다. 따라서 신동엽이 이 작품을 창작한 맥락도 민족주의적이고 역사적인 관점 위에 있을 것임을 추론할 수 있다.

④ '우리 민족은 서로 다른 이념을 가졌다는 이유로 한민족을 죽여야만 했던 전쟁을 치르면서 인간의 본질과 삶에 대한 회의를 갖게 되었는데'라고 하였다. 작가는 한국 전쟁의 이념 대립을 극복하기를 바라는 의도를 드러냈을 뿐 동족상잔의 비극을 긍정적으로 해석하려고 시도한 것은 아니므로 적절하지 않다.

뇌에 족적을 남기는 노트 독해 유형 26

신유형 2025 버전 2 p.175

02 ▶ ②

본문에서 '난장이 가족은 삶의 터전을 빼앗기고 공장 지대의 연기가 가득한 곳으로 이주하면서 분열과 해체의 과정을 겪는다'고 하였다. 이는 당시 급속한 도시화와 산업화로 인해 희생된 빈민층의 현실을 대변하는 것으로 볼 수 있으므로 적절하다.

오답풀이

① 본문에서 '영수는 노동운동을 탄압하는 은강그룹의 대표에게 반발하여 살인을 저지르고, 그로 인해 법정에서 사형 선고를 받는다'고 하였다. 따라서 영수가 대표와 협력하여 노동자 계급의 권리를 점진적으로 개선하는 방법을 모색한다는 내용은 본문과 일치하지 않는다.

③ 본문에서 '영희는 아버지를 잃은 뒤 '아버지를 죽음으로 몰아넣은 악당들과 싸우라'고 오빠에게 요구하며, 자신 역시 체제의 억압에 맞서려는 의지를 보인다'고 하였다. 이는 영희가 체제의 억압에 굴복하지 않고, 사회적 변화를 요구하고 있음을 나타낸 것이므로 선지와 상반된다.

④ 본문에서는 '이러한 극단적 선택은 사회 구조의 불공정성과 계급적 억압을 폭로하는 동시에, 독자들에게 새로운 사회를 향한 집단적 행동의 필요성을 환기한다'고 하였다. 이는 계급 투쟁의 긍정적 결말을 낙관적으로 제시하는 것이 아니라, 사회의 불공정성을 비판하고 변화의 필요성을 강조하는 것이므로 주어진 선지는 본문과 합치하지 않는다.

CHAPTER 19 문학 - 고전 운문, 고전 산문

뇌에 족적을 남기는 노트 독해 유형 27

신유형 2025 버전 1 p.177

01 ▶ ②

본문에서 '창귀는 범에게 먹혀 노예가 된 인간의 영혼으로, 범의 길잡이 역할을 하며 인간 사회의 위선적 행태를 상징한다'고 하였다. 또한 '의원, 무당, 유학자 등 다양한 계층의 위선과 탐욕을 드러내며'라고 서술된 내용을 보면, 창귀는 계층 간의 문제를 다루는 데 중요한 역할을 하고 있음을 알 수 있다. 따라서 창귀를 '개인의 욕망을 강조하는 존재'로만 묘사했다고 보기는 어렵다.

오답풀이

① 본문에서 '창귀는 조선 후기 민간에서 구전되던 야담과 신화적 상상력을 바탕으로 한 상징적 존재로, 『호질』에서는 이러한 신화적 요소를 문학적으로 변주하여 당대의 사회적 현실과 맞닿게 한다'고 하였다. 따라서 적절한 선지이다.

③ 본문에서 '창귀와 범의 대화는 단순한 허구적 설정을 넘어, 의원, 무당, 유학자 등 다양한 계층의 위선과 탐욕을 드러내며' 라고 하였다. 이를 통해 창귀와 범의 대화가 단순히 허구적 서사로 머무르지 않고, 풍자적 장치로 기능했음을 알 수 있다. 따라서 적절한 선지이다.

④ 본문에서 '특히 창귀는 범의 권위 아래 자신의 의지를 상실한 채 행동하지만, 그 존재 자체로 인간 본성의 어두운 면을 비추는 거울 역할을 한다'고 하였다. 이는 창귀가 범의 권위 아래 의지를 상실하면서도 인간의 내적 모순을 비추는 역할을 수행했음을 보여준다. 따라서 적절한 선지이다.

뇌에 족적을 남기는 노트 독해 유형 28

신유형 2025 버전 2 p.179

02 ▶ ③

'이 작품은 조선 중기의 전형적인 양반 사회의 이상을 반영했다는 한계가 있다는 비판을 받기도 하지만'이라는 서술을 고려할 때, 평민 소설의 색채가 두드러진다고 보기는 어려움을 알 수 있다.

오답풀이

① '이러한 환몽 구조는 삼국유사의 조신 설화에서 영향을 받은 것으로 알려져 있다.'라는 서술을 참고할 때 적절한 선지임을 알 수 있다.

② '불교의 공(空) 사상이 중심이 되는 것이 독특하다고 평할 만하다.'라는 서술과, '불법에 귀의하는 선택을 한다.'라는 서술을 참고할 때 이 작품이 불교적 사상을 바탕으로 하고 있음을 알 수 있다.

④ '작가인 김만중이 유배지에서 어머니를 위로하기 위해 국문으로 창작한 것이기에'라는 서술을 고려할 때, 이 작품의 작가가 어머니를 생각하는 마음에서 작품을 창작했음을 알 수 있다.

CHAPTER 20 문법 - 형태론

뇌에 족적을 남기는 노트 독해 유형 29

신유형 2025 버전 p.180

01 ▶ ④

'새해'는 관형사 '새'와 체언 '해'를 수식하는 관계로 이루어진 종속 합성어이며, 관형사가 체언을 수식하는 것은 국어 문장의 일반적인 단어 배열법과 일치하므로 통사적 합성어이다.

오답풀이

① '검붉다'는 제시문의 "'용언 어간+용언 어간'의 구조로 이루어진 '뛰놀다'"와 같은 원리로 만들어진 비통사적 합성어이자, '검-'과 '붉-'의 의미가 대등한 대등 합성어이다.

② '춘추'는 제시문의 "'명사+명사'의 구조로 이루어진 '콩밥'"과 같은 원리로 만들어진 통사적 합성어이자, '춘(봄)'과 '추(가을)'가 합쳐져 '어른의 나이에 대한 존칭.'이라는 새로운 의미가 만들어진 융합 합성어이다.

③ '늙은이'는 "'용언의 관형사형+명사'의 구조로 이루어진 '큰집'"과 같은 원리로 만들어진 통사적 합성어이자 '늙은'이 '이'를 수식하는 종속 합성어이다.

02 ▶ ②

'있다'에 현재 시제 선어말 어미를 결합하여 '있는다'로 수정할 경우, '철수는 오늘 회의가 있는다'라는 문장은 어색해진다. 따라서 해당 문장에서의 '있다'는 형용사이다.

오답풀이

① 제시문의 '동사에는 현재 시제 선어말 어미가 결합할 수 있지만 형용사에는 결합이 불가하다.'라는 언급에 따라 '이 날씨에는 옥수수가 잘 큰다.'에서 '크다'에 현재 시제 선어말 어미 '-ㄴ'이 잘 결합되어 있으므로 '크다'는 동사이다.

③ '부족하다'에 현재 시제 선어말 어미를 결합하여 '살림이 부족한다.'로 수정할 경우 어색하다. 따라서 여기에서 '부족하다'는 형용사이다.

④ '고르다'에 현재 시제 선어말 어미를 결합하여 '이익을 고른다'로 수정할 경우 어색하다. 따라서 여기에서 '고르다'는 형용사이다.
(참고로 '이익을'이라는 목적어는 '고르다'가 아니라 '분배하다'와 호응이 되는 것이므로 '고르다'는 목적어를 갖는다고 볼 수 없다. 목적어가 있으면 무조건 동사이지만 이 경우 '고르다'가 목적어를 갖는 것이 아니므로 '고르다'는 형용사이다.)

CHAPTER 21 문법 - 통사론

뇌에 족적을 남기는 노트 독해 유형 30

신유형 2025 버전 p.182

01 ▶ ③

제시문의 '사동은 주체가 객체에게 어떠한 행동을 하도록 시키는 것'이라는 언급에 의하면 사동은 주체가 객체에게 어떠한 행동을 하도록 시키는 의미가 있어야 한다. 하지만 '니체의 철학은 특히 철학과 학생에게 많이 읽히는 편이다.'의 경우, '읽히다'는 주체가 객체에게 어떠한 행동을 하도록 시키는 의미가 없다. 니체의 철학이 읽음을 당하는 의미이므로 '읽히다'는 피동 접미사가 결합된 피동사이므로 '읽히다'는 사동의 의미도 없으며 사동사도 아니다.

오답풀이

① 제시문의 '다만, 주어가 시키는 의미가 없다면 '-시키다'의 경우에는 남용해서는 안 된다.'라는 언급에 의하면 '구체화시키다'는 주어인 '양 정상은'과 호응되지 않음을 알 수 있다. '양 정상은'이 시키는 의미가 없이 직접 구체화하는 것이므로 '구체화하다'로 고치는 것은 적절하다.

② 제시문의 '용언에 사동 접미사 '-이-, -히-, -리-, -기-, -우-, -구-, -추-'나 '-이우-', 혹은 '-시키다'와 같은 사동형 접미사를 결합하는 파생적 사동과'라는 언급에 의하면 '낮다'의 경우 어근 '낮-'에 접미사 '-추-'를 연결한 것이므로 '낮추다'로 사동사임을 알 수 있다.

④ 제시문의 '보조 용언 '-게 하다'를 결합하는 통사적 사동의 방식이 있다.'라는 언급에 의하면 '먹게 하였다'는 보조 용언 '-게 하다'가 결합된 것이므로 통사적 사동이라고 볼 수 있으므로 적절하다.

02 ▶ ④

제시문의 "가령 '엄마는 필릭스를 사위로 삼았다'의 경우에 '사위로'는 생략이 불가능한 필수 부사어이다. 이 경우 이 문장의 필수 성분은 '주어 – 목적어 – 부사어 – 서술어'의 4개임을 알 수 있다.”라는 언급을 통해 보면, ‘영희는 철수를 범인으로 간주했다.’라는 문장의 필수 성분은 ‘영희는(주어)’ ‘철수를(목적어)’ ‘범인으로(필수 부사어)’ ‘간주했다(서술어)’의 4개이므로 3개라는 것은 적절하지 않다.

오답풀이

① 제시문의 “이처럼 문장의 성립에 반드시 필요한 부사어를 ‘필수적 부사어’라고 부른다. 이를 생략하면 말이 되지 않기 때문이다”라는 언급을 보면 ‘언니는 선물을 쓰레기통에 넣었다.’라는 문장에서 ‘쓰레기통에’는 생략하면 말이 되지 않는다. 따라서 ‘쓰레기통에’는 생략이 불가능하므로 필수 부사어이다.

② 제시문의 “이렇게 부사어는 주로 다른 말을 꾸며 주는 성분의 하나이므로 대개 문장을 구성하는 데에 꼭 필요하지는 않다.”라는 언급을 보면, ‘몽둥이로’를 생략해도 문장에 문제가 생기지 않는다. 따라서 ‘몽둥이로’는 생략이 가능하므로 필수적 부사어가 아니다.

③ 제시문의 “이처럼 문장의 성립에 반드시 필요한 부사어를 ‘필수적 부사어’라고 부른다. 이를 생략하면 말이 되지 않기 때문이다”라는 언급을 보면 ‘나는 학교에서 친구와 싸웠습니다.’라는 문장에서 ‘친구와’를 생략하면 말이 되지 않는다. 따라서 ‘친구와’는 생략이 불가능하므로 필수 부사어이다.

CHAPTER 22 문법 - 음운론

뇌에 족적을 남기는 노트 독해 유형 31

신유형 2025 버전 1 p.184

01 ▶ ④

제시문의 “‘좋다’의 경우, 축약 현상이 발생하여 [조타]가 되는데, 이 경우에도 음운의 개수는 1개 줄어든다. 하지만 음운 변동 이전에는 없었던 음운 ‘ㅌ’이 생겨났으므로 이는 축약 현상이다.”라는 언급을 보면, ‘급행’ 또한 ‘ㅂ+ㅎ=ㅍ’으로 음운 변동 이전에는 없었던 음운 ‘ㅍ’이 생겼음을 알 수 있다. 따라서 ‘급행[그팽]’은 탈락 현상이 아니라 축약 현상이 더 적절함을 알 수 있다.

오답풀이

① 제시문의 “예를 들어, ‘국물’의 경우, 교체 현상이 발생하여 [궁물]로 발음할 때 음운 변동 전과 후의 음운 개수는 동일하게 6개이다.”라는 언급을 보면 ‘신라’의 경우, 교체 현상이 발생하여 [실라]로 발음할 때 음운 변동 전과 후의 음운 개수는 동일할 것임을 알 수 있다. ‘신라’의 [ㄴ]이 [ㄹ]로 교체된 것이기 때문에 음운 개수 변화도 없을 것이다.

② 제시문의 “첨가의 경우 음운의 개수가 한 개 늘어난다. ‘솜이불’의 경우, 첨가 현상이 발생하여 [솜니불]로 발음한다.”라는 언급을 보면, ‘식용+유’에도 ‘ㄴ’ 첨가가 일어남을 알 수 있다. 따라서 ‘식용유[시굥뉴]’는 첨가로 음운이 1개 늘어남을 알 수 있다.

③ 제시문의 “‘닭’은 음운 탈락 현상이 발생하여 [닥]이라 발음한다.”라는 언급을 보면, ‘삯’의 [ㄳ]이 [ㄱ]으로 발음되는 것이므로 ‘삯[삭]’은 탈락으로 음운이 1개 줄어들었음을 알 수 있다.

뇌에 족적을 남기는 노트 독해 유형 32

신유형 2025 버전 2 p.185

02 ▶ ②

제시문의 “㉠ ㄴ 첨가란 앞말이 자음으로 끝나고 뒷말이 ‘이, 야, 여, 요, 유’로 시작하는 경우에는 뒷말의 초성 자리에 ‘ㄴ’ 소리가 첨가되는 현상을 의미한다.”라는 언급을 보면 ‘툇마루’는 ‘ㄴ 첨가’의 음운 환경이 아님을 알 수 있다. ‘[툇마루 → (음절의 끝소리 규칙) → 퇻마루 → (비음화) → 퇸마루]’의 과정을 겪으므로 ‘㉠ ㄴ 첨가’가 포함되어 있지 않음을 알 수 있다.

오답풀이

① 제시문의 “㉠ ㄴ 첨가란 앞말이 자음으로 끝나고 뒷말이 ‘이, 야, 여, 요, 유’로 시작하는 경우에는 뒷말의 초성 자리에 ‘ㄴ’ 소리가 첨가되는 현상을 의미한다.”라는 언급을 보면 ‘부엌+일’은 ‘ㄴ 첨가’의 음운 환경임을 알 수 있다. ‘[부엌일 → (ㄴ 첨가, 음절의 끝소리 규칙) → 부억닐 → (비음화) → 부엉닐]’의 과정을 겪으므로 ‘㉠ ㄴ첨가’가 포함되어 있음을 알 수 있다.

③ 제시문의 “㉠ ㄴ 첨가란 앞말이 자음으로 끝나고 뒷말이 ‘이, 야, 여, 요, 유’로 시작하는 경우에는 뒷말의 초성 자리에 ‘ㄴ’ 소리가 첨가되는 현상을 의미한다.”라는 언급을 보면 ‘각막+염’은 ‘ㄴ 첨가’의 음운 환경임을 알 수 있다. ‘[각막염 → (ㄴ 첨가) → 각막념 → (비음화) → 강망념]’의 과정을 겪으므로 ‘㉠ ㄴ첨가’가 포함되어 있음을 알 수 있다.

④ 제시문의 “㉠ ㄴ 첨가란 앞말이 자음으로 끝나고 뒷말이 ‘이, 야, 여, 요, 유’로 시작하는 경우에는 뒷말의 초성 자리에 ‘ㄴ’ 소리가 첨가되는 현상을 의미한다.”라는 언급을 보면 ‘알+약’은 ‘ㄴ 첨가’의 음운 환경임을 알 수 있다. ‘[알약→ (ㄴ 첨가) → 알냑 → (유음화) → 알략]’의 과정을 겪으므로 ‘㉠ ㄴ 첨가’가 포함되어 있음을 알 수 있다.

박혜선

주요 약력

고려대학교 국어국문학과 최우수 수석 졸업
고려대학교 국어국문학과 심화 전공
고려대학교 국어국문학과 중등학교 정교사 2 급 자격증
前) 대치, 반포 산에듀 온라인 오프라인 최연소 대표 강사
現) 박문각 공무원 국어 1 타 강사

주요 저서

2025 박문각 공무원 박혜선 국어 기본서 출좋포 독해 · 문학
2025 박문각 공무원 박혜선 국어 기본서 출좋포 문법 · 어휘
2025 박문각 공무원 박혜선 국어 독해 신유형 공부(독해신공)
2025 박문각 공무원 박혜선 국어 천기누설 혜선팍 세트형 독해+어휘
2025 박문각 공무원 박혜선 국어 천기누설 혜선팍 논리 추론
2025 박문각 공무원 박혜선 국어 적중용 콤단문 문법(콤팩트한 단원별 문제풀이)
2025 박문각 공무원 박혜선 국어 콤단문 독해(콤팩트한 단원별 문제풀이)
2025 박문각 공무원 박혜선 국어 적중 동형 국가직 · 지방직 봉투모의고사 Vol.1
2025 박문각 공무원 박혜선 국어 족집게 적중노트
2024 박문각 공무원 박혜선 국어 기본서 출좋포 어휘 · 한자
2024 박문각 공무원 박혜선 국어 개념도 새기는 기출 문법
2024 박문각 공무원 박혜선 국어 개념도 새기는 기출 문학&독해
박문각 공무원 박혜선 국어 최단기간 어문 규정
박문각 공무원 박혜선 국어 최단기간 고전 운문
박문각 공무원 박혜선 국어 문법 출 · 좋 · 포 80

박혜선 국어 ✧✦ 족집게 적중노트

초판 인쇄 2025. 3. 5. | **초판 발행** 2025. 3. 10. | **편저자** 박혜선
발행인 박 용 | **발행처** (주)박문각출판 | **등록** 2015년 4월 29일 제2019-000137호
주소 06654 서울시 서초구 효령로 283 서경 B/D 4층 | **팩스** (02)584-2927
전화 교재 문의 (02)6466-7202

저자와의 협의하에 인지생략

정가 17,000원
ISBN 979-11-7262-635-8